高校教学改革与文化创新研究

黄 韬◎著

吉林出版集团股份有限公司

图书在版编目（CIP）数据

高校教学改革与文化创新研究/黄韬著. — 长春:
吉林出版集团股份有限公司，2023.9
ISBN 978-7-5731-4315-0

Ⅰ.①高…　Ⅱ.①黄…　Ⅲ.①高等教育－教育改革－
研究－中国②高等学校－校园文化－建设－研究－中国
Ⅳ.①G649.21②G647

中国国家版本馆CIP数据核字（2023）第181935号

高校教学改革与文化创新研究

GAOXIAO JIAOXUE GAIGE YU WENHUA CHUANGXIN YANJIU

著　　者	黄　韬
责任编辑	王　平
封面设计	林　吉
开　　本	787mm×1092mm　　1/16
字　　数	220千
印　　张	14
版　　次	2023年9月第1版
印　　次	2024年1月第1次印刷
出版发行	吉林出版集团股份有限公司
电　　话	总编办：010-63109269
	发行部：010-63109269
印　　刷	廊坊市广阳区九洲印刷厂

ISBN 978-7-5731-4315-0　　　　　　　　　　　　　定价：78.00元

前　言

在高等教育发展的转型时期，出现一系列多元化的趋势，将对高等教育的传统教学模式形成冲击，推动高等教育机构在教学理念、教学课程、教学方式以及组织内部治理模式等方面的转化。这些高等院校的转型，是高等教育真正实现阶段过渡的重要前提与条件。然而现实中，我国高等教育虽然已完成由精英阶段向大众化阶段的过渡，在部分地区甚至已进入普及化阶段，但相对于高校学生特质的快速变化，高等院校的人才培养模式的发展存在严重滞后，并未实现真正的转型。

文化是一个民族和国家赖以生存和发展的重要根基，是社会发展的核心动力，在社会发展中具有引领作用，每个民族都有各自独特的文化，文化的力量深深填铸在民族的生命力、创造力和凝聚力之中。一个国家、一个民族的强盛，总是以文化兴盛为支撑，中华民族的伟大复兴需要以中华文化发展繁荣为条件，因此，没有中国特色社会主义文化的大发展、大繁荣，就没有社会主义精神文明的发展和繁荣，也就无法实现社会主义现代化和中华民族的伟大复兴。

文化育人，就是发挥中国特色社会主义的文化育人功能，注重以文化人、以文育人，深入开展中华优秀传统文化、革命文化、社会主义先进文化教育，践行和宣扬社会主义核心价值观，开展活动，开展文明校园创建，优化校风学风，培育大学精神，建设优美环境，滋养师生心灵、涵育师生品行、引领社会风尚。

本书研究的课题涉及的内容十分宽泛，尽管笔者在写作过程中力求完美，但仍难免存在疏漏，恳请各位专家批评指正。

目　录

第一章　高等教育教学相关理论

第一节　高等教育的规模扩张及其质量的凸显

一、高等教育规模扩张的理论解释框架

在实证分析中，充分把握分析模型的理论前提极为重要。20 世纪，全球高等教育经历了规模庞大的扩张，这也是高等教育系统在这一时期经历的最为重要的教育变革（鲍威，2018）。1900 年，全球高等教育机构在校生人数为 50 万人，仅占高等教育适龄人口的 1%。然而时至 2007 年，其规模增长约 305 倍，全球高校在校生总数高达 152.50 万人，并且高等教育阶段的毛入学率已激增至 26%。对于高等教育规模扩张的影响机制问题，学者们从不同角度出发，提供了大量的解答与阐释。这些理论解释框架对理解 21 世纪初期中国高等教育规模急速扩张的决定因素及其可能引发的问题具有重要的借鉴作用。

1. 功能主义的解释视角

丸山文裕从社会学，尤其是基于教育社会学的视角指出，高等教育数量规模扩大的解释主要分为两大主要的理论流派。其一是将高等教育规模扩张理解为，经济发展、产业结构调整等高等教育系统之外的社会经济变动所引发的产物，即从技术 – 功能主义理论的视角解释高等教育的规模扩张。其二是以冲突理论为代表，强调从教育的自律性和教育体系内在的逻辑性来解释高等教育的扩大（丸山文裕，1986）。

由美国社会学家帕森斯在 20 世纪 40 年代提出的结构功能主义理论认为，社会是具有一定结构或组织化手段的系统，其各个组成部分以有序的方式相互关联，并对社会整体发挥着必要的功能。结构功能主义把教育视为社会整体中的一个组成

部分，指出教育在担负着重要的社会功能的同时，其发展受到外部其他社会因素的制约与影响。功能主义认为，教育规模扩张是社会对技术创新和发展、日渐提高的就业技能需求的一种自然反应。其理论命题见于一些文献中，可以概述为：

（1）技术变革在很大程度上推动了工业社会的职业岗位技能要求的不断提升；

（2）教育既为受教育者提供特殊技能的培训，也提供高技能职业所需要的一般技能培训；

（3）随着就业岗位对学历要求的提高，需要在学校接受长时期教育的人数规模不断扩增。由此可见，功能主义的理论解释角度在于，随着教育在个人职业地位获取中的重要性的提升，教育需求不断膨胀，但同时也导致学历资格的"通货膨胀"。

20 世纪 50 年代至 70 年代，世界各国均出现了教育规模高速增长的现象。针对这一现象，功能主义的理论前提在于，伴随着"传统"社会向"现代"社会的过渡，贤能主义的社会人才筛选必然遍及社会各阶层。功能主义在理论上并未把教育视为国家机制，因此闭口不谈由于政治需要才促成了教育规模扩张。在该理论引导之下，研究人员普遍倾向于采用经济变量，尤其是将国民生产总值作为核心自变量，来解释教育规模扩张的出现，而其中最具代表性的是 60 年代的人力资本理论的盛行。

人力资本理论主要采用结构功能主义的观点，解释教育在培训和训练劳动力、促进经济增长方面的功能。舒尔茨在 1961 年发表的《人力资本投资》和 1963 年发表的《教育的经济价值》中主张，将人力资源视作一切资源中最主要的资源，在经济增长中，人力资本的作用大于物质资本的作用。而教育作为人力资本投资的主要手段，其投资的经济效益远高于物质投资的经济效益。

回顾关于高等教育规模制约因素的一系列研究，其研究层面可划分为宏观与微观两个层面（矢野真和，1996）。其中宏观层面主要从教育的供给方为研究切入点，在教育规模扩张被国家的结构特性所制约的理论命题基础之上，将研究焦点主要定位于教育规模与社会经济的宏观指标间的关联性上。通常分析中，研究者采用 GDP、能源消费量、非农业人口比例或都市人口等指标，来探讨教育规模扩张的影响机制。

与前者不同，微观层面的研究则着眼于个体或民众的教育升学需求，其解释模型可细分为消费理论和投资理论（矢野真和，1996）。所谓消费理论是将教育理解为一种消费物品（服务），而教育消费则是收入和价格的函数。换言之，该理论主要讨论成本和收益在教育投资中的作用。根据投资理论，对毕业后的薪酬预期越高，教育需求则会相应增长；相反，教育成本的增加则会抑制教育需求。并且，根据投资理论，收入水平的上升不仅能有效提高家庭的教育经费筹措能力，同时也能相对降低家庭开支中的教育经费负担比例（矢野真和，1996）。

当然，如果不把劳动力市场的变化纳入研究视角，单纯地建立以个人需求为基础的教育需求规模解释模型，将与现实严重偏离。福特（Foot）在消费理论与投资理论的基础上，进一步提出了同龄人口群体规模假设。该理论的理论前提是·教育需求的分析结合人力资源规模，将有助于解答学生是在多大程度上考虑了劳动力市场的就业机会后才做出升学选择的问题。福特选择了收入、直接成本（学费价格）、大学适龄人口的失业率和出生率等指标，利用时间序列数据，考察大学升学率波动的影响机制。研究结果表明，不仅投资理论和消费理论得到支持，同龄人口群体规模假设也在分析中得到了支持。

2. 冲突主义的解释视角

然而，进入 20 世纪 70 年代之后，伴随着众多欧美国家高等教育升学率的下滑和停滞，该领域研究出现对教育需求的制约因素进行重新分析和反思的研究趋势。导致该趋势出现的主要原因在于，长期以来在理论界占主导地位的，所谓经济发展促使教育规模扩大的学说，即教育规模扩张的功能主义理论受到了质疑。

作为与功能主义相对立的理论，冲突理论产生于 50 年代中后期。以科赛尔、柯林斯和达伦多夫为代表人物的这种理论强调，用社会生活中的冲突性来解释社会的变迁。冲突理论的重点在于，精英阶层利用教育不仅仅保障自身后代的成功，更重要的是由此实现和延续自身阶层文化的优势地位。

（1）新马克思主义理论

新马克思主义理论主张教育承担着使资本主义制度永存或再生产的使命，是保持或增强现存社会与经济秩序的社会制度之一。换言之，新马克思主义理论将教育规模扩张归因于资本家和其他社会精英存在驯服工人、实现对下属群体的社会控制以及求得政治默许的需求。根据该理论，资本家及其盟友才是教育规模扩张现象幕后真正的推动者，而政府所做的不过是发布相应的命令而已，其理论假设为教育规模扩张的目的在于维持与繁衍社会的不平等。

不可否认，新马克思主义理论在解释基础教育的普及现象方面具有一定的有效性。例如，美国早期工业化在很大程度上依赖于移民和廉价劳动力。资本家需要确保未来的工人经过适当的社会化过程，能够融入强调纪律的工薪经济体系。然而新马克思主义在解释高等教育规模扩张方面，却显得解释力不足。其原因在于，与基本处在强制性的国民义务教育体制之下的基础教育不同，采用成本分担机制的高等教育的需求在一定程度上取决于学生个体或家庭的教育经费支付能力和支付意愿。

（2）地位竞争理论

与前者不同，地位 – 竞争理论聚焦于教育规模扩张过程中适龄人群为何都选择升学的现象。其理论前提为，最佳职业岗位往往吸纳受过最长（最优质）教育的人。而一旦教育规模扩张，学历证书则成为获取权力和就业机会、提升社会地位所必需的"证件"。此前提之下，个体的社会地位竞争会对教育规模扩张形成难以控制的动力，而高等教育规模扩张实质上则是个体间社会地位竞争的产物。

在地位 – 竞争理论解释模型中，高等教育规模扩张也可理解为大学作为考试机构的扩张。由于工业经济的发展，以往非正式的、强调社会阶层出身的筛选方式不但暴露出其局限性，同时因其欠缺公平性而遭到普遍质疑。为此，社会需要设立更多的分流筛选机构，从而有效选拔能够进入高声望职业岗位的人选。在这样的背景之下，大学作为贤能主义和业绩导向的组织机构，被认可为可以提供公正不偏的考试，从而测量学科成就，并据以决定成绩。由此可见，在悠久的发展历史过程中，大学不仅承担了提供教育训练的功能，同时也承担着实施考试和颁发证书的重要功能。

评价地位 – 竞争理论不但需要关注后代学生不断延长受教育年限的现象，同时还需要了解家庭背景与教育获得之间的关联性。如梅尔（Mare）在分析家庭背景与教育成就之间的关联性时，通过有序逻辑斯特分析模型的引入，考察了家庭背景在个体不同等级教育升学选择背后的影响机制。研究结果显示，家庭背景在促成个体向高层次教育过渡中的影响作用在不断增加。该研究在很大程度上印证了地位 – 竞争理论在解释高等教育规模扩张中的有效性。

然而，也有研究者质疑地位 – 竞争理论在解释社会整体现象中的非合理性（潘艺林，1995）。质疑者认为，如果将高等教育规模扩张理解为个体社会地位竞争的结果，是个体根据社会地位上升或职业目标的追求目标而做出的选择，这在个体行为选择方面具有其合理性。但是从整体而言，则会导致不合理的结果。不断膨胀的教育抱负将导致劳动力市场出现大学毕业生供过于求的局面，使得高等教育发展偏离社会经济的需求。

（3）贮藏功能解释模型

贮藏功能解释模型则关注到，院校的扩张现象往往发生在劳动力市场无法满足青年人就业需求的时点。该理论从劳动经济学和社会心理学的视角提出，高等教育的另一重要功能是，为可能面临失业危机的适龄青年提供贮藏，从而减少社会的不稳定性。研究发现，美国退伍军人法案的出台，20 世纪 60 年代社区学院的激增现象背后均存在该类特征。前者资助二战回国的大量退伍军人进入高等院校学习，从而有效避免大量退伍军人由于失业可能导致的社会危机。而后者的发生则正值美国劳动力市场失业率出现上升的时点。

3. 制度主义的解释视角

面对全球高等教育的趋同性增长现象，制度主义研究者注意到了该现象背后超国家力量的存在。他们指出，20世纪高等教育规模扩张存在三大特征：高等教育规模扩张速度远高于其他相关变量；规模扩张在不同国家体系中发生；规模扩张集中发生在某一个特定时段，换言之，高等教育规模扩张已成为二战后的全球性事件。

斯考费和梅耶利用1900—2000年全球各国的每万人中高等教育入学人口数，采用面板数据分析手法，验证了全球性高等教育规模扩张背后的影响机制。该研究在验证了传统功能主义、冲突主义理论解释模型的有效性之后，发现相对于传统的国家层面的钢铁产业发展水平指标（用于验证人力资本理论），不断增长的全球性民主化浪潮、人权意识的高涨、科学化和发展规划的出现更能有效解释高等教育规模的大幅扩张现象。特别是在针对1970—2000年快速增长现象的分析模型中，产业发展的技术影响作用则完全消失。这意味着，20世纪60年代之后，高等教育的发展目标已从狭隘的经济增长导向模式逐步转化为兼顾个人福利和公民权利问题的重要指标，而在全球层面形成的进步和公正的普适性文化价值观念在很大程度上促进了全球性高等教育规模的快速扩张。

4. 区域性解释框架

针对某些国家或地区的高等教育在某一特定时间阶段出现急速发展的现象，以比较高等教育学者为主的研究者群体则不断尝试从区域框架来提供有效解释。例如，根据联合国教科文组织统计，在1980—1995年的15年间，亚洲地区高等教育人口出现飞速增长，并且其增幅远超过世界其他地区。针对此现象，许多学者努力尝试基于以下的区域性解释框架，寻找亚洲地区高等教育急速发展的动力机制。

（1）后发国家的学历病效应解释模型

英国著名社会学者罗纳尔德·多尔在1976年出版了《学历病》（*Diploma Disease*）一书。他在探讨在第二次世界大战后获得独立地位，以日本为代表的亚洲后发国家的共性时指出，由于政治性变化（民主化）先行于经济性变化（工业化），这些国家在较早阶段就建立和完善了基于政治原理的教育制度。多尔强调，西方发达国家是在经历了一个逐步性发展进程之后，学历才得到公认，成为进入劳动力市场的前提条件。与此不同，在亚洲后发国家，学历从一开始就成为进入现代产业部门的前提条件。这种学历的特殊效应导致了大学学历文凭竞争不断加剧，以至于高校毕业生供过于求，最终引发学历病的爆发与蔓延。

不可否认，教育过度、学历贬值以及高学历者失业的增多，无论对家庭和国家都意味着是教育投资的社会性浪费。由于学历文凭具有明显的功利价值，如果社会过分盲信学历的价值，就容易使人们产生将学历直接视为社会财富化身的错觉，进而诱发对学历的幻觉，带来教育的变质，造成学历病。多尔指出，"学历病"是近代社会难以避免的体制病。

虽然，多尔的后发国家的学历病效应解释框架具有一定的说服力，但并不能为亚洲的高等教育发展提供全面的阐释。其局限性在于，他将高等教育仅仅诠释为高等教育的学历膨胀现象，只停留于高等教育发展的负面影响。

（2）东亚发展模式

要解释亚洲高等教育的发展，特别是其超常的扩张模式，需要跳出传统理论的约束，寻找新的研究方法和视角。这里另一个值得关注的理论解释模型是，卡敏斯在其《东亚教育的挑战》一文中提出了"东亚模式"的新视角。

虽然卡敏斯的研究对象是亚洲人才开发，但其研究视角对分析亚洲高等教育的发展具有重要的借鉴性。他指出以日本为代表的东亚发展模式包含了四大核心要素：（1）政府以坚定的信念传播社会固有的传统价值，积极学习西方国家的发达技术，整合与构建了教育与科研体系；（2）政府财政投入侧重于普及初等教育。而在高等教育阶段，政府资源投入方向则更倾向于理论教育；（3）学生、家庭以及私立高等教育机构被期待对公办教育发挥重要的补充作用；（4）政府不仅进行人才开发，同时也致力于人才的有效利用。政府深度介入人力资源的规划、职业配置以及对科学、工科领域的调整。上述四大核心元素反映了，亚洲国家一方面推动以政府为主导的人力资源开发，但另一方面由于财政困境，政府选择对私立教育的发展、教育成本的受益者负担机制的引入持宽容的态势。其结果导致了亚洲国家中私立高等教育部门和受益者负担机制的发展。20 世纪 60 年代至 70 年代，该模式传播至韩国和我国台湾地区，之后又渗透至泰国、马来西亚、新加坡和印度尼西亚。

（3）儒教模式

对于东亚地区高等教育的快速发展，许多比较教育学者习惯于从儒家文化传统的影响力出发，对该地区民众教育意愿及升学热情提供理论解释。例如，针对包括中国大陆及台湾、香港地区，日本、韩国、越南在内的东亚地区和新加坡的高等教育及院校科研，西蒙·马杰逊提出了该地区区别于欧洲与北美地区高等教育发展模式，其发展具有独特的儒教模式。

所谓儒教高等教育发展模式，包含四大互相影响的核心要素：其一是在高等教育系统构建、经费投入和发展重点选择中存在强大的国家取向；其二是高等教育普及化潮流及其背后的教育民间私人投入行为；其三是一次性机会的国家考试体系，而该体系引发了社会竞争的激烈化、高等教育系统的分层、家庭教育投入的积极性；其四是政府公共财政在科研和建立世界一流大学中的加速投入。

西蒙·马杰逊指出，儒教模式的主要原因在于，家长愿意投入额外的费用，让子女接受课外辅导及补习训练课程。这种高额的教育投入，皆源于传统儒家思想重视教育的影响作用。在儒家思想中，自动自发地读书学习被视为孝顺父母的行为，在学校勤勉读书可以促进个体在社会中实现向上移动，学生在校内相互竞争优良考试成绩等皆为儒教高等教育模式。上述这些价值观在我国唐朝时就早已根深蒂固地根植于东亚地区民众的教育观念中。

对于这种高等教育发展模式的有效性与潜在危机，西蒙·马杰逊敏锐地观察到，虽然随着经济发展和低税收机制的实施，儒教模式可以推动高等教育的快速发展，促进高等教育的大众化，提升高等教育与科学研究的质量。但需要留意的是，儒教模式可能会降低高等教育的社会公平性，导致政府隐性干涉大学的行政管理自主权和学术自由。

二、中国高等教育规模扩张的压缩性与结构性特征

1. 扩张背后的政策选择

1999 年启动的高等教育扩招堪称是中国高等教育史上的重大事件之一。其出台速度之快、规模之大，以及对此后中国高等教育发展所形成的冲击，令人深思。

在探讨这次扩招背后的生成机理之前，首先简要地回顾我国高等教育数量增长的发展轨迹。在 1977—2010 年间普通高等院校招生规模及其年度增长规律中可以发现，在这一期间中国高等教育分别经历了四次（1978 年、1985 年、1993 年、1999 年）不同程度的规模扩张。

2. 高等教育规模扩张进程的压缩性特征

（1）扩张的时间压缩性取向

调查发现，以美英为代表的欧美高等教育发达国家，其高等教育毛入学率从接近 10% 到实现 27%，分别花费了 30 年和 28 年的漫长历程。相比之下，包括中国在内的东亚高等教育后发国家及相关地区的规模扩张则呈现出明显的时间压缩性取向。其中，中国和日本均是在短短 10 年之间，将高等教育毛入学率 10% 提升至 24% 的水平。

（2）扩张的成本压缩性取向

不仅在时间跨度，中国高等教育扩张在资源投入方面也呈现出明显的成本压缩性取向。首先从总体而言，随着高等教育规模扩张进程的不断推进，特别是以2000年为分水岭，全国普通高校生均支出水平呈现出下滑趋势。2000年普通高校生均支出为10052元，而2005年跌至8844元。虽然2005年之后由于政府加速高等教育财政投入，在一定程度上提升了生均支出水平，但即便如此，2008年的生均支出仅为9390元，依然低于1999年的生均支出水平。

与此同时，高等教育体系内部的成本结构分化也日趋明显。我们发现，1997年后，随着部分央属高校的下放，央属高校和地方高校的生均支出差距逐步明显化，而1999年启动的高校扩招则进一步扩大了上述两类院校之间的人才培养成本差距。截至2008年，央属院校的生均支出为17152元，约为同年地方院校生均支出的2.3倍。

3. 高等教育系统的结构性扩张

（1）不同时期的扩张路径

高等教育规模的扩张过程可理解为，高等教育系统内部结构不断变化、高等教育系统与外部环境相互作用的过程。在思考中国高等教育规模扩张的特征时，不仅需要关注其发展历程与成本的压缩性特征，同时需要密切关注扩增的实现路径。

分析结果显示，1978年，高校招生人数达40万人，比前一年度增加了12.9万人。但与前一年度相比，本科院校不但没有增加反而减少了将近6万人，相反在1977年招生规模仅为1万人的专科院校却在短短1年间扩增至19.7万人，其扩增贡献率高达145.7%。这意味着，在这次高等教育的历史性扩张过程中专科院校发挥了决定性作用。

同样在第二和第三次扩张中，也可以发现类似特征的扩张路径。具体而言，1979—1985年的第二次规模扩张过程中，本科招生人数增长113万人，专科院校的招生人数从7.1万人增至30.2万人，其扩增幅度远远超过了本科院校。本科与专科院校的扩增贡献率分别为67%和33%。在1986—1993年的扩张招生数中，本科与专科院校的扩增贡献率分别为21%和79%，推动规模扩张的核心力量依然是专科院校。

然而，到了第四次扩张期以及进入21世纪之后高等教育规模的快速增长阶段，我们发现，一直以来发挥主力作用的专科院校的招生比例令人意外地出现下滑趋势，而本科院校在这两个阶段的扩张贡献率分别高达81%和118%。这是否意味着在这两个阶段，政府已经改变了以往的扩张路径，使得本科院校在规模扩增中的贡献率出现明显反弹？

寻求该问题的答案需要进一步深入分析，关注不同隶属关系院校在规模增长中的贡献率。根据政府公布的2000—2007年的招生数据推算，该时期高校招生增长规模为3453万人，其中中央属院校的增长规模仅为6.7万人，地方院校为222.9万人，民办院校为115.6万人。三类院校的扩张贡献率之比为1.95%∶64.56%∶33.48%。由此可见，这一时期虽然从表面而言，本科院校与专科院校在规模扩增中形成了分庭抗礼的格局，但本科院校的规模扩增并非发生在以"985"工程院校或"211"工程院校为代表的央属院校中，相反地方院校和民办院校成为规模扩增的主体。

（2）低成本扩张机制：从专科主导模式向地方/民办院校主导模式的逐步过渡

长期以来，我国高等教育发展担负着两大重要职能：其一是为实现政府的经济可持续增长的发展目标，提供有效的人力资本积累，形成促进技术进步的基础；其二是通过高等教育规模的扩大，减轻劳动力市场的就业压力，形成适龄青年适度分流，避免失业危机，保障社会稳定。然而上述两大职能，前者着眼于高等教育的卓越性，而后者则更多倾向于高等教育的数量扩增或机会均等性。

如何在资源有限的困境之下实现两大职能？依据以上对1977年以来扩张实现路径的分析，可以发现中国高等教育规模扩张选择了"低成本"扩张机制。所谓低成本扩张机制的特征表现为，政府部门一方面通过控制精英型高等教育机构的规模增长，维持和保障这类高等院校的选拔性、学术声望、教学水准等教学科研质量，从而实现国家尖端人才培养的职能；另一方面则积极推动办学成本相对较低的高等院校实现招生规模增长，实现教育机会供给总量的扩大，并由此实现高等教育的贮藏功能。这里需要留意的是，这种低成本扩张机制在不同历史时期表现出不同的运作模式。

在高等教育发展尚处于精英阶段的1978年、1985年和1992年的三次规模扩张历程中，政府将普通本科院校界定为精英型高等教育机构，在控制其招生规模的同时，选择了以办学成本较低的专科院校为承载主体的扩张模式。

但随着规模的不断膨胀，特别是高等教育发展从精英阶段向大众化阶段的转化，单一的专科院校为主导的扩张模式已很难得以维系。在此背景之下，在1999年启动的高等教育大扩招进程中，扩张模式在保留专科主导模式特征的同时，已逐步向以地方/民办本科院校为主导的扩张模式过渡。政府一方面通过简政放权，加大省级政府管理本地高等教育的统筹力度，将部分央属院校下放调整为地方院校。另一方面则鼓励民间资本进入高等教育领域，积极发展包括独立学院在内的民办高等教育。为此在这一阶段，本科院校体系内部出现了明显的分化，高等教育规模扩张并没有渗透到以"985"院校、"211"院校为代表的央属院校,相反办学成本相对较低的地方本科院校和民办院校的学生吸纳能力急剧扩增,在规模增量中承担核心作用。

诚然,对于资源缺乏、政府财力薄弱的中国高等教育而言,低成本扩张机制是在短时期内实现高等教育规模扩增、普及高等教育升学机会的有效手段。但是也不得不承认,这种扩张机制将不可避免地导致高等教育系统内部两极分化格局,其结果将使得高等教育系统的金字塔式分层结构得到进一步的强化或再生产,同时也为高等教育质量保障投下了阴影。

三、高等教育需求顺应的滞后与质量危机的凸显

规模扩张和质量提升,这双重使命形成了高等教育发展中的悖论。然而对于近年我国高等教育质量危机的凸显,并不能简单地归咎于高等教育规模的扩张。正如美国质量管理专家克劳斯比所强调的,"质量是对要求的顺应并伴随高等教育的规模扩大和市场化进程的不断加快",高等教育机构正在从以往的"知识的共同体"逐步转化为"知识的经营体"。从市场的观点出发,高等教育机构与社会两者之间的关系可以理解为一种交换关系,其间各高校提供的教学服务则是连接高等教育机构与社会之间的媒介物,而教学服务与社会需求的顺应性也成为衡量高等院校质量的一个重要尺度。

但遗憾的是,尽管社会经济外部环境的变化与高等教育规模的急速扩张,在很大程度上强化了社会各界对高等教育的质量诉求,高等院校本身对于变革的内在组织惰性,以及体制约束与资源约束在不同程度上抑制了高等教育机构形成有效的需求顺应,而这种滞后最终导致了后大众化时期中国高等教育质量危机的凸显。

1.扩招背景下高等教育质量诉求的提升

(1)高校教学课程与就业市场间的适切性需求

随着进入知识经济时代,现代经济增长越来越依赖于其中知识含量的增长。知识在现代社会价值创造中所发挥的功效,已远高于人、财、物,即传统自然经济或工业经济发展阶段所高度重视的生产要素,成为价值创造中的基础要素。在知识经济的发展进程中,大学教育作为提升人力资源、促进知识经济发展的重要引擎,发挥了极其重要的功能。大学已从早期的"传授知识"、19世纪末的"发展知识"、20世纪中期的"应用知识",发展至21世纪的"创造知识和知识转化"的核心平台。更重要的是,在知识经济的背景之下,劳动力就业市场对大学毕业生的素质要求不

断提升。它不仅要求毕业生具备高度的专业技能，同时需要毕业生具有应变能力和创新能力，能够适应或推动技术的不断更新，应付多元文化的工作背景。这意味着，高等院校需要调整完善教学课程，提高教学内容与劳动力就业岗位之间的适切性，保障学生的学习内容与其将来从事的工作高度结合，提升学生的未来工作能力。

此外，近年全球化和国际竞争的加剧，社会各界迫切要求高校推动教学改革，提高高校学生的学业成就、竞争力和国际交流能力，适应经济建设和社会发展需求，最终提升国家的竞争力。

（2）社会问责机制的不断强化

上文指出，21世纪初期中国高等教育所经历的快速规模扩张具有明显的成本压缩性取向。但需要补充的是，除此之外，由于近年政府教育财政投入严重滞后于高等教育的规模扩张速度，高校经费收入在很大程度上依赖于学杂费收入、产学研合作收入等多种渠道筹措的经费，即高度的非财政性经费依赖成为高校经费筹措与资源投入的重要特征。

一方面，成本压缩性取向导致了高等教育经费投入的严重不足。另一方面，高度的非财政性经费依赖特质，使得不仅是政府，而且学生及其家庭、企业、社会相关机构等也成为大学的经费提供主体。面对利益相关者和经费提供主体的多元化，大学需要回应多元化的社会需求，满足公共利益。同时，随着利益相关者对大学资金使用效益的关注，大学也面临着日趋沉重的社会问责压力，需要承担相应的学术责任、教学质量责任和社会责任。

（3）高校人才培养模式的转型需求

高等教育规模扩张不仅体现为数量的增长，更意味着高等教育在结构与功能层面的质的转型。质的转型主要表现为两个方面：其一是教育需求者层面的转型，即高校升学群体在家庭背景、学习需求以及学习参与方面出现的多样化趋势；其二是教育供给者层面的转型，即为了适应前者的变化，高等教育系统在制度性架构、组织行为、教学内容与提供方式等方面的调整与转型。随着近年中国高等院校的大规模扩招，与以往高等教育精英阶段的具有高度同质性的升学群体不同，大众化阶段的高校升学群体已呈现出明显异质趋向。这种异质性，不仅体现为高校入学者在家庭社会背景、升学需求、学习行为方面的多元化趋势，也包括了学生在学业能力、学习动机、学习兴趣方面的个体差距日趋扩大。升学者群体的异质化趋势给高等教育的传统供给模式带来了严峻挑战，导致高等教育系统内部的对抗与紧张。面对这一变化，高等教育机构需要调适教育理念、课程设置、教学形式和学生管理方式，实现高等教育新发展阶段的人才培养机制转型。

2.滞后的需求顺应

面对上述来自不同源头的质量提升诉求，由于高等教育系统自身的组织惰性、体制约束、资源约束，以及长期以来对于学生群体并未形成必要的关注等原因，中国高等院校并未对上述来自不同源头的质量提升诉求，形成有效的需求顺应。而这种滞后最终引发了高等教育质量危机问题的暴露。

（1）组织惰性的制约

在组织和管理学研究领域，研究者指出，组织存在面对周围环境的变化仍然按照原有行为方式行事的不易改变性，也称组织惰性。在组织与环境共同演化的过程中，组织惰性的生成既有来自组织外部环境的不可控因素，也有来自组织内部的可控因素。例如，组织对于既有运作模式和发展路径的自我强化和依赖。对于组织惰性生成的原因，新制度经济学者则着眼于隐藏在正式制度背后的文化因素。他们指出，组织内部的信仰、道德习俗、文化信念作为"元制度"，内化为组织内部个体的道德判断与行为准则，导致组织成员观念固化以及行为的路径依赖。

高等院校的组织特征导致其存在明显的组织惰性。首先从组织管理模式而言，不同于科层结构的政府机构，高等院校在传统的组织文化影响下具有独特的组织管理模式。也就是以学术自由与学术自治为基本原则的松散特征，伯顿·克拉克形象地称为"有组织的无政府状态"。虽然这种松散特征是保障大学学术自由与自治的重要前提，但却在一定程度上抑制了大学积极顺应外部环境变化，导致高校的组织惰性。其次，大学组织内部不同学科、不同群体间的文化冲突，也是制约组织变革的重要因素之一，导致大学无法对外部需求形成及时有效的回应。

（2）管理体制的制约

尽管1998年颁布的《高等教育法》赋予了中国高校法人地位，规定大学依法自主办学的权力，但高校的自主办学空间极为有限，其实质依然是政府主导型高等教育。由于政府对于高校严格的管控与干预，在这种体制之下，大学从根本而言只是政府的隶属机构，成为政府的附属物，缺乏经营自主权。包括招生计划、教师职称评审、学科设置、学生就业在内的一系列高校内部管理事务，都需要烦琐的行政审批。管理体制的约束在很大程度上弱化了高等院校的自主权，使得大学无法有效地顺应外部环境的变化与需求。

（3）资源投入的制约

充足的资源投入是高等院校顺应社会需求和提升教学质量的重要基石。这里所指的资源投入，不仅包括经费等物力资源，同时也包括优质教师和科研人员在内的人力资源投入。然而正如上文分析中所指出的，中国高等教育在扩张期间的经费投入呈现出明显的成本压缩型取向，经费不足直接限制了高等院校在扩张期间的高校教学科研基础设施的同步发展，也影响了高校教学科研核心功能的正常运作，导致高校发展严重滞后于社会需求。

高校教师是教学运作和学术研究的第一线实践专业人员，教师资源投入的不足也是遏制高校教学质量的决定因素。从数量而言，教师数量增长相对缓慢，跟不上高等教育快速增长的需求。1998 年全国普通高校专任教师共计 40.7 万人，2005 年增至 96.6 万人，增幅为 137%，远低于高校在校生规模的增幅（纪宝成，2016）。高校生师比过高，一方面导致课程的班级规模过大，教学质量难以保证，另一方面也使得高校教师的教学负担严重超负。相关调查表明，由于高校扩招，目前高校教学班级规模普遍偏高，本专科生课程的平均规模为 83 人。有 52% 的教师认为院校中存在着教师数量不足，人均承担工作量太大。其次，从质量层面来看，扩招阶段教龄在 3 年以下的新任教师占目前教师总数的 47%（潘懋元，2017）。虽然新任教师的学历层次明显提高，但在人才培养理念和教学方法方面普遍经验缺乏，影响课堂教学成效。

第二节　院校影响力、学生参与、学生学业成就

一、高等教育院校影响力理论和模型

有关高等教育是否能够或者如何促进学生的发展的问题，以下将对该领域的相关理论解释框架进行系统梳理分析。这一方面可以帮助我们重新审视中国高等教育是否善尽责任，另一方面针对中国高等教育体制特征和学生成长特质，旨在借鉴和完善既有理论解释框架的基础上，寻求本土化高等教育院校影响力的分析视角。

1. 高等教育院校影响力理论崛起的背景

第二次世界大战后的 30 年，可谓美国高等教育史上最为动荡的时期，而高等教育规模的扩张则是导致这种现象的根本因素之一。从 1944 年美国政府颁布 GI 法案，大量退伍军人进入高校，到 20 世纪 70 年代社区学院涌入潮水般的学生，美国高等教育经历了最大的规模扩张。在这一期间，美国适龄青年的高校入学率从 15% 增至 45%，本科阶段学生的增员接近 5 倍，研究生规模增长约 9 倍，而其中

20 世纪 60 年代的学生注册人数增长率超过了任何历史时期。规模增长带来了高校学生群体构成的异质性和多元化趋势的增强。该时期不仅成人学生所占的比例不断增长，高校中女性、来自社会底层和少数族裔的学生比例也呈现增长态势。

此外 20 世纪 60 年代，美国高校爆发了大规模学生抗议活动。虽然激发学生抗议运动的潜在因素与当时的社会政治利益冲突密切相关，但学生对于大学教育的不满也是其中不可忽视的因素。学生认为，大学课程反应迟钝，希望课程能够满足他们的需求和意愿，希望大学把他们看成有情感的人，而并非仅视为被教育的对象。随着学生运动的发展与影响力的扩大，在 20 世纪 60 年代末期和 70 年代初期，面对社会质疑与学生指责，美国高等教育呈现出"学生（消费者）至上主义"的趋势。大学开始改变以往对社会变化漠不关心的学术立场，课程设置趋向以学生为中心的导向（郭德红，2017），部分院校甚至引入了学生评教的形式。

在此时期，包括学生人事协会委员会、美国高校人事协会等专业组织开始重新定义学生事务的职能与使命。哈瑞基金会成立了高等教育学生委员会，鼓励高等院校对其学生的发展承担相应责任。而在此之前，这些责任长期遭遇高校的忽略。在此背景之下，高等教育学者开始对高等院校对学生发展的影响作用展开深入研究。例如，作为研究型大学对学生学习发展的影响的早期研究，圣佛德在其著作《高校失败在哪里》中指出，多数人将高等教育仅理解为课堂场域内的知识传授，而忽略了学生在大学校园中整体经历和体验对其发展形成的影响，他强调应该恢复学生在高校组织活动中的核心地位。

与基于心理学视角的学生发展理论不同，院校影响力研究从社会学视角出发，关注大学生成长或变化的性质与根源，包括学生选择院校特征（院校组间效应）和学生院校经历（院校组内效应）。其早期研究可追溯至雅各布和艾迪（Eddy）的研究。两份研究采用多所院校的调查数据，分析了高等教育就学经历对学生价值观和个性的影响。其中雅各布的报告对于当时的学术界形成了一种特殊的发酵效应。该研究吸引了社会学、人类学、心理学、社会心理学等多学科领域的学者开始思考：高等教育究竟应以何种方式，并在多大程度上引发学生的变化？ 20 世纪 50 年代末期开始，到 70 年代，美国涌现出一大批高等教育影响力的研究。而其中特别值得一提的是费尔德岐和纽考博的研究，他们分析梳理了当时该领域的 1500 份研究后发现，大量研究已着眼于高等教育对学生的价值、态度、个性取向、政治观点、收入、人生目标、职业目标等认知和非认知能力发展所产生的作用。

随着研究的不断积累和深入，该领域形成了诸多成熟的理论解释框架和测量方法，其中以阿斯汀的 I-E-O 模型、汀托的学生融入模型、帕斯卡雷拉的学生变化的因果解释模型等为典型代表。以下将在参考帕斯卡雷拉和特拉赞尼对于该领域理论梳理的基础上，对院校影响力的代表性理论提供更为详尽的述评。

社会学研究认为，社会结构或社会环境能够塑造个人的价值观和信念。院校影响力理论则是将这种思维引入了高等院校就读经历对学生影响作用的研究。在关注学生个体发展过程的同时，院校影响力更加强调高等院校的机构禀赋特征、管理政策、教学服务等对学生心理和行为所施加的影响作用。社会学视角的普遍观点认为，高等院校和大学扮演着"守门人"的角色，控制或选拔合格的升学者，并赋予学生一定的社会经济、职业地位和收益。院校影响力理论假设，高等教育对学生当前和未来的行为、态度、价值观、信念、兴趣甚至认知偏好等都会施加相当的影响。院校通过它们的社会"许可证"生产特定种类的学生，将其配置到诸多成人角色中，并引发其相关行为取向、态度、目标和价值观的改变。评价高校教育如何影响学生的核心目标为：（1）理解高校学生的变化；（2）构建研究学生成就的分析框架或概念；（3）设计院校影响力的研究框架。

2. 斯帕蒂的学生辍学行为的社会学分析模型

高比例的中途辍学率一直成为困扰美国高等教育的严峻挑战和学界关注的焦点问题，但该领域的初期研究往往局限于操作性定义和学生智能的解释视角。斯帕蒂指出，既有研究缺乏清晰的概念界定、严谨的分析手法、宽泛综合的分析框架，他强调，研究视角应深入学生特征与所在院校环境中学术与社会子系统之间的关联性，并且提出了基于多学科视角探讨该问题的重要性。

迪尔凯姆在《自杀论》中指出，如果个体与社会之间的纽带被切断，即个体的道德意识（如规范协调）和集体归属感（如友情支持）未得到满足，自杀概率将呈增长趋向。与自杀选择行为类似，斯帕蒂将辍学选择理解为社会生活放弃的某种表现，并在分析框架中借鉴了迪尔凯姆的社会融合理论的核心思想。在斯帕蒂的学生辍学行为过程的解释模型中，他在关注家庭背景、学生学术潜质、智能发展影响要素的同时，特别强调在大学学术与社会子系统中，学生若无法实现充足的规范协调和友情支持，将间接地导致其做出辍学行为选择。

3. 阿斯汀的 I-E-O 概念框架与学生参与理论

经过长期的高校教学评估研究，阿斯汀从社会心理学的视角，提出了院校影响力理论和"Input-Environment-Outcome"概念框架。阿斯汀指出，建构 I-E-O 概念框架的根本目的在于，通过分析学生在各种环境条件下所出现的成长或变化，评价各类高等教育环境经历的影响作用。该概念框架可谓最早且最具影响力的院校影响力理论模量，为此后该领域研究奠定了概念性基石和方向指导。虽然阿斯汀的主张是否能够称为理论值得商榷，但不可否认的是，该概念框架的提出，为高校教师和行政管理人员提供了院校影响力的思考维度。在阿斯汀模型的基础上，发展出了一系列院校影响理论和模型，院校影响力研究在很大程度上成为美国 NSSE 等高校学生调查实施的理论支撑。

高等教育机构可以被理解为三大要素的集合。

（1）投入（input）要素：指学生进入高等教育机构前所具备的个人特征，包括人口统计学特征（种族、年龄、性别）、家庭背景（父母职业、收入或受教育程度）、宗教信仰、学习意愿、教育期望、入学前学术资质、学生已有的学术经历和社会经历等。投入要素一方面直接影响产出要素，另一方面通过环境要素间接地影响产出要素。

（2）环境（environment）要素：这是一个较为宽泛的概念，主要指相对于未升学群体，学生在高校就读期间所经历的多种体验和经历。具体包括高等院校特征（机构类型、隶属关系、规模）、院校内的学生同伴特征（社会地位、学术资质、价值观等）、师资队伍（教学方法、职业道德、态度）、教学课程（核心课程、教学要求）、学生资助、居住形态、专业选择、学生参与（学习时间、课程选修数）等要素。

（3）学生成就要素：指学生通过高等教育所获得的认知性与情感性能力，包括学生大学毕业后体现出的性格、知识、技能、态度、价值观、信念以及行为等。学生成就可视为投入与院校环境的函数，这也是高等院校教学的目标所在和功能体现。对于学生的学业成就的丰富内涵，阿斯汀提供了清晰的概念界定，具体将在本章第三节的讨论中做进一步的陈述。

阿斯汀强调院校环境的关键作用。院校环境可以通过为学生提供广泛多样的学术机会和社会机会促进学生参与，从而间接影响学生的成就。在这个过程中，学生处于主体的地位。因为只有学生充分利用机会并参与其中、积极开拓院校环境所提供的机会，才有可能真正促成其自身的变化或发展。阿斯汀结合自身提出的 I-E-O 概念框架和佩斯的学生努力的质量分析基础上，进一步提出了学生参与理论。学生参与理论强调，学生只有积极参与到高校的各项活动中才能学得更好，学生学习就是学生参与的整个过程，学生在有意义的活动中所投入时间越长，付出的努力和精力越多，收获则越大。学生参与理论的五大基本假设包括：

（1）参与要求学生在心理与生理上的投入；

（2）参与是一种动态的持续性过程；

（3）参与具有数量与质量上的特性；

（4）学生发展与其参与的数量和质量直接相关；

（5）任何教育政策或实践的成效评价必须基于其有效促进学生参与的能力。

也就是说，衡量高校教育质量和成效的重要尺度在于，高等院校是否能够构建优质的教学环境，为学生提供更多更好的参与机会，有效促进学生的学业参与，最终提升包括学业成绩在内的学生成就。

4. 帕斯卡雷拉的学生变化的因果解释模型

帕斯卡雷拉强调，解释高等院校影响力的研究不能仅仅局限于揭示发生了什么，而需要进一步去了解其背后的动态运作机制、不同要素之间的影响路径。他指出，因果模型应作为重要研究方法引入院校影响力研究。在结合费尔德曼、佩斯、瓦尔伯格等相关研究的基础上，帕斯卡雷拉于1985年提出了关于学生发展的综合性因果模型。该模型的特点在于，将高等院校的机构与组织特征和院校的教育环境要素相结合，奠定了多院校影响力研究的概念基础。尽管模型的最初设计是用来解释学生的学业和认知变化，但此后也适用于研究学生其他非认知性能力成就的影响机制。

在帕斯卡雷拉的模型中，学生学业和认知性发展取决于五大要素的直接与间接影响。这些要素包括：

（1）学生的背景性和入学前特征（包括属性、入学前学业能力、个性、学习动机、种族等）；

（2）高等院校的结构或组织性特征（包括招生规模、师生比、学术选拔性、住宿生比例等）；

（3）高等院校的教育环境；

（4）学生与院校内其他个体间的社会性互动（包括与院校教师和同学间的互动）；

（5）学生努力的质量。

相对于其他院校影响力理论模型，帕斯卡雷拉指出，学生发展的直接影响因素为学生背景、社会性互动、学生努力质量，而高校相关因素的作用路径为间接性影响。具体而言，院校环境通过影响学生的社会性互动、学生努力程度两条路径，从而间接影响学生成就。院校机构特征对学生发展的影响作用，则是通过院校环境、学生互动、学生努力质量三大要素间接促进学生发展。这表明，院校教育因素只有通过学生参与，才能真正发挥有效作用。帕斯卡雷拉强调，在考察高等教育的质量时，从高等院校内部环境中的学生与教师、同伴等社会性互动，来了解院校对学生学习和认知变化、社会心理变化所形成的影响，这比检视院校组织结构特征（例如，院校规模、卡内基分类）的影响更为有效。

帕斯卡雷拉模型的一个重要特征在于，在关注院校环境的影响因素时，已不再局限于学生群体的特征，而是在此基础上将院校机构特征纳入研究视野。然而需要指出的是，在考察高等教育对于学生发展所带来的影响作用时，帕斯卡雷拉（1985）对于高等教育院校的分析，主要着眼于高等院校的结构性或组织性特征，对于院校环境的概念内涵并未做出清晰的界定。而在此后，他本人的研究中对于该模型进行了进一步细化调适。2011年，他在演讲中强调，在院校环境中需要进一步关注高校的教学实践，特别是包括课件的准备、课堂时间的有效掌握、课堂教学的清晰性、及时的反馈等要素在内的高校成功教学实践对于学生学业成就的影响作用。

5. 魏德曼的学生社会化模型

魏德曼强调，全面了解院校影响力，需要将研究关注点集中于学生的社会化过程。在开展对于本科学生职业取向、人生目标影响机制等一系列相关研究的同时，魏德曼借鉴了齐克林的教育与自我同一性研究、阿斯汀的 I-E-O 模型等，在此基础上生成了大学生社会化模型。该模型是从心理结构和社会结构两个层面，分析社会化对于本科学生变化的影响作用。与以往阐释大学生社会化过程的理论不同，魏德曼模型对于学生的社会化，即知识习得、态度、技能提供了更为清晰的阐释。针对学生的变化，魏德曼模型侧重于学生的职业选择、生活方式偏好、志向、价值观等非认知性变化。

魏德曼模型假设，学生入学时带有鲜明的背景特征（如社会经济地位、能力倾向、职业偏好、志向、价值观），同时也承受着来自父母（家庭社会经济地位、生活方式、亲子关系等）和其他非大学参照群体（同伴、社区组织等）的入学前规范压力。在高等院校的内部机构和组织设置的情境下，这些特征对处在院校环境中学生的倾向和行为选择构成约束力。在院校的正式或非正式学术、社会环境中，学生的人际交往过程会承受来自社会层面和学术层面的规范压力。这些规范压力的作用机制包括人际互动、内省过程，以及正式规则和期望等。

魏德曼模型的重要贡献在于，他在将高校内部社会化过程纳入研究范畴的同时，把研究视角扩展至院校外部，考察非院校性因素对学生社会化的重要影响。该模型考虑了来自学生父母和来自非大学参照群体对于学生社会化的影响作用。模型假设，即使学生入学后远离了家庭等外部环境要素，上述要素依然通过院校经历，对大学生的社会化发展产生持续的影响力。例如，在研究高校学生的职业取向的形成机制时，魏德曼发现家庭中亲子关系对女性、人文学科学生的职业取向具有显著的影响作用。

在魏德曼理论模型中，所谓社会化可以理解为，学生个体将外部的规范压力内化，并转化为心理尺度的过程。社会化过程促使学生在实现个人目标时，学会判断和平衡这些多元化的规范压力，决定是否坚持或改变入学前的价值观、态度与志向。该过程是动态和循环往复的。但相关研究者也指出，魏德曼模型虽然提供了规范结构的理论概念框架，但其中某些影响因素，如隐性课程、院校使命等指标很难在实证层面给予量化。

6. 汀托的学生辍学的互动作用理论模型

汀托的学生辍学理论模型可称为高等教育领域应用最为广泛的理论文献。谷歌引用指标显示，上述两篇文献的引用次数接近5000次。汀托的解释模型侧重于高等院校对学生的影响作用。他在阿斯汀模型的基础上，借鉴了迪尔凯姆在《自杀论》中提出的社会融合理论和斯帕蒂的学生辍学选择的社会学解释模型，由此建构了更为清晰，并关注动态过程和各类互动作用要素的解释模型。汀托将自己的模型描述为"学生辍学的互动作用理论模型"。该解释模型可理解为阿斯汀 I-E-O 模型的动态发展，并将研究视角拓展至时间序列发展和影响。

根植于文化仪式的人类学模型，汀托假设学生首先必须与他们之前的相关群体分离，比如，家庭成员或者高中同学，经历一段时期的过渡——在这个时期，学生逐步和新群体的成员以一种新的方式来寻找身份感。在过渡阶段之后，学生开始吸纳新群体或者大学的价值观和行为规范。在该模型中，学生入学时带有不同的家庭背景、学术技能、特质，以及教育经历，这些要素影响着他们的初始意图、目标和承诺，在与院校正式和非正式学术、社会系统的互动过程中，学生初始意图和承诺被逐渐调适和再形式化，院校学术、社会系统构成了学生所处的内部环境，另一方面学生也深受院校之外的家庭、朋友等外部环境因素的影响。学生互动带来学术融入和社交融入、持续影响意图和承诺，并可能最终导致学生做出辍学选择。在许多实证研究中，学生互动被作为融入的代理变量。

汀托模型中，所谓学术融入指的是，学生个体分享院校内部同伴和教师的规范态度和价值观的程度，以及遵守院校内各类团体或下位团体对于组织成员的正式或非正式性要求的程度。一旦个体的融入度增加，则会强化学生对于个体目标的投入，并通过个体目标的实现强化学生的院校投入。相反，负面的经历和互动，则会阻碍学生个体与校园内学术团体和社交团体之间的互动，加大两者之间的距离，由此降低个体对于目标和院校的承诺，最终引发学生个体被边缘化，做出辍学选择。汀托提出的学生与院校间的学术融入和社交融入，与阿斯汀的参与理论，以及佩斯的"努力的质量"概念极为相似，都强调了学生参与、学生互动的重要性。在具体实证研究中，社交融入经常采用朋辈互动和师生互动程度来测量，而学术融入则采用学生对学业发展和专业选择的满意度。

汀托的学生辍学模型具有细致的理论阐释，能够成功应用于学生各类成就的研究。该模型在解释学生辍学行为选择的影响机制方面具有四大特征：其一，作为院校层面的模型，他尝试描述与解释在院校内发生的辍学选择的动态化过程；其二，他提供相关实证研究表明，辍学学生中由于学术原因被开除的比例很低，为此，汀托模型侧重于解释个体自愿辍学的动态过程；其三，该模型结合动态与互动两大特征，考查学生个体在院校中如何在各类互动过程中，随着时间的推移做出辍学选择；其四，该模型具有重要的政策启示性，能够为高校管理人员提供降低学生辍学发生比例的工作指南。

但是，相关学者指出，汀托理论模型也存在着一系列的局限。例如，基于院校层次的汀托模型缺乏对外部环境对学生辍学行为的影响作用给予充分的关注。该模型虽然尝试从学术融入和社交融入角度来解释学生的辍学行为，但并没有对学术与社交融入之间的关联机制提供清晰的阐释；模型并未对学术融入和社交融入提出有效可信的测量指标。

7. 比恩的学生消耗模型

无论是斯帕蒂，还是汀托，之前多数高等教育影响力理论都在很大程度上借鉴了迪尔凯姆的自杀理论，但是比恩指出，相关研究并没有对自杀理论与学生辍学行为之间的关联性提供充足的解释。对此，他强调不能将所有的辍学行为都界定为错误行为，其中也存在着因为合理的理由选择离开高等院校。

与此前的先行研究不同，比恩的学生消耗模型注意到学生辍学行为与企业组织中职工离职行为的类似性，在很大程度上借鉴了普拉斯的职工离职理论解释框架。普拉斯将离职界定为个体作为组织成员状态的改变，在其职工离职解释框架中，工作满意度、组织归属、离职机会是导致离职的重要因素。同样在比恩的理论模型中，辍学被解释为学生个体在院校学业的暂时中断。该模型分别包括了"环境－组织－个体"三组变量、价值变量（忠诚度、对专业或院校选择的确定性、对高校教育实用价值的判断）、意向变量（离校意向）、辍学变量（行为）四大部分。依据"态度－意向－行为"的逻辑顺序，不同变量之间的关系或正或负，并且之间存在线性和叠加关系。该模型假设：环境变量、组织变量、个体变量将直接影响学生个体的态度，上述要素之间存在因果关系。学生个体的忠诚度、升学选择的态度确定性和实用价值则对辍学选择具有负向的影响作用。模型假设环境特征、个体特征、组织特征通过价值，并以意向为中介最终影响辍学行为。在因果关系架构中，成绩与辍学之间存在直接关联，以转学机会或家庭的赞成度为代表的环境变量融意向和最终的辍学行为形成直接影响。个体特征则是通过价值变量，对离校意向或辍学行为形成间接影响。

在此后的研究中，根据不同研究对象特质，比恩也在不断调整其学生消耗因果模型。如在研究非传统型学生的辍学问题时，比恩将环境变量做了进一步的拓展，尝试将经济状态、工作时间、外部鼓励、家庭责任感等要素纳入了分析解释框架。

8. 卡博雷拉等的学生持续就学的综合模型

汀托的学生辍学互动作用理论与比恩的学生消耗因果模型，两者在很多方面带有明显的类似性。例如，两大理论模型都将辍学理解为，在实践过程中一系列复杂要素互为影响的产物；两大理论模型都强调，学生个体在入学前所具有的某些特征将影响其入学后的适应；并且两大模型也都指出，学生持续就学反映了学生与高校之间的成功匹配。

当然，这两者之间也存在明显的差异。与汀托的学生辍学的互动作用模型不同，比恩的学生消耗因果模型侧重于外部因素对于学生态度和辍学决定的影响作用。汀托模型把学生的学业表现作为学术融入的一个指标，而在比恩模型中，学业成绩变量却被定义为在社会心理过程中的产出变量。正如学者哈斯拉所强调的，两大模型所关注的问题视角有所不同。在汀托的理论模型中，学术融入、社交融入、院校投入和目标投入作用于学生持续就学。而在比恩模型中，继续就学的意向、院校匹配，以及包括家庭赞同度、转学机会、经济状况、来自友人的鼓励等外部要素被视为促进学生继续升学的重要影响因素。

针对上述两大理论模型的互补和重叠性，卡博雷拉等学者开始尝试整合两大模型，强化学生持续就学行为的解释力度。在该模型中，根据先行研究，院校匹配和院校质量被整合为院校归属。卡博雷拉等根据实证研究发现，虽然汀托模型将学业成绩（GPA）视为学术融入的替代指标，但实际替代性极为有限。为此，在卡博雷拉模型中，学术融入和学业成绩被定义为互为影响的独立变量。此外，经实证研究验证，经济状况、家人或友人的鼓励等环境变量对学术融入具有直接影响作用。由此可见，卡博雷拉的整合模型框架有效地反映了个体、院校、外部环境变量在学生持续就学行为过程中的影响作用，并为高校管理者如何通过学生经费资助、学术指导、心理咨询等相关学术支持服务，提升学生持续就学率，提供了有效的政策性启示。

9. 乔治·库恩的学生成功概念框架

面对院校影响力的复杂机制，乔治·库恩团队依据其长期的实践研究经验，构建了高校学生成功的概念性分析框架。不同于以往的直线式影响路径，乔治·库恩框架尝试从更为宽泛的视角,展示多数学生在其高校学习生活中可能遭遇的挫折、迷失,甚至不经意间走入死胡同的经历。正如他本人所言,该分析框架是"当代高等教育的真实写照"。

该概念框架第一个要素是入学前的经历,它概括了学生在基础教育阶段的学业准备、家庭背景、资助政策、升学选择等要素。上述要素直接影响着学生为大学升学所做的准备以及未来获得学业成功的可能性。此外,该模型还将院校的学生资助政策以及相关补习教育的提供作为学生是否继续学业的中介变量。例如,院校的学生资助政策将降低或增加学生继续学业的障碍,学生会因此需要将大量时间投入校外勤工俭学,从而无法充分参与各种校园活动。一旦学生认为无法顺利地在图景中找到自己的路径,则会选择暂时或永久地离开大学。

分析框架中的第二个核心要素是院校经历,它涵盖了学生行为和院校状况两部分内容。其中学生行为指的是,学生如何将时间和努力投入学习,以及师生互动和同伴互动。而院校状况包括了资源、教育政策、课程与实践和院校的结构性特征等要素。

学生投入是定位于学生行为和院校状况之间的交叉项。学生投入的重要性在于,该要素既反映了学生行为,也体现了高等院校的教学成就。对于入学前经历方面的多项要素,院校和学生无法直接影响或完全在其掌控之外。

而对于学生投入,院校至少可以提供相关干预,尽管这可能只是边缘性的。例如,院校可以通过有目的的师生互动、合作学习和院校环境等方式强化学生的投入。

此外,在乔治·库恩的学生成功概念框架中,也考虑了外部宏观社会经济环境,如人口特征、联邦政策、问责机制、全球化发展趋势等对于学生成功所带来的影响。

10.院校影响力理论的共性与局限

毋庸置疑,院校影响力研究极为广泛,它通过多种形式的研究,来证实高等教育的重要性和价值。以上所探讨的该领域的代表性理论虽然侧重点各异,但也存在着以下的共性与局限。

其一,相比于学生发展理论,院校影响力理论模型多数基于社会学视角,更为强调学生行为与认知的所处背景的重要作用。高等院校的组织结构、政策、教学课程、服务,与学生个体的态度、价值观及行为一样,都是影响大学生认知、情感变化的潜在来源。这些社会学层面的理论模型不仅与学生发展理论类似,将学生理解为成长过程中的积极参与者,同时也将环境理解为重要因素。在理论模型中,环境提供学生改变的各种机会,同样也可能导致学生的某种特定反应。院校环境中的一些潜在规范变量（院校内部或院校间）是社会学模型中最为显著的特征。

其二，院校影响力理论将学生特征视为核心要素之一，学生的性别、种族、社会经济地位、学术能力都被视为影响学生变化和发展的重要因素。但与学生发展理论不同的是，院校影响力并未对学生心理、情感准备、学习动机等给予足够的关注。为此研究者指出，院校影响力理论在关注学生特质时，超越了传统的人口、社会背景特征的狭隘内涵界定。

其三，既有的院校影响力理论模型只侧重于院校内部微观层面的个体行为或经历，却忽略外部政治形势、国家财政状况等宏观层面要素、中观层面的院校要素对于学生个体行为所形成的影响，以及由此产生的意图性或非意图性结果。

其四，既有的院校影响力理论解释框架着眼于高校学生构成中的主流人群或高等教育适龄群体，对于特定的、少数族群学生，并没有依据其特质形成独特的分析框架。

其五，院校影响力理论模型虽然积极尝试打开高等教育过程的暗箱，但在其投入要素中往往忽略了高等教育的资源投入。这里值得一提的是，教育经济学中教育生产函数对于教育产出的解释框架。教育经济学者从成本效益的分析角度，从资源投入来解释学生学业成就的变化。换言之，教育经济学研究通常利用学校或家庭所投入的资源对学生学业表现所形成的影响，来构建教育生产函数。教育生产函数是研究学生认知性能力决定因素的主要方法，侧重于学生的家庭背景、教育成本、学校经费投入、教师质量和同伴投入等要素与学生标准化考试成绩之间的关联性。为此，在未来拓展院校影响力理论的解释力度时，需要在既有的社会学、心理学的基础上，借鉴经济学等多学科视角与之形成互补。

二、学生参与理论的发展

在高等教育院校影响力理论的发展过程中，研究者越来越关注到学生个体在高校各类教学实践活动中的参与及投入。学生个体在就学期间的学习经历和状态是预测学生成就的重要解释变量。在考察多院校影响因素时，院校影响力理论发现，院校结构和环境因素并不能完全解释学生成就，上述因素大多通过促进学生参与，以间接影响路径推进学生发展。帕斯卡雷拉和特拉赞尼在《高校如何影响学生》书中基于大量的文献梳理，强调"院校影响力在很大程度上，取决于（学生）个体在大学校园内学术、社交互动、课外活动中所付出的努力与参与"。研究者指出，学生在所属院校中的参与程度作为一个崭新的反映高等院校教学质量的有效指标，其意义超过了所谓的高校图书馆藏书量、获奖教师数等传统指标。这也意味着，作为高等教育的供给方，院校除了提供高质量的教学，同时需要通过各类资源投入、教学实践、激励机制等方式，努力吸引和鼓励学生积极参与学业，从而能真正有效地提升学生的学业成就。为此，学生参与理论与院校影响力理论之间存在着相互依存、相互关联的关系。

1. 佩斯的学生努力质量概念

学生参与概念的缘起，可追溯到被称为近代教育课程理论之父的著名教育心理学家泰勒的研究。早在 20 世纪 30 年代泰勒在爱荷华州立大学和芝加哥大学从教时，提出了"学习任务所投入时间"概念。在泰勒学习理论中，他强调在教学过程中，学生不是被动接受知识的容器，而是积极主动的参与者。教师要创设各种问题情境，用启发的方式，引导学生主动探究问题，培养学生的创造性思维和批判性思维的能力，并帮助学生把新知识与原有知识进行有意义的整合与建构。他在分析学生学习特征后指出，学生投入学习的时间越多，学到的知识也越多。

在其基础上，佩斯利用"努力的质量"概念进一步说明，仅仅关注学生的学习投入时间长度是不充分的，还应关注学生专注的程度，即指出了学生学习投入的质与量两者必须并重。佩斯认为，学生努力质量是学生成就最重要的影响因素。1979 年，他设计了大学生就读经验测量问卷，并通过长达 30 年的实证研究验证，指出高校学生投入课内外活动的时间和精力越多，其努力质量越高，对学生成就的积极影响也越大。佩斯对于学生努力质量的测量指标总计 14 项，其中涉及学生对于院校的各类设施和所提供机会的使用情况。佩斯认为，对学生成就而言，重要的不是学生的家庭社会背景或院校所拥有的声誉和资源，而是学生的所作所为能否充分利用院校设施和机会，只有这样才能获得良好的教育。佩斯提出，应测量学生投入符合教育目标、具有教育意义的活动上的时间和质量，并请学生自行判断收获，并以此来评估高等教育机构的教学质量。佩斯的努力质量概念为加州大学洛杉矶分校高校学生调行（CSEQ）的调查框架设计奠定了重要的理论基石。

2. 阿斯汀的学生参与理论

著名心理学家弗洛伊德将内驱力比作人类心理活动的能量，指出这一能量是有指向性的，他将内驱力指向特定客体的现象称为心理能量的"贯注"。结合泰勒学习理论中任务达成的投入时间概念和佩斯的学生努力质量理论，阿斯汀提出了"参与理论"来解释学生在高校就读期间发生的变化或发展的动态过程。参与理论立足于阿斯汀之前提出的 I-E-O 模型，他认为，高校学生学习必须通过参与到院校环境的方式，其参与概念包含了学生心理性和物理性的双重投入。对于学生参与的具体概念界定，阿斯汀指出："高度参与的学生将大量精力用于学习，他（她）们花费大量的时间在校园，特别是积极参与学生组织活动，以及与教师或与其他学生之间的频繁互动。"

在参与理论中，阿斯汀提出关于"参与"的五项基本假设：

（1）参与需要针对特定对象（如任务、人、活动）的心理性与物理性精力投入；

（2）参与是一个持续概念，不同学生对不同对象所投入的精力是不等的；

（3）参与具有定性、定量的特征，既强调专注的程度即质量，也强调参与时间长度；

（4）学生发展和学生参与的质和量直接相关；

（5）评价任何教育政策或实践成效的关键，在于其是否具有激发学生参与的能力。

根据阿斯汀的参与理论，学生只有积极参与到大学内部各项教育活动中才能学得更好，学生学习就是学生参与的整体过程。阿斯汀的参与理论在强调环境作用的同时，也强调学生个体的能动作用。他指出，学生发展过程是学生以往原有经验与大学经历相互整合的过程，学生须充分利用大学所提供的各种资源，积极参与各项教育活动，通过互动和整合获得发展。而院校服务的功能则在于，提供学生多样的参与机会，将学生指导侧重点从专业和技术转向学生动机和行为，将学生的时间和精力投入视为重要的院校资源之一。但阿斯汀也强调了，学生参与作为特定资源，具有有限性资源的特征，即学生如果在家庭、朋友、工作等其他校外活动投入过多时间和精力，则会相应降低学生在学业发展中的投入。

大量的实证研究表明，包括满意度、成绩、持续就学、毕业率等学生成就指标与学生的课外活动参与之间存在着显著的关联性。但若比较课外活动参与和学术参与，研究发现，学业参与（如学习时间、作业时间、课堂提问、作业完成率等）对于学生成就的影响作用超过其他形式的参与。

虽然具体操作性测量方式不同，阿斯汀的学生参与理论为许多高校学生调查的测量工具提供了重要的理论指导，其中包括美国加州大学洛杉矶分校高等教育研究中心实施的学生调查和 CIRP 项目的高校学生调查。上述调查通常采用调查学生参与相关活动的时间总量，来测量学生的学术与社会参与程度。这些相关活动项目包括校内勤工俭学、校内住宿、加入学生社团及与教师或同学的互动。

3. 汀托和齐克林的学生融入理论

学生融入概念被用于解释学生与大学校园内同伴和教师形成共有观点或信念的程度，以及学生遵循大学组织文化（院校内部的结构性规则和要求）的程度。该概念经汀托发展为学术性融入和社会性融入，用于解释学生自主退学行为的重要影响因素。汀托的研究立足于两大理论支点。其一是阿诺·范·基尼的通过仪式的三阶段结构理论，即当个体进入一个新团体时将经历三个阶段，即（1）个体与过往的分离阶段；（2）过渡阶段，在这个阶段个体开始与新的环境与社群互动；（3）整合融入阶段，该阶段个体逐步接纳新社群的规范和期望。其二是迪尔凯姆在《自杀论》中定义的自我本位自杀概念。

在此之前，解释学生退学现象的理论模型大多将原因归咎于牺牲者（学生本人）。然而与先行研究不同的是，汀托理论的独特性在于，他将自愿性退学的责任不再单一地归咎于学生个体，同时也关注退学行为选择背后院校的影响作用。正如他本人所指出的，该理论可以理解为个体与院校机构的互动理论。

汀托将学生融入区分为，校园内的学术融入和社交融入。与学生参与中的课外活动参与类似，所谓社交融入指的是，学生对于同伴互动、师生互动的认知。而学术融入是，学生通过课堂内外与教师或同伴互动而形成的在正式或非正式学术体系中的经验认知。在大量基于汀托理论模型的实证研究中，研究者往往利用学生对师生互动、同伴互动的认知程度作为融入的操作性指标。而帕斯卡雷拉和特拉赞尼则根据大量研究文献的梳理，指出同伴互动、师生互动、教师关注学生发展和教学、学术和智能发展、目标与院校投入为测量融入的五大指标。当然，也有部分研究将学生学业绩点（GPA）作为学术融入的操作指标。对此，学者中存有争议。如哈特度指出，成绩仅是来自外部的确认，并不能作为学生学术或学习融入的关联性指标。也有学者质疑，汀托理论存在着缺乏对非传统型学生的必要关注、过度侧重于社会学视角，而忽略了学生的心理特征等局限。

在这里需要特别补充的是，齐克林在建构学生学习概念时，也使用了融入概念。但齐克林的融入概念与汀托有着不同的内涵界定。齐克林的融入概念指的是，学生积极参与各种学术或社会性活动，是学生学习中极为重要的层面。他指出，学生努力或学生参与的程度是融入的重要影响因素。其结果是，齐克林所指的融入成为学生参与或学生投入的重要收益，也成为支持学生投入因果模型的重要基础。

4. 乔治·库恩的学生投入理论

乔治·库恩在佩斯、阿斯汀的研究基础上，结合齐克林提出本科教育"成功实践"的七大原则，提出了学生投入理论。根据《牛津英语词典》，"engagement"一词的含义包括协商、确立、契约，以及当事人缔结的协议。因此在乔治·库恩的投入理论中，所谓投入的行为主体，包括就教育经历达成协议的学生与院校两大当事人。他对学生投入概念的具体界定是："学生投入呈现出两大重要特征。其一是学生在学业和其他教育活动中投入的时间和精力……学生投入的第二要素是高等院校如何通过配置资源、组织课程、提供其他学习机会，以及服务来吸引学生参与活动，从而实现学生学业持续、满意度、学习和毕业等院校经历和期望成果。"学生投入是测量学生投入到有效教育实践中的时间和精力，以及高校吸引学生参与到学习活动中力度的概念。它包含两方面内容：一是学生的参与行为，具体包括个人学习习惯、学习动机、投入学习的时间和精力、同伴互动、师生互动等情况；二是高校为学生构建提供的参与条件和机会，具体包括教育资源、教育政策、校园环境、学术项目，其中学术项目包含新生体验课程、专业课程、教学方法。

学生投入对学生成就具有重要意义，学生投入可以看作是一个阶段性成果和学生成功的代理变量。依据相关高校学生调查（如 CSEQ、NSSE、CCSSE）发现，学生在教育活动中的投入量对成绩（GPA）和学业持续（毕业率）均有积极影响。此外，包容肯定的院校环境氛围、对学生学业表现提出清晰合理的期望，也有利于学生成功。

学生投入与高校教育实践及其所创造的条件密切相关。调查显示，学生的满意度将影响学生的努力程度，而学生满意的最好指标是"学生感到院校环境能够支持他们的学习、社会需求"的程度。高等院校质量的一个重要的判别视角就是评价其资源供给、政策制定，以及学术环境的创造等能否为学生的积极投入提供有力的支持。乔治·库恩的学生投入理论成为高校学生调查 NSSE 项目的重要理论支撑。NSSE 调查机构通过五组问项指标，衡量各院校有效的教育实践，其中包括学术性挑战、积极与合作的学习、师生互动、丰富教育经历、支持性校园服务。

5. 参与、融入、投入之间的重登与差异

纵观高校学生参与的相关研究，可以发现有相当一部分研究在涉及上述的参与、投入、融入概念的应用和实践时，存在着概念间互相替换的混淆趋向。这种现象一定程度上表明了，上述三个概念之间存在着明显的内涵重登。

对此，利萨等人采用访谈和文本分析的方式，为理解上述三大概念之间的重叠与差异提供了重要资料。

阿斯汀的学生参与理论和乔治·库恩的学生投入概念，都反映了学生在各种活动中投入的总能量。对于两者的差异，阿斯汀认为参与和投入之间并不存在本质的差异。他强调，区分两大概念词汇之间的差异可能没有任何价值和必要性，所谓 NSSE 测量工具的研发最初是在一个小规模委员会的指导下运作的，当时该委员会并没有对参与和投入做出任何显著的区分。对此，乔治·库恩也认同学生参与和学生投入之间存在着概念重叠。他强调学生投入概念的提出，并不是希望从本质上批判或拓展学生参与概念，从具体测量来看，参与、投入、努力质量之间并不存在明显的差异。然而，乔治·库恩等学者也强调，学生投入概念建构的重要特征在于将学生投入与院校责任相联系，将学生投入概念引入 NSSE 学生调查的一个重要贡献在于，由此采用了新的方式考察高校教学质量、为院校改革提供相应信息等。相比于学生投入，阿斯汀的学生参与理论并没有对高等院校的努力给予充分的关注。

但是多数学者认为，汀托的融入理论作为一个独立的理论，与前面的学生参与和学生投入理论之间存在着较为清晰的区分。相比前两者，融入理论带有鲜明的社会学内涵，并且聚焦学生个体对大学内部规范和价值的接受和共有。针对三个概念术语之间的差异，阿斯汀将之比喻为如同被边缘化的学生，即便他积极参与或投入院校组织的各项活动，但依然感受在组织中的孤立，并未真正实现融入。部分学者将融入理解为一种积极的学生参与状况或其意外结果。也有学者将融入定义为学生参与或投入的前提条件，即学生首先必须在组织中感到契合和舒适之后，才能充分实现自身的参与和投入。而对以上不同的解释，汀托本人则认为，学生参与和投入是一种行为，而学生融入则是一种个体与组织间契合的认知或状态。

6. 学生参与理论的重要性与面临的挑战

大量基于学生参与理论的实证研究表明，学生积极参与大学各项教学活动的收益或成就包括：认知性和智能性技能的发展、大学校园适应、道德伦理观的发展、实践技能、社会资本的积累等。长期以来，教育对于学生发展的影响路径一直成为高等教育研究未曾打开的"暗箱"之一，而学生参与理论的崛起和相关实证研究的不断探索，为打开这个暗箱奠定了重要的基础。为此从这个意义而言，学生参与作为重要研究指标，不仅为理解、解释，甚至预测高校学生成就提供了重要的说明变量，同时也提高了对大学教育产出的解释力度。另一方面，近年学生参与理论的发展将学生参与从学生个体责任拓展至院校与学生个体的"双重责任"。学生参与成为高校人才培养质量的重要体现，成为高等教育的问责指标之一。该指标反映了院校教学服务、社团活动平台、资源配置，以及各项学生支持服务是否有效地促进了学生的积极投入，为高校管理者和学生事务工作者的管理实践与完善提供了重要的借鉴和启示。

然而，随着研究的不断深入，学生参与无论在理论层面，还是经验研究层面，都面临着各种挑战。

其一，学生参与理论在解释不同国家或地域、不同院校、不同就学时期，以及不同类型学生的参与特征及其影响机制方面存在欠缺，存在着以一概全的危险性。任何理论及其实证研究发现都具有其特定时间或发生场域的局限性，学生参与理论也不例外。截至目前，高校学生参与研究往往基于大样本学生调查，虽然这样的研究往往被理解为具有可推广性，然而却存在着以一概全的危险性。面对高等教育学生特质的多元化，以及不同院校、不同国家地区高等教育的多样性，学生参与的表现方式及其影响机制必然具有不同的特征，需要未来研究的进一步深入挖掘。

其二，学生参与操作性指标的单一性。以 NSSE 学生调查的测量工具为例，学生参与的具体操作性指标采用了学生在过去一学年参与各项活动的时间投入的自我估计结果。而这样的测量方式往往容易低估甚至忽视学生在认知层面或情感层面的参与或投入。

其三，两维视角的学生参与理论在经验研究层面遭遇尴尬。不可否认，乔治·库恩的学生投入理论将学生参与从以往单一的学生视角，拓展为学生与院校的两维视角，对学生参与作为高校教学改革指导和高校质量问责的测量指标建构具有重要的意义。但在实证研究中，这种广义的概念内涵界定方式是将两个因变量混同在一起，导致在分析中无法清晰厘清不同维度各自发挥的作用和两者之间的关联性。换言之，两维视角的学生参与理论虽然有利于高校问责，但却不利于研究操作和具体的院校教学完善，因为概念操作忽视了具体不同维度之间的关联性。

其四，学生参与的条件性效应和补偿性效应。尽管大量实证研究证实了学生参与对学生发展的影响效应，然而也有相当一部分的研究发现了学生参与的条件性效应和补偿性效应。所谓条件性效应指的是，学生群体间变化或发展程度的显著差异。而补偿性效应指的是，弱势群体学生在参与某种教学项目或实践时，其收益高于其他学生群体。针对这种现象，学生参与研究需要在未来做进一步细分化探讨，才能真正寻找到促进不同类型学生积极参与大学教学活动、促进其发展的重要因素和影响路径。

三、学生学业成就的内涵界定

过去 20 年，随着知识经济发展和高校公共问责机制的不断强化，政府、关心公共资金的纳税人、教育管理部门、劳动力市场用人单位、学生及家长等高等教育利益相关者开始高度关注高等院校的教育与学习的质量，并要求院校提供或公开相关信息。在此背景之下，高校学生的学业成就逐步成为社会公众、高校管理者和高教研究者关注的焦点。高质量的学生学业成就不仅成为院校吸引生源的重要渠道，对院校改进教学管理、政府或相关部门开展高校教学评价或分析资源配置成效，也具有重要借鉴意义。

以《美国新闻和世界报道》和《泰晤士高等教育增刊》高等院校排行榜为代表，既有的高等教育评价和排行榜的评价指标往往集中于高等教育经费投入、师生比、学术论文发表数等。换言之，既有评价模式着眼于高等教育的投入与科研产出，对于学生通过高等教育所获得的收益或增值性发展并没有给予必要的关注。由于缺乏对于学生学业成就的全面准确的信息，上述的大学排行榜逐渐成为高等院校教学质量的替代性评价模式。这种评价结果不可避免地为政府、社会、学生提供了不全面的信息，甚至误导了社会公众对高等院校和高校毕业生的正确评价与理解。

学业成就术语源自成果导向的教育方式，是一种对学生学习提供清晰准确的定义、陈述和评价的教学建构模式（Adam，2004）。学业成就的陈述包括学习者的学习期望或要求，并且能够通过学习所能理解或展示的知识能力。所谓成果导向教育则是，围绕着全面清晰的学生学业成就的具体内容来系统地设置课程。学生学业成就导向教育与传统大学教育的本质差异在于，整个教学历程已从教师教什么转变为学生应该学什么。这种教育模式以往被频繁地使用于中等教育阶段的教学活动中。在高等教育阶段，最早引入成果导向教育机制的是美国、澳大利亚、新西兰和英国，近年开始在 OECD 国际经合组织的其他加盟国中普及（Adam，2004）。学生学业成就评价已逐步成为高等教育评价的核心要素。所谓学生学业成就指的是，学生通过高校学习所形成，并且"以用能力或相关绩效指标进行测量的变化或收益"，欧特将学生学业成就定义为"学习者通过学习所知道或能够做的事项"。而国际经合组织 OECD 则将其定义为，个体通过高等院校就学经历所收获的成就，而不是由于个体正常发展、社会化成熟或高校以外因素所引发的成就。

如何从多维的视角定义学生学业成就，关系到学业成就评估的内容与方法。大量的研究对这一问题，尤其是高校学生学业成就的定义进行了探讨。其中鲍恩将高等教育学业成就具体划分为语言能力、数量分析能力、博深的知识、理性、知性、审美能力、创造力、学术规范和明智的判断力。美国高校委员会也做了相同的定义。莱宁等人建议从经济、人格、知识、技能、手艺、资源或服务的提供、美学或文化行为五个方面，对学业成就进行分类。也有相关学者提出了从社会交际能力、分析能力、问题解决能力、评价能力、社会相互作用、责任感等维度，界定学业成就的内涵。

第二章　信息化与教育信息化探究

第一节　信息化的内涵

信息化的出现不是偶然的，它是全球经济和社会发展的大趋势。它是顺应经济和社会发展的内在规律，在社会经济、政治、科学取得巨大成就的前提下产生的。从人类社会历史发展的内在规律来说，信息化是在科学技术生产力高度发展，尤其是电子信息技术引发的信息革命的条件下产生的，是人类寻求本身发展、化解社会矛盾、对社会生产关系进行调整的产物。

信息化是利用以计算机为主的信息技术为生产工具，依托强大的网络技术，将信息化生产工具转换为新的生产力，应用在社会经济的各个领域中，利用信息技术处理方法实现信息资源共享，从而推动社会经济各个领域的快速发展。信息化是一个不断累积的信息技术发展过程，人的信息化、企业的信息化、国家的信息化将极大地提升国家现代化水平、企业的运行效率，改变人们的生活方式。

一、信息化的发展

我国的信息化从 20 世纪 80 年代开始萌芽，90 年代正式启动，大致经历了萌芽、初创、发展、完善四个时期。萌芽时期（20 世纪 80 年代到 1993 年）是全球个人电脑和计算机软件行业迅速发展的时期，随着改革开放的深入开展，我国的国民经济结构也在调整。政府和产业界认为我国计算机产业的发展，不应该只是传统的开发制造计算机硬件设备，关键是普及计算机应用，以应用带动计算机的开发、发展和创新。初创时期（1993 年 3 月至 1997 年 4 月），我国陆续推出"金桥""金卡""金关"等重大建设项目，这是中国国民经济信息化蓬勃发展的前奏。1993 年 12 月，我国成立了国家经济信息化联席会议，提出了"统筹规划、联合建设、统一标准、专通结合"的 16 字方针。发展时期（1997 年 4 月至 2000 年 10 月），1997 年 4 月，在国务院的统一领导下，国务院信息化工作领导小组在深圳召开了首次全国信息化工作会议，会议通过了《国家信息化"九五规划"和 2010 年远景目标》，明确了国家信息化的定义和国家信息化体系六要素。完善时期（2000 年 10 月至今），党的十五届五中全会通过了《中共中央关于制定国民经济和社会发展第十个五年计划的建议》，首次在党的文件中对中国信息化的历史作用和地位给予高度的评价。

我国政府在信息化的不同时期，把经济领域信息化放在首要位置，并逐步推进社会信息化、教育信息化，尤其是高等教育信息化。国家把信息化上升到战略全局的高度，标志着中国信息化大发展时期已经到来。

二、信息化发展的基本趋势

信息化的发展趋势可以从技术、经济、社会等多个角度进行考察，从技术可能性的角度看信息化的发展，表现在从数字化向网络化的发展趋势上，信息技术的更新和计算机的发展是密切联系的。在现代社会中，只有精密的计算机系统才能满足人们对信息智能化、自动化、多元化的需求，但是如果信息处理终端彼此是隔离的、孤立的，则难以满足信息资源共享的要求，也会给数字化本身带来制约。同时，社会发展对网络传输的内容和质量提出了更高的要求。因此，由数字化向网络化发展反映了技术和应用发展的必然趋势。

网络发展大致可以划分为三个阶段：基础设施建设阶段、网络软件及服务系统化阶段和网络化信息内容应用阶段。按照这个分类方法，我国信息化发展目前处于网络基础设施建设阶段的中期，部分进入了网络软件及服务系统化阶段的初期，信息化已经遍布政治、经济、教育等各个领域，总体上处于网络化信息内容应用阶段的初期，还处于迅速发展的过程中。

三、现代信息技术

（一）云计算

1. 云计算的定义

云计算是基于互联网的相关服务的增加、使用和交付模式。"云"是网络、互联网的一种比喻说法，过去往往用"云"来表示电信网，后来也用来表示互联网和底层基础设施。狭义的"云"计算指 IT 基础设施的交付和使用模式，指通过网络以按需、易扩展的方式获得所需资源；广义的"云"计算指服务的交付和使用模式，指通过网络以按需、易扩展的方式获得所需服务。这种服务可以和软件、互联网相关，也可是其他服务。它意味着计算能力也可作为一种商品通过互联网进行流通。

2. 云计算的特点

可以使计算分布在大量的分布式计算机上而非本地计算机或远程服务器中，企业数据中心的运行将与互联网更相似。这使得企业能够将资源切换到需要的应用上，根据需求访问计算机和存储系统。

云计算是分布式处理、并行处理、网格计算、网络存储、虚拟化等计算机应用技术发展融合的产物，是依托互联网，面向客户提供安全、快速、便捷的数据存储和网络计算的服务模式，是一种新的 IT 基础设施的交付和使用模式，是指用户通过网络以按需、易扩展的方式获得所需的资源，如基础硬件、系统平台或程序软件等。

3. 云计算在高校建设中的应用

云计算是一种全新的信息技术，它可以将所有信息资源、网络、服务器、存储等集中起来，通过云信息技术将其定义为一个虚拟的服务，然后通过"租赁"的方式提供给用户。云计算能推动高校新一代数据中心建设，有效地节约高校信息化建设的资金投入。云计算从诞生到现在，已经成为最热门的信息技术。"云"的强大已经被大家所公认，而且"云"的潜力还未完全被挖掘和发现。

高校信息化建设自然离不开"云"，如何利用云计算促进高校信息化建设，是目前所有高校面临的新问题。国内外知名的信息服务企业和高校对"云"应用的成功经验告诉我们，云计算已经是高校信息化技术必不可少的信息、技术应用。

（1）云服务

高校可以利用云计算建设属于自己的私有云，将高校的各种教学资源、软件、硬件都集成在私有云上，它其实也就是高校的数据应用平台。高校的每个用户并不需要有强大的硬件来支持软件的应用，因为虽然软件本身对硬件的要求很高，但是数据平台集成了强大的超级计算机。高校可以通过私有云大大地减少硬件、网络等设施的采购，降低运营成本。云计算将使高校无须再购买任何软件，也许有一天云计算会让单机版软件成为过去。云服务可以为高校提供大量的、免费的常用软件，比如，Office 办公软件，只要高校用户通过 Web 上网，向云服务发出申请并得到专业管理人员的同意，这类云服务都将是免费的。

（2）云存储

云存储是一种采用联想主机层存储虚拟化管理系统，建立存储管理虚拟层，可以在异构或同构存储之间进行镜像和建立统一存储的资源池，实现存储无关性。

高校教师、学生、管理者都可以通过 Web 将各种信息资源上传到高校的私有云数据平台上。高校的任何一个人都可以在任何地点上传和下载信息资源，即使在一个较为老旧的机器上一样也能很快地实现资源共享。在一个云计算的网络中，不论是教学信息资源还是个人的信息资源都可以上传到云存储平台上去，任何时候不必担心资料丢失和被病毒侵袭，只要能运行 Web 程序就可以随时随地地进行下载和使用。云存储服务有点类似于上传到 FTP 空间一样，但又和 FTP 完全不同。FTP 是一台计算机，而云端是 N 台超级计算机协同组成。云存储始终保留多个副本，即使部分计算机系统崩溃也能保证用户的数据正常运行、存储和下载。

存储是信息化管理的核心，在高校构建云存储平台具有极大的意义。

第一，统筹整合，减少投入。使用云存储技术整合高校中的服务器资源，构建统一的资源池，并根据各职能部门业务需求按需分配资源，可解决传统独立管理模式中由于资源应用不均而带来的硬件资源浪费及重复投资问题，节约开支。云存储系统可根据部门的业务需求动态分配资源，避免了传统管理中频繁购置设备的问题，仅在所有资源紧张的情况下才进行全系统的投资升级。另外，云存储的虚拟性还可以整合多种硬件，充分利用早期设备，达到物尽其用。

第二，统一接口，管理方便。云存储系统使用统一的管理接口、规范的管理方式管理各个底层的存储服务器，大大降低了管理员的工作难度和人员开销。

第三，运行稳定，质量保证。云存储的冗余备份和负载均衡等技术能很好地协调各基层存储设备，杜绝传统模式中系统维护或服务器宕机等带来的服务中断问题，更好地保证服务的质量和运行的稳定。

（3）云安全

云计算提供了非常安全的数据存储中心，高校用户不用担心存储在云端的信息资源数据丢失、病毒侵扰，用户也不用担心系统崩溃造成数据丢失。云存储为用户备份了大量的副本，云系统是由 N 台超级计算机组成的。

（4）云桌面

在高校云计算管理系统应用的过程中，一个基于云桌面设置之下的高校信息化系统的架构模式，通过会议应用服务层面分层结构、客户端层面的云操作系统架构，以及接入控制应用服务等几个方面的系统架构，进行相互协作，协调配合，来完成云操作计算系统，实现高校信息化的应用。

在云计算信息系统的组织架构过程中，为了相关的系统维护运行便利，系统设计方面维护人员通过各种不同类型的控制终端，通过云操作桌面的操作协议，可以有效访问云数据库中的应用系统和应用程式，并且通过一系列的用户协议，可以便捷地进行地址和门户网站的访问。在云系统中访问地址或者门户时，会设置访问均衡性调节的负载器，负载器的管理由用户操作桌面的管理系统进行控制。在管理中，一般会采用微软的 AD 活动目录来进行控制，并且对操作者身份进行识别和验证。在认证中通过计算机操作桌面系统来认证的结果通过协议定向到随机定制的计算机云操作桌面系统中。高校云计算信息系统通过云计算终端的仿真服务器和虚拟桌面操作程序运行个性化的操作管理系统，通过云计算终端的特定传输协议，将云计算结果和分析数据分发给管理人员相应的终端设备。管理人员通过终端设备的控制将动作协议传送给云操作系统服务器；服务器接收到相应的指令后，运行相关操作，并将计算结果返回给管理终端设备。在高校信息化系统架构中，云计算操作系统采用此种系统架构模式能够提高数据传输和运算中的可靠性，且云系统架构运行维护成本相对来说也较低。在云操作运算管理系统中，通过终端的灵活传输协议，可以使高校的相关管理人员能够随时对数据进行管理，从而保证云计算对于高校信息化管理的实时性。

高校云计算系统架构和组织安排应该通过云桌面的系统架构方式来进行，高校云系统应用应该采用统一的集中灵活的管理操作模式。在云系统终端维护方面，采用灵活的系统终端运行架构，能够减少云计算运行系统中相关故障维修的费用，在系统操作灵活性和实时性方面也会有所提高，在终端设备管理中能够节省大量的开支，极大地降低在日常运行中维护人员的工作任务量，保证高校信息化管理高效实施。

4.云计算在高校信息化建设中的优势和问题

云计算已经在许多高校开始应用，云计算的强大功能给高校信息化带来全新的革命。

（1）云计算在高校信息化建设的优势

第一，大大节约高校信息化建设资金投入。以往高校信息化建设资金主要投入软硬件设施购买方面。云计算在高校信息化建设中应用以后，云计算对硬件要求极低，高校只需购买最低配置的设备即可实现高速的信息化运行环境，也避免了升级带来的资金消耗，实现高校资源整合，建立统一的平台。目前高校信息化建设需要建立统一的标准才能实现信息资源共享。而云计算将统一标准、信息化环境的建设、各软件和系统的安装任务都交给了云服务提供商，从而把过去毫无规律的数据接口变成了统一的平台，形成一个与自身操作系统、软件版本、开发环境、服务器配置无关的统一的网络平台，极大地提升了资源共享、软件开发的可行性，大大提高了资源的利用率。

第二，提升了教育信息化质量，提高了办公、管理效率。云计算出现之前，教学信息化质量的提升，办公、管理效率的提高都需要教职员工提升信息化意识，自觉学习并增强信息化技术能力。而云计算的出现有利于各高校建立拥有丰富教学信息、资源的平台，可以为教师和学生提供大量的教学信息和资源。高校教职员工只需要登录 Web 系统，随时随地可以在云端进行学习、办公和管理活动。师生通过相互交流学习，可以进一步提升教育信息化质量。随着云计算的深入，无纸办公成为现实，可以随时随地通过云计算快捷地管理、处理工作，极大地提高了高校管理、办公效率。

第三，提升了信息、资源安全。过去信息安全问题一直困扰着信息安全系统的正常运行，单机服务器的不稳定给信息化建设制造了诸多的不确定因素。云计算出现后，提供了非常安全的数据存储中心，高校用户不用担心存储在云端的信息资源数据丢失和被病毒侵扰，也不用担心系统崩溃、病毒侵扰所造成的数据丢失。

（2）云计算在高校信息化建设中存在的问题

云计算给高校信息化建设带来全新的理念，其强大的功能给高校信息化建设带来很多好处，但是目前掌握云计算技术应用的人还很少，技术本身和技术应用也有不成熟的方面。所以，云计算的应用目前还处于初期磨合状态。

（二）物联网

1.物联网的定义

物联网是新一代信息技术的重要组成部分。物联网是通过射频识别、红外感应器、全球定位系统、激光扫描器等信息传感设备，按约定的协议，把任何物品与互联网相连接，进行信息交换和通信，以实现对物品的智能化识别、定位、跟踪、监控和管理的一种网络。物联网可以让所有人、所有物品都通过互联网连接起来，方便识别、监管和控制。物联网是继计算机、互联网、移动通信网之后，带给世界信息产业的第三次浪潮。物联网技术是现代信息技术备受关注的焦点，也是当前世界经济、社会进步、科技发展的重要战略制高点。

物联网应用极其广泛，遍及智能交通、环境保护、政府工作、公共安全、平安家居、智能消防和工业监测等多个领域。物联网不是一个简单的信息管理系统，是一个涉及多种学科领域（如生物、物理、通信、微电子、计算机等）的复杂信息系统，融合了感知和识别技术、网络通信技术、数据处理技术、信息安全技术等多种技术。

2. 物联网的特点

（1）物联网技术是各种"传感技术"的广泛应用

物联网上装载了大量的、不同类型的传感器装置。传感器能感受到被测量的信息，并将感受到的信息按一定规律转换为电信号或其他所需形式的信息，以满足信息的传输、显示、存储、控制等要求。每个传感器都是一个独立的信息源，不同类型的传感器所捕获的信息内容以及信息格式都是不相同的。传感器按一定的频率，周期性地采集信息，不断地更新数据。

（2）物联网是一种建立在互联网基础上又区别于互联网的网络，其技术核心和网络基础也是互联网。物联网是通过网络连接技术与互联网进行连接，将传感装置感受到的信息实时实地准确地传递给互联网。由于基于互联网的连接，物联网的信息传输也必须遵守互联网的协议，但是物联网又不是互联网的简单延伸。物联网可以将我们平常所称的互联网向"物"进行延伸，也可以根据实际需求组成局域网，比如，我们想把生活的小区建成一个智能、安全的具有物联网功能的小区，而此时的物联网没有必要连接到互联网，只需要连接到小区组建的局域网即可完成物联网的功能建设。

（3）物联网技术具有智能处理能力

物联网技术不仅包括"传感器"的连接，其本身也具备对传感装置感受到的信息进行智能处理的能力，并且能够对人、物体等进行实时的智能控制和有效的监管。

物联网是传感技术、信息技术、智能处理的结合。物联网技术根据不同用户的不同需求通过"传感器"收集相应的信息，然后利用模式识别、云计算等各种现代化信息技术对收集的海量信息进行分析和处理，将处理结果反馈给用户，从而实现实时的控制和监管。目前，物联网对信息的智能处理功能已应用到社会发展的各个领域。

3. 物联网在高校建设中的应用

我国对物联网技术的研究开始较早，研究水平也位居世界前列。2009 年 9 月，无锡市与北京邮电大学就传感网技术研究和产业发展签署合作协议。2009 年 9 月 10 日，全国高校首家物联网研究院在南京邮电大学正式成立。目前，物联网在大学校园中已得到广泛应用，射频识别（RFID）技术使用特别广泛，如借阅证、就餐卡、门禁卡等。

我国高校对物联网的研究和应用已经初见成效，从对物联网开设相关课程、建立物联网实验室，到建设物联网智能图书馆、利用物联网对学生进行有效的管理，到利用物联网技术建设平安校园，物联网技术的应用已经涉及多个领域。

（1）教学领域的应用

高校信息建设的核心是教育信息化建设。为了加快我国新兴产业人才的培养速度，教育部在 2011 年审批通过了 140 个战略性新兴产业相关本科新专业。在新增本科专业名单中，"物联网"成为最大热门，37 所高校获批开设相关专业。目前我国高校物联网教学内容主要包括物联网的基础知识、物联网的原理和核心技术、物联网技术开发和行业应用等方面。

目前，高校除了已经成立物联网研究学院、开设相关专业，还通过物联网技术提高高校教学质量。过去影响教学质量提升的关键因素是教师和学生之间缺乏沟通，教师无法及时掌握学生的学习情况。如今可以通过给学生配置一个带有传感功能的装置，及时地向教师传递学生的学习感受和心理变化，教师再根据接收到的信息及时地调整教学进度，从而加强师生的及时交流和沟通，提高教学质量。

为了让学生更好地掌握物联网知识的理论，提高学生对物联网在相关行业的实际开发和应用能力，部分高校已经开始建立物联网综合仿真实验室。学生通过物联网仿真实验室掌握物联网基础知识、物联网核心技术的应用，学习通过物联网核心技术开发和提出相应的解决方案，通过仿真案例教学的方式进一步掌握物联网的知识和应用能力，激发对物联网的兴趣，有利于将学习到的理论应用到实践。

（2）建立高校智能图书馆

目前我国高校对于物联网中的另一个核心技术 RFID（射频识别）技术的应用研究已经越来越普及。物联网中物与物之间的信息交换，其实质就是利用 RFID 技术，通过网络信息传输实现物品的自动识别和信息交换。部分高校已经利用物联网RFID 技术建设高校智能图书馆。

随着高校的发展，高校的规模不断扩大，图书馆的藏书量逐年增加，传统的图书条形码管理方法使得图书的归纳、整理、查找工作相当烦琐，浪费了图书馆工作人员大量的时间。如今部分高校利用物联网技术建设了高校图书馆智能管理系统，通过物联网 RFID 技术的应用，将图书馆的每一本图书上放置一个 RFID 标签，图书馆工作人员只需将贴有 RFID 标签的图书信息录入图书馆智能管理系统，然后在图书背面贴上根据图书类型划分的图书放置的电子标签，就可以轻松地完成图书归纳和以后的整理工作。同样，高校的教职员工、学生可以通过图书馆智能管理系统的检索功能迅速查找图书所放置的位置，然后通过图书馆智能管理系统的自助服务系统完成借阅、归还操作。通过自助服务系统借阅的图书，能顺利地通过图书馆的安全门禁系统，从而完成自助借阅、归还。

高校基于物联网 RFID 技术建立的图书馆智能管理系统，不仅大大提高了高校图书馆工作人员的工作效率，简化了教职员工、学生查阅、借还图书的程序，也充分利用了高校图书馆文献资料，为高校提升教育质量提供了良好的信息环境。

（3）物联网在高校管理中的应用

目前，物联网在高校管理中应用最多的是对学生的管理、后勤服务、安全管理。

第一，学生的管理。学生管理是高校管理中最为重要的管理任务，以确保正常的教学秩序。随着物联网传感技术、RFID技术的出现，学生管理将比过去变得更加可靠。学生入校时，高校可以在学生的"一卡通"上添加RFID标签（没有"一卡通"系统的高校可以使用学生证），对学生的位置进行实时监控。当学生进入危险区域时，管理系统会向学生发出警告并及时通知高校的安保部门，减少高校学生发生事故的可能，最大限度地保证学生的生命安全。除对学生进入危险区域进行预警外，高校可以通过对学生的实时位置监控，统计学生按时上课、晚上回到寝室的人数，方便对学生的日常教学管理。

第二，后勤服务管理。利用物联网核心技术对高校后勤服务管理也是物联网技术在高校建设中的重要应用。利用物联网核心技术中的传感技术可以对教室环境进行实时监控。通过在高校的每个教室中放置传感装置，可以实时地对光线、温度等教室环境进行检测，并根据先前设定的参考数值自动调节教室的光线、空调风扇等设备。同样，高校可以利用物联网的核心技术对高校日常运行设备，比如，日光灯、电梯、电脑、水电气设备等进行实时监管，并进行自动控制。当处于无人状态时，自动关闭设备；当需要运行时，自动运行设备。不仅可以对设备进行有效、合理的管理，并且可以节约高校的运行经费。

第三，安全管理。如今高校的校园面积越来越大，进出学校的人数越来越多，学生人数逐年增加，高校的安全压力也日益增大。目前许多高校利用物联网技术建设了平安校园系统。平安校园系统主要由设在校园围墙上的监测装置（如红外收发器、振动传感器、接近感应线等）、报警器及设在终端控制室的报警控制主机等构成。在布防状态下，一旦有人以非正常方式、时间、路径企图跨越围墙，即发出警报。利用物联网技术建立的重点区域的门禁系统，也可以保护高校设备、人员的安全。当安全系统监测到危险警告时，可以对人员进行预警或者关闭门禁系统，确保学校的财物、设备不被随意私自带出校园。

4. 物联网在高校信息化建设中的优势

综合物联网在高校信息化建设中的应用，其优势如下：

（1）可以增加师生之间的交流与互动，让教师及时掌握教学进度和难易程度，从而提高高校教学质量。

（2）建立高校智能图书馆，不仅提高了高校服务效率，还丰富了高校图书馆文献资料，为高校提升教育质量提供了良好的学习、信息环境。

（3）方便对学生进行日常教学管理，不仅可以对设备进行有效、合理的管理，还节约了高校的运行经费，同时使高校校园变得更加安全。

第二节　信息化管理的内涵

一、信息化管理的概念

一般对信息化管理的概念有两种理解：一种是对管理过程实施信息化，也就是说把信息技术手段和信息资源充分运用到管理的过程之中，以提高管理效率，减少管理层级，促进组织结构扁平化，降低管理成本；另一种理解认为信息化管理是对组织信息化的全过程进行管理。

不管是哪一种理解，到目前为止，还没有一个相对统一的关于"信息化管理"的概念描述。但是，我们可以基于第一种理解对这一概念所应包含的内容做以下分析。

第一，信息化管理是一个过程概念。信息化是一个过程概念，而管理同样是一个过程概念，所以是使用一个过程概念（信息化）限定另一个过程概念（管理），是将一个过程（信息化）运用到另一个过程（管理）当中去的过程。

第二，信息化管理工作充分利用信息技术。信息化管理工作是充分利用信息技术广泛深入地挖掘和应用管理过程中的一切信息资源来提高管理效率的过程，是信息化手段在管理过程中的应用。

第三，信息化管理不是泛化的概念，应该是在一定的组织内部进行的。

第四，信息化管理也应该由一定的组织进行统一协调、规划和组织实施。

根据以上描述，我们认为，所谓信息化管理，就是在组织的统一协调、规划和组织下，在管理过程的各个环节充分利用信息技术，广泛开发信息资源，以提高管理效率，减少管理层级，促进组织结构扁平化，降低管理成本的过程。

需要指出的是，信息化管理并不是简单用计算机程序代替原有的管理过程，而是要对原来的工作流程进行系统分析，在保证组织目标能够顺利、高效、保质保量完成的情况下，重新进行组织、调整，使整个工作程序更加合理。在重新组织调整的过程中，充分考虑到信息技术和信息资源的便利、高效等因素，把能够用信息技术处理的部分编写成信息系统，把相关的资料等信息数字化。简而言之，信息化管理不是一"化"了之，完全不需要人的参与，全盘否定传统的管理方式、方法，而是作为辅助手段，促进管理朝着更加科学、高效、快捷、便利的方向变革。

信息化管理包括信息化建设管理和信息化应用管理两大领域。

信息化建设管理就是对信息化建设的全过程进行管理，即对是否进行信息化建设、信息化建设达到什么目标、如何高效地进行信息化建设等实施规划、组织、监督和调控。

信息化应用管理包括对信息化应用过程的管理和应用信息化建设成果进行管理。即在信息化项目开展过程中或信息化项目建设完成投入使用后，对信息化项目或系统应用全过程进行管理，以保证信息化建设成果得到广泛、有效和安全的应用。

信息化建设管理与信息化应用管理相辅相成，缺一不可。信息化建设管理是信息化应用管理的基础和前提，信息化应用管理是信息化建设管理的延续和深化。

二、信息化管理的内容

信息化管理内容广泛。从信息化管理的对象来看，有信息基础设施建设与应用管理、信息系统建设与应用管理、信息资源建设与应用管理、信息化保障体系建设与运行管理；从信息化管理的范围来看，有国家信息化管理、地区信息化管理、行业信息化管理、社会组织信息化管理；从信息化管理的职能来看，有信息化战略规划、信息化组织实施、信息化工程监理、信息化应用调控、信息化管理创新、信息化绩效评价等；从信息化管理的手段来看，有行政手段（如信息化管理体制、信息化政策与制度）、法律手段（如信息化法规、标准）、经济手段（如信息化建设财政拨款、资金融通、税收调节）、技术手段（如信息系统开发与应用）。下面从信息化管理的职能角度阐述信息化管理的内容体系。

（一）信息化战略规划

信息化战略规划是在分析一定范围内发展战略或一个组织经营管理战略的基础上，采用科学的信息化战略规划方法，对区域信息化、行业信息化或组织信息化建设与应用的愿景、使命、目标、战略、原则、架构和进程等进行的筹划与设计。信息化战略规划方案是信息化建设的基本纲领和总体指向，是信息系统设计和实施的前提与依据。信息化建设与应用是一项相当艰巨复杂的系统工程，能否制订科学、合理的信息化战略规划方案，往往决定着信息化的成败。信息化战略规划是信息化管理的首要环节。而制订科学、合理的信息化战略规划方案，既需要懂信息技术又熟悉业务的复合型信息化管理人才，也需要科学的规划方法，更需要组织决策层的领导和支持。

（二）信息化组织实施

信息化组织实施是组织信息化项目或信息系统的实施。具体地说，信息化组织实施就是在信息化战略规划的指导下，组织人力、物力和财力，对信息化项目过程的启动、实施、收尾等各个环节进行指导和监控，具体完成各类信息化建设任务。信息化组织实施不是从技术角度进行信息系统的设计和实现，而是从管理角度对信息系统的设计和实现进行管理。其具体内容包括信息化项目的需求分析、可行性分析及立项管理，选择信息系统开发方式并实施信息系统开发外包管理，选择合适的信息系统开发方法并对信息系统设计进行管理，对信息技术设备采购、招标和验收进行管理，对信息系统进行测试、评价和验收。信息化组织实施涉及面广，时间跨度较大，是信息化管理的中心环节。

三、信息化管理的作用

（一）是管理系统各要素和各层次之间联系的纽带

管理活动是在与他人的联系和沟通中生存和发展的，人们的联系和沟通就是通过信息的桥梁来进行的。从整体上看，行政组织职能的实现与信息管理的联系并不明显，但是稍做分析就会发现，信息具有凝聚、协调、序化的作用，只有依靠信息在组织内的传播，才能把组织的各个部分联系、协调起来，使组织的活动从无序到有序，富有成效，成为实现组织目标的统一行为。

（二）是保证科学计划和科学决策的首要前提

计划和决策都是管理的基本职能，科学的计划和决策必须以全面了解情况和掌握信息为依据。这是对决策者和计划人员的基本要求，是计划切实可行的必要保证，也是做出正确决策和判断的基本前提。如果不对管理活动的信息进行全面收集和整理，就会导致决策和计划的主观性和盲目性。没有足够的信息，就没有科学的预测，也就没有科学的决策和计划。信息处理上的偏差，将直接导致预测的偏差，进而造成决策和计划的失误。

（三）是管理系统控制的主要依据

控制是管理的一个重要职能。任何有效的系统控制都必须先掌握管理的任务和目标，随后依靠决策和计划的要求，确定系统运行的正确轨迹，使其始终指向所确定的目标。如果没有管理任务和目标的信息，没有决策、计划的信息，任何管理活动都将无法控制。在实际管理过程中，正是根据反复不断的信息输入、输出和反馈，才使得活动得到及时调整，始终按照预定的轨道顺利发展。

（四）是管理系统监督的必要条件

行政监督的种类很多，有一般监督、立法监督、司法监督、政党监督、社团监督、公民监督、舆论监督等。不论是哪一种监督，都有一个调查程序，都要在立案之后实施调查、收集证据，并进行分析审理，判断是否违反行政纪律。这实际上就是信息采集、信息加工的过程。

四、信息化管理的发展趋势

（一）进一步优化结构，减少投资浪费

加强信息化管理，通过合理的信息化战略规划、科学的信息化组织实施和有力的信息化工程监理，可以在提高人们对信息化认识的基础上，根据国家、区域、行业或社会组织的信息化需求，合理安排信息化投资，正确使用信息化建设资金，减少信息化建设与应用过程中的资金浪费，保证信息化建设与应用的经济性。

（二）促进流程重组，推动管理创新

信息化建设和发展不仅是信息和网络技术的应用问题，更重要的是管理理念的转变、管理方式的创新和业务流程的重组问题。传统的管理理念、组织结构和业务流程难以充分发挥信息化的作用和效果。

信息化应用与管理创新相辅相成，要真正发挥信息化的作用，必须把信息系统和信息技术作为改进管理方式方法的前提和基础。加强信息化管理，可引发和促进信息资源理念、开放共享理念等现代管理理念的形成，真正实现业务流程和管理流程的重组。

（三）加强协调共享，消除"信息孤岛"

有的部门之间的信息系统设计、实施缺少总体规划，一些行业缺乏统一的信息化技术标准和服务规范，形成了区域之间、行业之间的宏观"信息孤岛"，数据难以统一协调，地区之间、行业之间难以实现信息资源共享。一些社会组织的信息系统是在现有的管理模式上建立起来的，是一些分散的业务处理系统，这些系统面向具体部门和业务，数据库根据人工报表建立，数据流程模仿手工业务流程，信息编码也没有按照统一标准，形成了内部的"信息孤岛"，无法实现信息资源共享。

加强信息化管理，建立和健全信息化管理体制，制定和执行宏观、中观和微观各个层次协调的信息化战略规划，拟定和执行统一的信息建设标准和政策法规，可以减少甚至避免或消除信息化建设过程中的"信息孤岛"，实现社会组织内部各部门之间、地区之间、行业之间的信息资源共享。

第三节　教育信息化的内涵

一、教育信息化内涵释义

（一）教育信息化的概念

教育信息化通俗来说就是一个过程，与"教育现代化"类似，都是教育发展的一个阶段。它又是一项工作，大部分是建设项目，例如，农远工程、校校通、三通两平台等。教育信息化行业已经走过前期地基构建和市场培育阶段，正逐步迎来蓬勃发展期。无论是早教、中学、高等教育还是成人教育，我们每个人都在接受和适应这样一种教育形式的转变。与此同时，教育理念和教学形式正在发生较大改变，教育质量有了显著提高。

目前教育信息化行业人才缺口大，准入门槛并不高，已形成完善的教育培训体系。教育信息化是一个比较大的概念，其核心是怎样通过数字化的形式帮助教师提高教学水平，这就要求教师不断地去改变教学思路，多使用信息化产品工具，学会利用优质教学资源，参与教研活动，如基于课题研究的翻转课堂等。

（二）教育信息化的目的

使用信息网络特别是信息化手段来改善教育，是教育面临的共同挑战。从国家特别是发达国家的教育信息化进程来看，教育信息化的目标一般可以总结为四个方面。

1. 教育信息化的功利目的

教育信息化能够评估技术能力以及与技术使用相关的社会、政治、道德、组织和经济原则等，为明天的社会做好准备，让学习者灵活地使用信息与通信技术，具有广泛的精神和灵活性，以适应未来的技术变革。

2. 教育信息化的社会目的

鼓励学习者获得适当的社交技能，这对于在基于信息化的环境中进行协作教学和协作学习至关重要。能够确保没有丰富信息技术的学习者具有信息素养，促进学习者之间更好地沟通，从而促进更广泛的社会理解与和谐。能够确保所有学习者参与学习的公平性，并为所有学习者提供足够的机会来克服学习和工作上遇到的问题，从而提高质量和效率。

3. 教育信息化的文化目的

帮助学习者了解丰富的文化遗产，鼓励学习者了解他们文化的各个方面，提高他们的信息文化素养，帮助他们成为现代世界的文化公民。

4. 教育信息化的个人目的

鼓励学习者培养在信息环境中独立学习的、至关重要的个人技能。最大限度地提高学习者的能力，促进其对知识的获取，并帮助学习者专注于更高级的认知任务。帮助有特殊需求的学习者融入学校和社会，增强独立性，培养技能和兴趣。

（三）教育信息化的内容

教育信息化是信息技术在教育教学中的广泛应用，主要包括：

1. 维护教育信息环境

好的环境对于教育来说有着至关重要的作用，其标准含义为影响受教育者行为的氛围条件，以及用于储存、运行、共享信息的环境。为提高教育信息化发展质量，需要科研人员对各种教育和学习支持系统以及教育设施进行管理。

2. 搭建资源管理平台

资源能否得到高效筛选与分类很大程度上取决于资源管理平台的能力。与教育相关的资源应以信息化为基础。相较于环境的建设，资源在教育中的应用有着更大的效果，资源开发与管理方面的不断延伸要始终贯穿于整个教育过程中。

3. 人才培养

教育信息化技术的发展方向是促进高质量教育和培养创新型人力资源。自 21 世纪以来，人力资源应该具备的基本素质之一就是信息技术技能。教育信息化应该使所有受教育者掌握一定的信息能力，从而促进整个国家的信息能力。这是实现国家信息化的重要基础和保障。教育和信息技术必须培养大量的信息技术人才，为社会生活的各个方面提供信息化服务，它是教育信息的重要组成部分。

（四）教育信息化的意义

教育信息化对教育和教育的发展至关重要，包括以下方面：

1. 教育现代化的基础

信息化发展是现代教育的重要组成部分，是步入现代化的关键步骤。若不重视其发展，实现教育现代化的步伐就会减慢甚至停滞不前，所以其对教育事业的发展至关重要。

2. 有利于提高国民素质

教育信息化在一定程度上打破了受教育者的时间和空间限制，将接受教育的时间和地点所需要满足的条件消除。这样的发展过程，带来了很多好处。由于限制被消除，国民可以随时随地接受知识的熏陶，"活到老，学到老"的思想在教育信息化发展过程中得到体现。同时这也促进了教育平等化的发展和各地区优质资源整合，每个地区的人都能接受到同等的教育水平。因此，信息化对提高国民素质至关重要。

3. 创新型人才的摇篮

教育信息化打开了教育与科技相结合的大门，将科技创新大量运用于现代教育之中。随着科技的进步，教育也会得到快速发展，为创新型人才提供了受教育的环境，减少他们整合资源的时间，使其工作效率以及解决问题的效率得到提高，这对培养创新型人才也是相当重要的。

4. 实现教育理论创新

教育信息化是教育的一个重要变化。在这个过程中有许多问题，解决这些问题将有效促进教育理论的发展。教育信息化过程是信息技术在教育中不断应用的过程，这一过程中的许多问题和现象往往需要用信息论和方法论来解决，以便获得更深的理解。在这个阶段，一个新的教育信息发展领域诞生了。科学数据研究是一种利用数据科学理论研究广泛学习过程的研究方法，是一种教研理论的创新。

5. 提高教育信息化产业发展水平

信息技术的教学过程在教育方面应用广泛。在这个过程中，它将极大地促进教育和信息产业的发展。在全国的数万所学校里，教育信息得到了充分的应用，给中国信息产业和中国经济发展创造了便利条件，也带来了巨大的发展机遇。

二、教育信息化对高校管理的作用

中国传统的高校教学管理已经不能满足高校发展的需要，这就使得教育信息化管理日渐兴起。而作为高校教育的重要一环，高校的教学管理必须受到重视，在这种背景下，对教育信息化在高校管理中的作用进行相关研究，就有着重要的现实意义。

（一）提升高校管理效率

中国高校的传统管理模式是相对封闭的行政手段与单纯人工干预的方式，但随着中国经济与社会的快速发展，中国科学技术得到了长足进步，这种进步使得中国高校开始了教育信息化的高校管理变革。传统的高校管理存在信息反馈慢、出错率高、信息偏差率大的问题，教育信息化高校管理凭借先进的信息化手段，大大提高了高校的管理效率，对于以往传统高校管理中所无法处理的繁杂信息，能够通过信息化手段轻松解决，这种管理手段对于高校发展有着强力的推动作用。教育信息化高校管理凭借创建的管理系统，能够很好地进行高校管理中各方面的相关管理，例如，在高校图书馆的管理中，通过这一系统就能够轻松实现图书的高效查询与借阅。这一管理系统还能够通过互联网进行高校内部各部门之间的即时沟通，这种即时沟通将进一步提高高校管理效率。

（二）提升教学应变能力

教育信息化高校管理还能够起到提升高校教学应变能力的作用。在中国当下的高校教学中，面对社会就业竞争的不断加剧，高校都希望能够通过自身的教学，提高学生的综合素质，以保证学生能够在竞争激烈的社会中谋求发展之道。为此，中国高校往往会对自身的教学管理的组织结构进行调整，以便更好地培养出符合社会需求的人才。此外，中国高校的管理人员还会通过对社会发展的预测，结合教育信息化进行自身教学组织形式的快速调整。这种调整由于利用了信息化技术，使得高校能够在众多数据的辅助下，较好地进行社会发展的相关预测，非常有利于高校的发展。在中国当下的高校中，学分制已经成为主流的教学管理模式，而这一模式能够通过信息化的教学管理系统进行较好的管理，大大提高管理质量和效率。

综上所述，教育信息化高校管理在极大程度上促进了高校的管理发展，有效提升了高校的教学质量。在这种情况下，高校必须通过教育信息化的高校管理，对自身的教学管理工作进行革新，以培养社会发展需要的有用人才。

第三章　教育信息化背景下高校教学管理发展

第一节　高校教学管理信息化的发展趋势

为了有助于进一步理解高校教学管理信息化，本章将对高校教学管理信息化牵涉到的核心概念进行界定，明确其含义，阐述高校教学管理信息化研究所需的相关理论。

一、高校教学管理信息化研究的相关概念

（一）信息化的含义

信息化的概念最初起源于 20 世纪 60 年代的日本，1963 年日本学者梅棹忠夫在其《论信息产业》一文中首先提出了信息化的概念，他认为信息化是指通信现代化、计算机化和行为合理化的总称。而西方社会是在 20 世纪 70 年代后期才开始普遍使用信息化概念的。我国关于信息化的表述，在学术界和政府内部也都做过较长时间的研究和讨论，其定义随着时代的发展而不断更新。当前我国信息化最新的定义来源于《2006—2020 年国家信息化发展战略》，具体表达为：充分利用信息技术，开发利用信息资源，促进信息交流和知识共享，提高经济增长质量，推动经济社会发展转型的历史进程。

（二）高校教学管理的含义

教学管理是为了实现教学目标，按照教学规律和特点，对教学过程的全面管理。高校教学管理是高校进行教学的重要工作之一，它是指高校管理者依据一定的教育思想，通过一定的管理手段，本着遵从教学规律和管理规律的原则，对教学过程进

行计划、组织、指挥、协调、控制，维持高等学校正常的教学秩序，以期达到教学资源的优化配置，使教学活动达到学校既定的人才培养目标的重要过程。高校教学管理在高等学校不仅仅是一般意义上的行政管理，而是兼有行政管理和学术管理双重职能的一门学科，是一门研究高等教育的教学管理思想、本质、方法、内容、规律及特点的学科，是研究"以教学为中心，以高水平的教学质量为目标，以科学管理为主线"的教学及其组织管理的客观规律与内在联系的学科。一般认为，现代高校教学管理的研究理论主要基于教育心理学、教育管理学、高等教育学、教育技术学等教育学和管理学的相关学科。

（三）高校教学管理信息化的含义

管理信息化是以信息化带动工业化，实现企业管理现代化的过程，它是将现代信息技术与先进的管理理念相融合，转变企业生产方式、经营方式、业务流程、传统管理方式和组织方式，重新整合企业内外部资源，提高企业效率和效益，增强企业竞争力的过程。

高校教学管理信息化是管理信息化思想在高等学校教育管理领域的衍生，是指在现代教育思想指导下，利用计算机、网络通信及多媒体等现代化信息技术，对高校教学过程进行管理，从而达到既定教学目标的状态或方式，是信息技术在高等学校教育管理领域的具体应用。高校教学管理信息化依托先进的信息技术，依据现代高等教育与管理思想，改变高等学校传统的教学管理方式，通过对教学过程实施高效率的计划、组织、指挥、协调、控制，以实现高等学校教学目标。高校教学管理信息化不仅仅意味着高校教学管理信息系统相关硬件、软件平台的开发建设，更包含了教学管理理念的现代化、科学化和高效化。

（四）高校教学信息化管理模块

为了改善教学管理机制和教学运行机制，需要构建完善的职业院校校园网络，从而实现教学管理信息共享、分散操作、集中化管理模式和创新传统教学管理模式，能使教学管理模式向综合化、智能化、无纸化以及数字化发展。学生和教师通过校园网络交换信息、浏览信息，构建完善的信息化教学管理模式，可以使教学管理工作更规范、准确、方便。通过应用网络信息化，可以方便向学生发布学习成绩、课程变化、选课情况以及考试安排等相关工作内容。教学管理信息化采用多元化的信息系统教学管理模块的方式，可以提高教学管理质量。教学管理系统模块主要包括学生学籍管理、校内系统管理、学生注册管理、维护公共信息管理、课程管理、选课管理等信息化管理模块。

（1）学生学籍管理。信息化学籍管理模式可以帮助维护学生学籍信息，同时给学生提供查询相关信息的方式。根据学生学籍数据实际情况，形成数据上报文件和高级报表。

（2）校内系统管理。通过设置系统参数、系统工具以及用户管理等方式，维护教学系统升级并科学地管理教学消息等。

（3）学生注册管理。通过采用信息化管理模式，在每个学期开学以后便于学生注册，提高学生注册管理效率。

（4）维护公共信息管理。教学管理时应用信息化能维护公共信息管理，给学生提供基础数据集，主要包括教学管理信息代码、学校公共代码、校内教务系统公共代码、选课、成绩代码以及课程信息代码等。

（5）课程管理。合理应用信息化技术，给学生提供课程信息平台，主要包括选课、排课、教学计划、学生成绩管理等。

（6）选课管理。便于学生浏览学校制定的相关规章管理制度、教师基本信息等，方便学生据此生成个人课表。教学管理人员可以根据用户端的方式查询、调整学生选课数据。

应用信息化技术，可提高教学管理系统的稳定性，优化教学管理模式。采用综合教学管理方式，可充分发挥信息化优势。有利于提高教学管理工作质量，避免在教学管理过程中出现漏洞，给管理人员提供可靠的数据支撑。高校要逐渐完善教学管理系统，提高教学管理信息安全性，有效实现教学管理工作信息化、规范化以及科学化管理。

（五）信息化在教学管理中的作用

1. 有利于提升教学管理效率

传统的教学以课本教学为主，但是传统的以教师为核心的单向知识输出模式，容易造成教学管理效率低下，已经不能适应现代化教育要求。而信息化手段的介入大大提高了单位时间内信息输出量，比如，多媒体教学、电子文本阅读等，节约了大量手工操作的时间，能够提升课堂效率和授课效果。

信息化在教学管理中的应用是指在课堂教学中运用计算机多媒体和网络信息技术，提高课堂教学有效性，使之适应信息化社会对教育发展的新要求。教学信息化就是要使教学手段信息化、教学方式现代化。

高效课堂是指在常态的课堂教学活动中，通过教师的引领和全体学生主动而积极的思维过程，在单位时间内高效率、高质量地完成教学任务，促进学生获得高效发展。可以使学生在新颖的多媒体计算机辅助教学的课堂上充满兴趣、自主探究、培养思维，全面发展，适应新时代发展对人才的要求。

2.有利于激发教师不断学习、精研业务的动力

教师队伍建设是教学管理中最重要的环节之一，随着素质教育的推行，逐步走向成熟。现代教育对教师综合素质的要求越来越高，教育管理信息化的推行从某种程度上可以推动教师保持积极学习的良好状态，有利于教师队伍水平的整体提升。

21世纪以来，我国教育领域正在进行以"课程改革"为中心的教育改革，课改对教师提出了新的挑战，信息技术在辅助教学方面已经得到了广泛的应用，但是应用的情况和效果却存在一定问题：有些教师不能恰当使用信息技术，无法提高课堂教学效率；也有不少教师使用信息技术时没有针对重难点设计内容；等等。那么如何用现代化的教学手段为学生创设情境、提供丰富的教学资源？如何有效地运用信息技术和课堂教学，突出教学重点与难点？这是摆在教师面前的现实问题，也是我们孜孜探索的一个现实而又紧迫的课题。

国内众多学校已经将信息技术引入课堂，教师通过早期的培训，对信息技术已经有了初步认识，并且在课堂教学上加以广泛应用，一批教师已经具备自主开发课件和制作课件的能力。

3.有利于实现教学全过程管理

课堂传授知识只是教学管理活动中的重要一环，课后作业、测试、教学质量追踪才是完整的教学管理活动，这些活动的管理依照传统手段会耗费教师巨大的精力，而教学管理信息化将弥补这一不足，只需要很少的时间就能实现教学全过程的监测和分析，有利于教学活动的顺利开展。

信息化教学管理的应用能够实现对学生的个性化分析、以学定教、提升学习的效率与质量；能够为教学管理提供大数据辅助决策与建议，为科学治理提供支撑。比如，在个性化教学方面，通过大数据技术，可以收集和分析学生日常学习和完成作业过程中产生的数据，精确地告诉教师每个学生的知识点掌握情况，教师便可以针对每一位学生的学习情况有针对性地进行教学和布置作业，达到因材施教的效果。教学信息化未普及时，教师排课往往需要几周时间，还不能保证让学生满意。现在采用人工智能算法进行排课，系统可以结合课程、教室、师资进行快速的排课，极大提高效率与学生满意度，充分体现了信息化在教和学方面的重要作用。

4. 有利于缓解教师的教学负担

国家提出教育信息化相关政策，目的就是为了帮助教师减压（如如何获取教学资源、如何快速引用教学办法、如何智能批改试卷等）；帮助教师高效工作（如深入了解学生学习情况、有针对性地辅导和布置作业、与家长沟通等）；提高教师创新能力（微课资源制作、课题研究等）。

现在很多在线教育产品提供线上智能阅卷功能，只需用手机拍一拍就可以批收修改作业，还具有班级学生的学情分析、学生个人的作业进度和测试情况、教师备课的教学资源、学校和家长的沟通等功能。

当前，通过信息技术提升教育水平已成为国内外共识。综合利用互联网、大数据、人工智能和虚拟现实技术探索未来教育教学新模式，是我国教育信息化建设的重要手段和目标。信息化教育已经覆盖教、学、考、评、管各个方面：能够解决数据采集的问题，实现从数字化到数据化；能够为教师减负增效，减少教师简单重复工作的时间。

5. 实现教学管理决策科学化

在教育信息化的高效管理中，其还能够通过自身功用的发挥，实现教学管理的科学化。运用信息化技术，相关高校就能够对自身师资队伍的建设、教材的搭配、招生计划的制订进行管理，这种管理主要通过信息化技术生成多套相关教学管理方案，最终通过综合这些方案，就能够实现这些工作自身效用的最大化发挥。在高校的相关教学管理决策中，教育信息化是一切决策的基础与根据，教育信息化高校管理杜绝了传统高校管理存在的信息不及时、不准确和不完整的情况，对于相关高校自身教学资源的开发有着较大的推动作用，教育信息化在高校管理中能够实现教学管理的决策科学化。

6. 提升教学管理创新力

教育信息化高校管理还能够通过自身功用，实现高校教学管理创新力的提升。在中国社会激烈竞争的当下，相关高校如果长时间不对自身的教学管理进行创新，就必将被社会所淘汰，所以相关高校必须通过教学管理的创新改变其自身教学现状，并以此提高自身的竞争力。为了实现这一追求，就需要利用教育信息化的高校管理。在具体的教育信息化的高校管理中，相关高校能够利用信息教学管理系统，为高校自身教学管理提供创新的舞台，同时增强高校管理层的信息获取能力，这样就能够切实实现高校自身教学管理的创新。值得注意的是，信息教学管理系统还能够实现不同高校之间的沟通，这对于高校的共同进步有着较大的推动作用。

（六）教育信息化对教学管理提出的要求

1. 必须加强教学基础设施的配套建设

一所学校的信息化水平受制于学生掌握信息技术的程度。应确保每位学生都能掌握基本的计算机操作技能，并逐步转变观念，树立培养学生信息素养的观念。使信息技术为学生学习服务，为学生发展服务。基础设施建设是完善 IR 前教育信息化的基础，也是重中之重，比如，学校机房建设、数字资源购买、教师队伍信息化设备配备水平等，这些硬件设施和软件环境直接决定了一个学校教学管理信息化的推进程度。要加大力度建设学校的资源库及其平台。建设"数字化校园"的基础工程是教育资源的数字化。为此，建设一个资源充足、种类齐全、使用方便的校本资源库是重中之重。经过多年的努力，部分学校的资源库建设取得了可喜的成绩，已经具备一定的规模，但仍然存在一些问题，主要是资源种类与学校教学实际不相适应，资源内容没有校本化，管理无序，可利用性较小，使用效率较低，不能真正实现资源库本应发挥的效用。

2. 必须培养一支主动适应信息化发展的教师队伍

教师队伍的信息化素养关系到信息技术应用的质量，也关系到信息技术在教育教学中的效果。主动学习的教师团队更能适应教学管理信息化工作的要求。

现在的教师大部分还是很乐意接受新鲜的教学模式的。要努力建设一支适应信息化发展的教职工队伍。一支掌握现代教育技术的师资队伍是一个学校信息化水平的重要标志，建设一支掌握现代教育技术的师资队伍是学校信息化建设的重心。

教师教育信息化能力不强是因为教师还没有养成信息化教学的习惯，还有一些教师尚不会使用。教育信息化的关键首先在于信息化产品的学习使用是否简单，是否容易上手。其次是产品是否真的能帮助教师减负，让教师享受到来自教育信息化带来的便利。如果费老大劲儿学会了使用信息化的产品，结果没有提高教学效率，那教师肯定不会继续使用。提高教师信息化的教学能力不仅在于产品是否简单，更在于产品能否真正帮助教师提高教学效率。回归教育的本质——让教学真正享受到信息化带来的便利，为教师和学生减负，让教和学都更简单，这自然就会提升教师的教育信息化和教学能力。要长期坚持对教职工进行信息技术全员培训，但应逐步改变培训的方式，充分发挥校园网在培训方面的作用，为教师提供更多的自主学习机会。同时逐步更新培训内容，在掌握基本技能的基础上组织部分基础好的教师开展信息技术与课程整合的培训与学习。强调以用促学、自主学习，加强过程的监督，加强交流与研讨。除了过程的监督，还应重点考核培训学习的效果，要求参与学习的教师每学年都应讲授一次有关信息技术与课程整合的研讨课。

3.必须将信息化手段和传统手段相结合

传统教学手段与信息化手段相比有劣势也有优势，将这两种方式相结合，取长补短，相得益彰，才能真正达到优化教学质量、创新教学手段的目的。否则，一味采用信息化手段，教学效果并不一定就能够提升，同时必须考虑学生的接受程度。首先，信息化教学充分利用计算机、互联网等现代教学媒体的优势，能够调动更多的教学媒体、信息资源，从而创建一个信息量大、知识丰富的学习环境。再加上计算机交互性、多媒体特性、超文本特性的特点，更容易创建情景式的教学环境，提高学生的学习积极性，让学生主动去探索知识，而不再被动地接受知识信息。这种模式下的教学，教师只是课堂教学的组织者、指导者，学生学习的帮助者、促进者，而不再单纯是知识的灌输者和课堂的主宰者。其次，实现了教学一对一，便于因材施教、互助互动，培养协作式学习。但是，信息化教学对教师素质的要求更高，如果教师操控信息技术的能力欠佳，对课堂上突变的情况准备不足或随机应变能力稍差，课堂就可能出现无法控制的局面。这就需要结合传统的教学模式保障教师在课堂教学中相应的地位，以便于其对课堂教学的组织、管理与控制。在这样的教学环境下，学生很少会走入学习的死角和误区，学生的学习就有目的性和针对性了。

二、高校教学管理信息化的特点

（1）数字化特点。数字化作为教学管理信息化的基础，结合计算机信息技术将复杂烦琐的教学管理信息以数字化的形式表达出来，使教育信息技术系统的应用设备变得简单，同时又能保障性能的可靠性。便于教师的教学管理，提升了教学质量和效率，对启发学生的思维具有有利影响，为教师的教学管理提供了有效的科学依据。

（2）多媒化特点。现今社会信息的扩散对整个社会的飞速发展具有重要影响，信息化发展是通过知识传播和应用过程来进行的。教学管理信息化体现了信息的高度集中性，使信息媒体设备实现一体化，使信息表征变得多元化，同时体现了教学管理信息化建设当中知识化的特点。将教学内容通过多媒体技术建立动态化及形象化的表示，在教学课件中包含动画、图像、文字等三维景象，使教学内容变得更加丰富。利用多媒体技术根据学生的实际情况进行针对性教学，为学生提供帮助。

（3）网络化特点。通过结合计算机资源使信息资源共享，利用网络平台将教学中的各项环节进行有机结合，实现教学管理信息的控制和管理系统的互动。使系统能够人性化、通信做到自然化，这是高校教学管理信息化建设中一项显著特征。

三、我国高校教学管理信息化建设的发展历程

我国高校教学管理信息化的建设从起步到今天，经历了一段较长的时间，其发展历程既与现代信息技术的应用和发展息息相关，又与我国高等教育事业自身的发展密不可分。纵观我国高校教学管理信息化的发展历程，针对其使用需求和建设目标在不同时期的逐步发展，以及居于其核心的教学管理信息系统开发平台和应用环境的不同，我们可以将我国高校教学管理信息化的发展历程大致分为以下几个主要阶段。

（一）以手工操作为主，单机软件处理为辅的教学管理阶段

20 世纪 90 年代初，由于国内计算机软、硬件资源较为匮乏，特别是计算机网络资源的欠缺，国内高校的教学管理基本上仍以手工操作为主。虽然多数高校已经将计算机引入教学管理工作中，但其应用范围大多局限于文档处理等低层次的应用。随着美国微软公司 Windows3.2 中文版单机视窗操作系统在国内成功引入，教学管理层次较高一点的高校逐步尝试使用 FoxPro、Paradox 等平面文件数据库开发系统开发具有某些特定功能的单机教学管理软件，以实现对学生成绩或学籍等某一方面的辅助管理。由于这些平面文件数据库开发系统自身的不足，决定了由其开发的这些应用软件容错性和参照完整性差，更谈不上兼容性。此外由于存储数据的平面文件在操作系统级别上是有结构的，因此容易引起数据丢失和泄密，也容易遭到计算机病毒的破坏，无法满足大量数据处理和数据保密安全的需要。同时单机的平面数据文件无法实现有效的数据共享与并发访问处理，造成了这些管理软件处理的信息是孤立的、单一的，在各部门的教学管理工作中仍然要依靠大量的人力手工操作。因此，此阶段是手工操作为主，单机管理软件为辅。

（二）基于单机处理和数据文件服务器共享相结合的教学管理阶段

20 世纪 90 年代中后期，随着计算机网络技术的快速发展，以美国微软公司 WindowsNT 和 Novell 公司 Netware 等为代表的一批网络操作系统进入了一个广泛的应用时期，加之美国微软公司全新视窗单机操作系统 Windows95 在单机应用领

域的空前成功，都有力地推动了高校从教学管理单机化信息处理向文件服务器式信息化管理的探索。

高校各相关部门在教学管理工作中，依靠集线器或交换机等网络通信设备，将校内多个计算机联网组成一个内部的计算机网络，在一定范围内实现了简单的数据交换和文件共享，对校内教学管理信息化资源的共享和整合起到了一定作用。在此计算机网络环境中，信息的交换和共享是以单个数据文件共享的形式实现的，各管理部门只是将各自单机管理软件的部分数据以某种类型文件上传到文件服务器供其他部门下载访问，各部门按照一定的数据格式进行数据导入和导出，在形式上实现了某种离线的、非实时的数据共享。但由于这种共享模式没有采用中央服务器集中存储、运行、管理统一数据库供各计算机终端访问的方式，造成了教学管理信息资源的访问很不顺畅，各部门的单机教学管理软件多数时间是在提供数据格式转换的服务。另外，由于共享的数据文件是离线的、非实时的，各部门实际管理的最新数据和已经被其他部门访问的共享数据往往是不一致的。在这种情况下，信息不对称就会是很容易发生的事情，同时各部门单机管理数据的种种不足仍然存在。

（三）基于Client/Server（客户机/服务器）架构的教学管理信息化阶段

20世纪90年代末至21世纪初，随着美国Intel公司Pentium Ⅲ、Pen-Mum4系列芯片的推出，服务器和PC机硬件的全面升级换代拉开大幕。此外Oracle、SQL Server、DB2等大型关系数据库管理系统得到了广泛的应用，Delphi、Power Builder、Visual Studio等第三代可视化开发工具的强力推出，所有这一切都为高校教学管理信息化全新架构平台开发提供了充分的技术支持，这就是目前在一线应用领域仍然被广泛应用的Client/Server架构。该架构通过将任务合理分配到客户端和服务器端，降低了系统的整体开销，充分发挥两端硬件平台的潜能，同时较为合理地使用网络资源。

在单机处理和数据文件服务器共享相结合的教学管理信息化处理模式已经不能满足高校正常的教学管理背景下，多数高校着手进行Client/Server架构的教学管理信息化建设。

Client/Server架构综合了各教学管理部门的使用需求和目的，规划了教学管理信息系统要节省时间的主要功能，强化突出了教学管理核心业务处理模块的功能实现，满足了教学管理各部门的使用需求，可以说在教学管理信息化建设道路上取得了前所未有的成功。但该架构的特点决定了每一台要运行教学管理信息系统的计算机都必须安装客户端程序，特别是两层 Client/Server 架构的教学管理信息系统的客户端往往还要安装 Oracle 等大型数据库管理系统的客户端连接程序，加上该架构的终端连接数据一般不能太多，因此，Client/server 架构的软件维护和管理成本是很高的，所有这些使得基于该架构的教学管理信息系统的服务对象是比较有限的，若要提供更为广泛的信息化服务，其不足就会非常明显地显现出来。但是毋庸置疑，基于 Client/Server 架构的教学管理信息系统的建设对高校教学管理信息的建设起到了开拓性的推动作用，时至今日它仍是高校教学管理信息化建设和实施过程中一个重要的组成部分。

（四）以浏览器 /Web 服务器（Browser/Web Server）架构为主，客户端 / 服务器（Client/Server）架构为辅的教学管理信息化阶段

Client/Server 架构的广泛运用有力地推动了教学管理信息化建设，但是随着各高校办学规模的迅速膨胀，教学管理信息化要面对的服务对象规模变得非常庞大，同时教学管理信息化建设的目的和需求已经从实现管理职能向为师生提供更广泛的信息化服务转变。由于 Client/Server 架构要求每一台接入的计算机只有在安装了专门的客户端软件后才能访问到服务器的数据，因此仅仅依靠 Client/Server 架构要为数以万计的师生提供广泛的教学信息服务是非常困难的。与此同时，计算机业界关于 Internet 技术的兴起和发展，催生了对 Client/Server 架构的变化和改进，Browser/Web Server 架构应运而生。在 Browser/Web Server 架构下，教学管理信息系统通常由客户端、Web 服务器、数据库服务器三个部分组成，由于采用了 J2EE、NET 等新的 Web 开发技术，该架构系统的主要事务处理逻辑被封装在 Web 服务器和数据库服务器端，一小部分事务处理逻辑通过类似 Java Script 等多种脚本语言封装在客户端，客户端只要通过 Web 浏览器这种全新的用户界面就可以实现原来需要复杂的客户端专用软件才能实现的绝大多数功能。由于 Windows、Linux、Mactonish OS 等主流操作系统都集成了 Web 浏览器，因此在 Browser/Web Server 架构下客户端访问服务器的方式非常便捷，只要是能够访问校园网的客户端都可以通过 Web 浏览器轻松地访问教学管理信息系统，如果校园网的访问不受 IP 地址的限制，那么任何一个 Internet 终端都可以随时访问教学管理信息系统，无疑这样的信息服务范围是足够广阔的，Browser/Web Server 架构在这方面的优势非常明显。而就 IR 前开发技术而言，该架构也有其美中不足的地方，特别是基于该架构的应用系统在处理大数据量、持续访问、业务逻辑复杂的数据汇总查询方面的能力和处理

复杂报表方面的能力都明显弱于 Client/Server 架构。同时由于该架构建立在广域网甚至是 Internet 之上，面向的是不可知的用户群，相对于 Client/Server 架构面向相对固定的用户群，它在信息安全的控制能力方面也要明显弱于前者。而教学管理信息系统在这几个方面，恰恰有着很高的要求，因此当今主流的教学管理信息化建设是将两者的优势进行结合，对外面向广大师生以 Browser/Web Server 架构为主提供广泛的信息化交互服务，对内面向相对固定的教学管理人员以 Client/Server 架构为辅实现集中的信息管理和维护，两种架构的良好配合为教学管理信息化建设提供了一个较为成熟的解决方案。

以上是对我国高校教学管理信息化建设四个主要发展阶段的总体描述。

四、高校教学管理信息化建设的应有成效

我国高校实施教学管理信息化建设是为了适应高等教育事业的空前发展，实现高校教学管理的高效、科学和规范，为新时期高校人才培养质量的提高提供保障。为此，将高校教学管理信息化建设的应有成效进行梳理归纳，对查找分析现阶段高校教学管理信息化建设存在的问题具有重要的对比参考意义。根据对教学管理信息化建设相关研究资料的学习，并结合笔者长期从事此项工作的实际经历，认为高校教学管理信息化建设主要有以下几方面的应有成效。

（一）教学管理信息化地位突出

教学管理信息化在学校教学管理各项事业中的主要突出地位是衡量高校教学管理信息化建设应有成效的重要标志之一。教学管理信息化的突出地位意味着学校决策层在教学管理信息化建设中，能意识到将信息化作为提高教学管理水平，促进人才培养质量提高的重要工作来抓，一方面表现在从事教学管理信息化建设所需的政策、组织机构、配套管理制度等软环境能满足教学管理信息化建设的需要；另一方面表现在进行教学管理信息化建设所需的财力、人力等物质保障条件能达到教学管理信息化建设过程的要求。

（二）教学管理信息系统运行效果优良

教学管理信息系统是教学管理信息化建设应用解决方案的核心，其运行效果是教学管理信息化建设最显著的表现，因此教学管理信息系统运行效果优良是完善的教学管理信息化建设应该具有的最重要和最基本的特征。保证教学管理信息系统

运行效果优良应该具备以下几个主要因素：

其一，从软件自身方面来看，其技术实施方案先进，功能比较完善，用户界面友好便于学习和使用。同时能较好地适应学校的实际教学管理过程，能完成学校教学管理工作中各项教学事务的处理，软件智能化程度高，能大大减轻教职员工完成教学事务处理的工作强度，使用效率高。

其二，从组织机构方面来看，学校的信息化组织架构完善，级别层次高，校领导担任信息化组织机构负责人，设有专门办事机构。从机制上能保障对教学管理信息化建设进行长期规划和指导，为教学管理信息系统在学校教学管理中的广泛应用提供强有力的支撑。

其三，从配套制度方面来看，学校教学管理信息化建设的相关配套制度制定比较完善，为教学管理信息化实施的规范、透明、公正奠定了基础。完善的教学管理信息化相关配套制度，既可以规范和约束教学管理信息系统的正确使用，保证教学运行数据的真实有效，又促进了教学管理服务的各种办事流程的建章立制，便于相关教学管理服务信息的对外发布和接受监督，保证了教学管理信息系统长期规范使用的连续性和透明性。

（三）教职员工适应信息化工作环境

广大教职员工是教学管理信息化建设的主体和最终受益者，他们对信息化工作环境的良好适应也是高校教学管理信息化建设取得良好成效的重要体现。教职员工具备良好的信息化工作环境适应能力表现在：第一，具备较高的信息技术应用水平，能够熟练使用现代信息技术从事教学活动，熟练应用教学管理信息系统完成各项教学管理服务事项的办理；第二，具备良好的信息素养，具有主动使用现代信息技术从事教学和完成教学管理服务事项办理的意识，并乐于接受教学管理信息系统使用带来的高效、便利。

（四）信息化服务比较完善

完善的信息化服务是高校教学管理信息化建设取得良好成效的高层次要求。高层次的教学管理信息化建设不仅意味着只着眼于解决教学管理中的各种问题，实现各项管理职能，减轻教职员工从事教学管理工作的劳动强度，还应该满足广大师生员工对各种信息化教学服务的需求,助推教师教学能力的提升和学生的成长成才，促进教学管理部门的职能从侧重管理转变为侧重服务。

五、高校教学管理信息化发展趋势分析

（一）现代教学管理的发展趋势

1.教学管理的开放性更强

开放性是系统与外界的物质、能量、信息和人员等的交换。信息化条件下教学管理的开放性主要表现在教学管理环境和教学管理过程的开放性。

（1）教学管理环境的开放性

环境主要指人们生活的一切外部条件的综合。教学管理环境是指学校教学管理活动所必需的诸多客观条件的综合。以信息高速公路建设为代表的信息高科技的发展，改变了高校管理的环境，相应地也改变了高校教学管理的环境。信息化条件下高校教学管理环境的开放性主要表现为高校管理大环境的开放性。网络成为管理的重要手段，拥有许多基于网络的管理软件，如网络招生和录取系统、网上选课系统、网上就业系统、教务管理系统、多媒体教学系统等。高校内部交流及与外界交流的方式和手段越来越多，联系越来越密切，开放性更强。学校行政管理部门以及教学管理部门与学校教师、学生间的距离在这个开放的环境下也越来越近。

（2）教学管理过程的开放性

教学管理过程是一种有目的的、多层次的、双边共同活动以及相互作用的能动过程，是合理组织使用教学资源、保证教学目标顺利实现的过程，是有序的、可控的过程。信息化条件下教学管理过程的开放性主要表现在以下几个方面。

一是学生的开放性。信息化条件下，高等学校的类型多样化，网络虚拟大学、远程教育的蓬勃发展，使得学生进大学的门槛降低，大学的校门几乎向所有的公民开放，不同年龄阶段的公民只要有一定的知识基础，就可以通过考试或免试进入不同的高校学习。

二是教师的开放性。高校的大门向世界各国开放，通过多种多样的方式吸引人才，同一个教师可以同时受聘于几个单位。同时，教师的讲义在网上有限制地对外公布，本校的学生和其他对该内容有兴趣的人都可以通过一定的方式访问学习，每个人都可以享受这种资源，在某种程度上也是教师单位所有制的开放。

三是课程的开放性。高校开设的课程不只是针对本校，还可向别的学校的学生开放，向全球的学生开放网上课程。美国麻省理工学院早已在网上向全球免费提供上千门课程。同时本校的学生也可以选修其他高校的课程，通过一定的方式进行课程学分的互换。1999 年，武汉地区教育部直属七所高校（武汉大学、华中科技大学、华中师范大学、武汉理工大学、中南财经政法大学、中国地质大学、华中农业大学）根据资源共享、优势互补、平等互利、互相促进的原则，达成联合办学协议。学生可以跨校攻读辅修专业、第二专业学士学位，可以跨校选课，跨校选课实行学分互认制，学生在经认可的学校修读教学要求基本相同的课程，其所得学分经学校认定后可替代相应课程类型的学分。

四是学籍管理的开放性。学生进校后学习什么样的专业，选修什么样的课程，可以在教师的指导下由学生自主选择，并可以根据一定的规章制度进行变换。

五是教学过程的开放性。信息条件下的教学过程将是一个开放的系统，因为网络本身具有资源丰富、交流便利和开放性甚至全球性的优点，通过网络，不但教学内容可以及时吸收学科最新的研究成果，而且整个教学过程将与外部世界保持持续的对话。在与这个虚拟世界紧密联系的同时，高校教学也积极面向真实的外界环境，并与之达成信息的及时交流与互换。在这样一个开放的系统中，教学过程不仅仅是给学生传递和转移知识，用丰富的开放资源帮助他们学会学习，并在此基础上创造新知。在教学过程信息化和多维化的前提下，学生将有可能在这个系统中自由地"流动"。未来的教学系统将不再局限在校园中，同样也不会局限在网络，而有可能是"在信息节点、教室位置以及学生个人区位所组成的网络里"。

2. 教学管理的合作性更强

随着信息技术的飞速发展，互联网技术越来越成熟，国家之间、组织之间、机构之间、个人之间的交流将更加方便，"计算机一直被认为是加强合作的手段和方式"，他们之间的合作将越来越多，合作的力度也越来越强。"信息流量的加大和流速的加快以及世界网络的密集必然消释不同机构、组织乃至国家间界线。"从这个角度来说，合作成为国家、组织、机构、个人之间的常事，高校的教学管理也不例外。

（1）高校教学管理与社会之间的合作

高校与社会的合作一直不断，传统高校的教学管理与社会的合作，由于通信技术与信息技术不够发达而合作不多，它们之间信息反馈迟缓，合作的幅度与力度不大。信息化为高校与社会的合作提供了良好的条件，通信技术、信息技术的飞速发展，使高校与社会的联系越来越密切，合作的范围也越来越广，高校的教学管理更是如此，从高校方面来说，对高校毕业生的质量、社会对高校毕业生的用人反馈信息、社会对不同类型人才的需求、社会对高校资金的投入、社会对高校研究成果的利用等都需要社会的通力合作；从社会方面来说，毕业证书的查询、对高校培养的人才的需求量及规格、积极应用高校的研究成果等都需要高校的通力合作。如今很多高校和一些软件公司合作，开发适合学校教学管理的信息系统，同时这些企业也渗透到高校教学管理中，汲取管理经验，用于自己的软件开发，这就是一个很好的例子。

（2）高校教学管理各部门之间的合作

为了使教学管理出效益、出质量，高校之间的合作在所难免，信息化条件下高校之间的合作将越来越多。信息化为各高校之间的交流与沟通提供了新的手段。传统高校之间的合作主要通过电话、信函、会议等方式。电子邮件的使用使教学管理人员免除了应答电话的麻烦，电视会议的使用让管理者免除了旅途之苦。高校之间教学管理合作的内容越来越多。信息化条件下由于高校学生、教师、课程、学科的开放性，高校之间教学管理合作的内容也相应扩大，从招募新生入学到教师的聘任，从课程的开设到学科的互通，从管理的交流到管理的实施等都在合作之列。

（3）教学管理部门与其他各管理部门的合作

教学工作是学校经常性的工作，教学管理工作在高校各项管理工作中属于核心工作，支配着高校管理工作的各个方面，但也必须与高校其他管理部门紧密地合作，才能发挥管理的核心作用，在信息化条件下更是如此。信息化条件下教学管理部门与高校其他管理部门之间的合作，首先表现为教学管理信息及其他资源的共享。如对学生的管理有教务处、学生处等，对教师的管理有教务处、人事处、科技处、学术委员会等，这些部门对同一对象的管理可能会用到同样的数据资源，对于同样的数据资源，不同的部门就要分工合作地进行收集、整理，避免重复性劳动。其次表现为管理人员的合作。信息技术的广泛应用促进了高校各个管理部门的工作人员之间的合作，网络成为他们之间合作的重要手段。为了处理突发事件，一个部门可以向其他管理部门申请援助（抽调工作人员），协助完成任务。

3. 高校教学管理趋向柔性化

柔性管理是相对于刚性管理而言的。泰罗的科学管理是刚性管理的典型，刚性管理是凭借制度约束、纪律监督、强迫等手段进行的，是根据成文的规章制度依靠组织职权进行的程序化管理，是"以规章制度为本"进行的管理。柔性管理是依靠激励、感召、启发、诱导等方法进行的，是依据组织的共同价值观和文化、精神氛围进行的人格化管理。信息化条件下，高校教学管理趋向柔性化主要表现在教学管理组织机构趋向柔性化、学生与教师管理趋向柔性化。

（1）教学管理组织机构趋向柔性化

现行高校组织机构庞大，机构重叠，具有多样性和模糊性的特点，西方模糊教育管理模式认为，模糊性是学校和学院这样复杂组织的普遍特点。尤其在社会迅速发展和变化时期，模糊性的特点表现得更为明显。该模式认为，高校没有确定的目标和明确的管理程序，不但决策的参与人数无法固定，而且决策的结果还容易受环境变化要求的影响。正是这一特性导致组织管理活动的复杂性和不确定性，而高校正处于信息技术飞速发展、管理环境迅速变化的时期，高校原有的、僵硬的教学管理组织机构不能满足这种要求，教学管理组织机构将趋向柔性化。教学管理组织机构的柔性化是指组织机构的灵活度，可调整的范围大。首先表现在教学管理组织目标的调整上。信息化社会中高校的管理环境瞬息万变，教学管理组织目标需要及时地修改、调整以满足多方面的需要。其次表现在机构设置和人员职责的灵活性上。在日益变化的环境下，教学管理工作将出现较多的、不可预料的情况，为了迅速地处理好这些意外的情况，教学管理部门需要临时具有组织处理并随时调整管理人员的职责。

（2）教师与学生的管理趋向柔性化

教师管理与学生管理的柔性化是指在研究教师与学生心理与行为规律的基础上采用非强制性方式，在教师与学生心目中产生一种潜在的说服力，从而把组织的意志变成教师与学生的自觉行为。高校的教师都是高级知识分子，明事理，吸纳新生事物快，对问题有自己的见解，同时又具有鲜明的个性。特别在信息化条件下，他们能迅速从网络获得他们想要的信息，对事物的认识较准确，明辨是非。对他们仅凭严格的规章制度进行强制管理是行不通的，只能是以此为基础，突出强调他们的自我管理，尊重他们的价值，承认他们的劳动，充分发挥他们的聪明才智。如在教师的教学过程中，我们不能要求教师用同一种方法教每一个学生，对教师教学工作的评价也不能用统一的标准纯粹地进行量化或标准化。

对高校的学生来说，柔性化管理主要表现在以下几个方面：一是人才培养规格的柔性化。信息时代需要多种规格的人才，对高校来说，需要培养的是多层次和多样化的人才以适应时代的要求。二是教学计划的柔性化。信息化时代知识更新的速度加快，高校培养出的人才要适应信息社会发展的需要，就要制订柔性化的教学计划，注重培养学生的能力，给予学生更多的选择机会。如学生可以不选择专业入学，先在学校学习一定数量的通识课程后，再由学生根据自己的兴趣爱好选择专业；同样的课程对不同专业的学生可以有不同的要求。三是人才评价的柔性化。我们并不要求每一个学生都是杰出人才，但要求每一个学生都有自己的一技之长，对不同学校的学生评价有不同标准，有多样化的评价方法。

（3）柔性管理在高校教学管理中的特点体现

第一，灵活性。柔性管理的首要特点就是灵活性。在高校教学管理中，柔性管理的应用能够保障师生之间的正常沟通和交流，保证言谈举止得当，同时更加关注纪律管理，坚持"以人为本"的理念，坚持"以学生为主体"的原则，让纪律更加人性化。学生也可以主动地参与到优质课堂教学中，提高他们的自我管理意识。

第二，人性化。柔性管理的另外一个特点就是人性化。在传统教学管理中，采用"科学"的刚性管理方式，是从上而下开展的，严重制约了师生的个性化发展，难以满足社会发展的需要。人性化管理中需要充分意识到学生中间存在的差异性特征，始终坚持"因材施教"，不断提高学生潜力。同时，在人性化的原则下将学生作为主体，认可教师的主导作用。

第三，多元化。多元化也是柔性管理的另外一个特点。首先表现为主体的多元化。充分统筹和兼顾学生以及教师和学习的各个内容，做到统筹兼顾，并且坚持"以人为本"，对教学管理中相关的要素进行统筹和协调。其次是促进多元化教学互动的实现。在师生之间，要做好充分互动。最后是多元化的知识传递方式，在师生之间形成一种双向循环知识交流的模式，加强学生互动，并且教师要做到知识的传递和情感的交流，从而构建一个不断变化的动态教学管理过程。

4. 高校教学管理趋于虚拟化

虚拟是计算机专业的一个术语，指由软件驱动而形成的事物，而不是实际以物理形态存在的事物。如 VLAN（虚拟局域网）、虚拟主机等。这里讲的虚拟与计算机术语比较接近，是一个与真实相对应的概念，指现实中不存在的东西。虚拟化指的是虚拟现实，是利用以现代高速电子计算机为核心的信息处理设备、相应的软件系统和微电子传感技术模拟或创造出来的，与现实的真实世界相同、相似或不相似的仿真图象。虚拟现实本质上主要是针对单个的个人而设计的模拟局部现实世界的技术系统。虚拟现实是实际上而不是事实上为真实的事件或实体，它是由计算机创造所有的环境，在这个环境中，使用者在一个模仿外界环境的数据结构中操纵一个代表他自己的数据。

信息化条件下高校教学管理的虚拟化主要表现为管理客体的虚拟化、教学管理环境的虚拟化和教学资源的虚拟化。

（1）教学管理的主体和客体的虚拟化

所谓管理主体是指在管理活动中，承担和实施管理职能的人或组织，包括各级各类领导者、管理者和各种管理机构。信息化条件下教学管理主体的虚拟化指的是在利用计算机和网络进行教学管理时，对教学管理主体来说，在网络上的管理只是操纵着一个代表他自己的数据，完成某项管理工作只需用鼠标点击几下，从而呈现给外界的是一种虚拟的形象。在教学管理客体或其他人或组织看来，教学管理主体是由计算机和网络创造的，与他们进行交流或对他们进行管理的是机器（计算机）或是一个网址代码、一个角色符号，而不是一个具体的人或组织；教学管理主体是一个虚拟的但又可以完成教学管理活动的主体。教学管理客体指进入教学管理主体认识和管理实践范围的客观事物，信息化条件下教学管理客体的虚拟化是相对于教学管理主体而言的，主要是指管理客体中教师、学生及组织的虚拟化。利用网络进行管理的教学管理主体面对的客体也是一个个的代码、一个个虚拟化的人和符号，而不是具体的活生生的人或组织。在教学管理信息化中，可能教师和学生从未谋面，教学管理人员与教师和学生也从未见面，他们面对的是一个个符号代码，由计算机与他们相互发出指令进行学习和工作。

（2）教学管理环境的虚拟化

教学管理环境指的是学校教学管理活动所必需的诸多客观条件的综合。信息化条件下高校的教学管理环境是基于校园网的，而校园网又是基于互联网空间与现实的物理空间，是一个"虚拟现实"的无形的信息空间。它为人们提供了一个冲破传统地域的新的活动空间，人们在这个虚拟的网络空间就逐渐形成新的生活方式、生活规范和思想意识。信息化条件下高校的教学管理环境正是这样一种虚拟化的环境，从而本身也虚拟化，像高校的综合教务管理系统、多媒体教室管理系统，就是虚拟化教学管理环境中的最好例子。

（3）教学资源的虚拟化

教学资源是为教学实施而提供的一切事物。传统高校的教学资源基本上都是实实在在的事物，在信息化条件下很多教学资源可以用计算机软件虚拟出来。在教学管理信息化条件下的教学过程中，可以有虚拟的学校、虚拟的教室等；在教学资源不足、实验资源不充分的情况下，可以用软件虚拟出实验室、实验材料（如数字化动物、数字化电路板等）、仪器、实验环境（虚拟的太空和宇宙场景）；在训练场景无法设置（如对宇航员的训练）的情况下，可以用计算机技术和其他技术相结合创设出虚拟的训练环境。

5. 教学管理的交互性更强

交互性是指人与人之间、人与事物之间、事物之间双向的、开放的交流活动。交互性是网络的关键特征之一，一般有同步交互与异步交互两种。同步交互是指交流的双方同时在场，能及时地反馈；异步交互是指交流的双方可以不同时在场，不必及时反馈。高校教学管理的交互性是指教学管理主体之间、教学管理主体与客体之间、教学管理客体之间通过不断地双向交流，从而完成某项管理活动。传统高校教学管理的交互方式以同步交互为主，强调实时交流，绝大多数时候（如报表的申报、文字材料的传送等）交流的双方必须到场。信息化条件下基于校园网的管理平台交互性更强，从而高校教学管理主客体之间的交互性更强，交互方式更多，并主要以异步交互为主。在教学管理主体之间，如果一方有什么命令要下达或有要求要提出，可以任何时候在网上发布命令或给具体的某个人留言，而不需要打断另一方正在做的工作，任何一方都要定期地查询自己来自其他地方的留言或信息并进行处理。在教学管理主体与管理客体之间、教学管理部门与外界之间也是如此。

（二）教学管理信息化的发展趋势

在现代教学管理发展趋势的推动下，特别是教学管理信息系统在高校教学管理中的全面应用，使得高校教学管理信息化呈现以下发展趋势。

1. 数字化

教学管理过程中存在一些如课程学时数、教学工作量和学生成绩等数字数据，分析、管理工作相对容易一些。但在教学管理中还存在大量非数字化数据，如上级指令、教学规划、教学效果、教师水平和教学质量等，这些教学管理数据需要有一个数字化的过程，即把这些文本、图像和声音等物理信息转换为数字格式录入、处理并传播。现代信息系统的运用，使教学管理的具体事务都能以数字化信息来表示。过去需要教务管理人员到各教学部门进行手工收集的数据、报表，被校园网的信息流动所取代。原先存贮于文件柜、卡片箱、笔记本里的教学管理文字信息转化为数字形式后，可方便地进行归类、复制和存储。教学管理数据数字化后，一方面降低了信息的制作成本和存储费用，更重要的是将所有这些信息转化为数字形式，校园网络上的用户可以不受场所、时间制约相互传递文件或指令，各职能部门可以直接从中央数据库中提取所需要的数据，从而加快信息的传播速度，扩大信息共享程度，提高信息利用效率。

2. 网络化

现代信息系统解决了教学管理信息传递手段现代化的问题，教学管理部门借助计算机网络成功地达到信息交流和知识共享的目的。网络化首先是指建立基于 C/S 模式的教学管理的网络平台，把学校各教学单位、所有教研室、教务处及相关职能部门管理计算机通过校园网联网及各用户的客户端应用程序很方便地实现文件传输、资源共享和信息查询。其次是指建设校园网，即在校园范围内连接的各院系、各职能部门的计算机网络，它将教师管理、学生管理、教学计划管理、考试管理、课程管理和招生管理等教学管理子系统集成一体，实现这些系统之间的数据交换和流通。网络化还包括局域网、校园网与整个互联网的充分互联。教学管理者与社会大众实现面对面交流，直接了解社会的人才需求类型，进行高校毕业生就业指导，等等。借助内部网、校园网和Internet，高校的教学管理信息与社会信息资源实现了高度整合，高校教学管理成为对内相互联系、环环相扣，对外完全开放、超越时空的网络平台。

3. 智能化

现代教学管理信息系统利用多媒体、人工智能以及数据库等先进技术，结合计算机网络，创造出一个智能化的教学管理环境。在结构设计方面，信息系统借鉴人工智能技术的搜索推理机制，利用数据库理论和方法，采用模块化结构设计方法，对分散在各个教学管理环节上的信息进行实时和综合的处理。教学管理的各环节、各业务自成体系，同时又为各子系统之间的转换联系提供接口。如教学管理中的教学任务子系统和教学行政管理子系统，经过一个智能化模块软件程序，能自动生成课表安排、考试安排。信息系统运用计算机的一些高级语言，模拟人的思维过程，进行一定的逻辑推理，能智能地进行管理操作和决策。智能化使得信息系统具有越来越强的辅助评价、决策功能，这对于含有较多随机性、模糊性信息，并且决策过程非结构化的教学管理来说，是十分重要的。

4. 扁平化

传统的教学管理是按韦伯意义上的科层制组织起来的，表现为一种权力、资源与信息的垂直分布格局。但由于各类教学管理信息系统、校园网、互联网的使用，教学管理信息的传递从纵向垂直模式转向网络互联模式，其结果是取消了大量中间管理层次，教学管理组织架构呈现出扁平化。科层制的教学管理组织分工过细，层次太多，造成官僚主义、"官本位"盛行，用行政方式管理学术权力，从而使得教学管理效率低下。层次多的组织惰性大，信息传递容易失真，不容易促进组织学习，也不容易把有创新能力的人才运用到适合的岗位上来。采用扁平式的教学管理组织结构成为必然，而且信息技术为此提供了实现的成熟的技术支持，原因如下：TMIS和自动化设备可以完成教学管理人员大量的工作；TMIS的信息传递具有快捷、方便、网络交互性特点，加大了管理的幅度，一些中间教学管理机构被取消；有效调动基层教学管理人员的积极性，给他们以更大的发展和创造空间。

5. 合作化

教学管理组织内部原先遵循亚当·斯密的"分工出效率"规律，即根据专门职能进行工作分工，大家各做各的事，不同的工作由不同的教学管理职能科室、教学管理职能人员来完成，形成"一个萝卜一个坑"的局面。而当教学管理结构由垂直分化向扁平化的网络互连结构转变后，这种工作职能的专业分工就不再适应管理要求，而要求教学管理人员必须具备多方面的专业知识及技能，原先教学管理结构的复杂性被转化、内化为教学管理人员知识、技能结构的复杂性，并让遍及校园教学各部门、各院系的 TMIS 来予以支持。这种交叉分工的特性要求打破职位"牢笼"，不再以教学管理职能为中心，而是以任务为中心来组织工作，形成一个个任务网络，各个教学管理人员不再是齿轮上的齿牙，而是网络上的节点，可以方便、协调地相互分工合作。通过 TMIS 将各种教学管理工作集成在一个平台上，分管各项工作的教学管理人员便可以实现协调、合作，过去教学管理人员由于忙于其他事务或不在办公地点，由他负责的事情就无法操作，这种以前在教学管理中经常出现的现象，现在就可以有效地加以杜绝。

6. 虚拟化

教学管理中的许多常规性工作都可以由计算机体系、TMIS 的终端来完成，从而使这些教学管理部门、教学管理人员"虚拟化"为信息系统网络、计算机体系的一个单元。教学管理人员可以在校园内任何地方甚至校外任何地方完成许多管理决策、管理工作，然后通过网络传送到需要的地方。教学管理的实现，已经不再需要那种庞大的物理结合，如固定的办公地点、固定的时间，而是可以创造虚拟办公空间，从而使得高校教学管理呈现出虚拟化，教学管理组织的虚拟化，实际上是教学管理组织内部高度的网络化，通过运行于校园网、互联网上的 TMIS 的终端把教学管理与社会环境、教学管理者之间、教学管理者与师生直接联系在一起，它使教学管理组织结构把尽可能多的物理空间转变成数字信息，减少实体空间，从而提高教学管理效率。这种虚拟的教学管理职能不是固定的，可以根据实际需要不断地进行调整，它的服务对象、服务时间都可以得到扩延。

第二节　构建教学管理信息化新模式

一、教学管理信息化新模式理论分析

（一）教学管理信息化新模式的内涵

高校教学管理信息化新模式，就是在现代教育思想指导下，以基于资源和服务的教学管理为基本理念，以教学资源和网络环境为依托，运用信息管理理论与信息管理方法，以现代信息技术为核心技术，充分考虑外界变量和信息，组织和配置教学信息资源，构建资源丰富、在线决策与学习、智能评价与导向的交互式的教学管理一体化系统，进行信息化教学管理活动，从而高效率地达到既定的教学目标。从教学管理内容看，信息化涉及教学计划管理、教学过程的组织与管理、教学质量管理、教学行政管理和学科建设、专业建设、课程建设、教学队伍建设、教学管理制度等方面的工作。从教学管理手段看，就是基于在线学习理论的信息技术、网络技术、普适计算技术在教学管理活动中的广泛应用。

（二）教学管理信息化新模式构建的目标

教学管理信息化新模式构建的总体目标是：建设一流的数字化网络基础支撑环境，数字化的教学资源，数字化的教学与学习环境，数字化的管理手段和工作环境，实现数字化学习、数字化教学、数字化科研和数字化管理，构建数字化的区域合作与服务平台，创建数字化的校园生活空间，全面实现教育的信息化和现代化，为创新人才培养提供支撑平台和条件保障。

整个信息化支撑服务平台至少分为四个子平台，即网络平台、共享平台、服务平台和统一的信息门户，其中服务平台包括学生思想工作管理平台、学科专业管理平台、数字化教学与学习服务平台、人才培养质量监控评价管理平台、资源管理平台、学生数据交换平台、网络学术创新平台、科技服务写作平台和研究生学位论文网上管理平台等。

（三）教学管理信息化新模式构建的原则

1.理念先导、过程规范的原则

理念是支配行动的原则与信条，左右着管理者的行为，是一种精神力量、价值期望。它不仅具有激励人的功能，也应具有教育人、规范人和指导人的作用。

教学管理信息化新模式构建的是一个复杂的信息系统工程，其构建分为四个部分：教育理念重构、网络等硬件系统建设、信息资源及管理平台等软件系统建设、以教学应用为核心的应用系统建设。新模式的构建，首先是教育理念、教育体制、教学模式的变革，其次才是信息化教育理论指导下的硬件建设、资源开发、多种应用系统的建设。

教学管理信息化新模式构建，要规范建设中的项目立项、制订建设方案、项目实施、项目验收与反馈等工作程序，使之成为信息工程规划、设计、建设、验收的依据。有些学校由于没有规范建设过程，出现了很多问题，诸如设计结构不合理、性价比低、重复投资、性能不稳定、可维护性差等各种问题。这些都严重影响着教育教学的发展。

2. 整体规划、分步实施的原则

教学管理信息化新模式构建应服从于全社会信息化建设规划，做到下级规划服从上级规划，局部规划与整体规划相一致，分类指导，分层推进、分步实施，避免各自为政。

教学管理信息化新模式的构建，先要进行总体规划。校园网是满足学校信息化教学环境的一项重要的基础设施，应为学校的教学、管理、日常办公、内外交流等方面提供全面、切实的支持。从信息技术与课程整合的角度出发，校园网应具备教师教学功能、学生学习功能、教务管理功能、资源信息功能、内外交流功能及辅助于课程整合等教学的教育装备管理功能、行政管理功能等。

但是，这些功能也不可能一次性实现，要综合考虑学校资金的现状、用途及使用者的专业素质和应用能力等因素分步进行，将总目标分成多个分目标，每个目标又分成多个时段实施，最终实现总体目标。就建设而言，要坚持经济实用与可持续性发展相结合，根据学校的经济水平和应用水平分步实施，切忌一步到位，要把有限的资金用在最急需的地方。

3. 应用推动、效益优先的原则

由于技术力量、财力和队伍的整体素质等客观问题，教学管理信息化存在主动性不够的被动推进局面。教学管理信息化可通过校际资源共享，构建资源联盟，发挥集团优势，积极探索资源建设的有效机制，推动教学管理信息化应用，走应用推动的路子，促进教育信息化的大力发展。

教学管理信息化新模式构建要从信息基础设施和信息资源两个方面考虑构建的目标和方式，做到基础设施投资效益的最大化，软件资源建设要通过"资源联盟"的方式，降低信息资源建设的成本，走节约型信息化道路，推动信息化应用可持续发展，为构建和谐教育做出贡献。

4. 资源共享、够用实用的原则

教学管理信息化新模式构建要以信息资源的共享为出发点和落脚点，既要重视软件建设，还要重视硬件和技术力量，做到"统一网络平台、统一标准规范、数据充分共享"。

合理配置硬件资源和软件资源，注重使用效益，加强硬件与教育的整合，提升信息化教育水平，明确教育目的。避免盲目求高，以免造成不必要的浪费。要从够用、实用的原则出发，构建适合本校实际情况的教学管理信息化新模式。

5.配置标准、结构灵活的原则

教学管理信息化新模式构建中应遵守有关国际标准、国家标准、行业标准和有关规范，制订相关的硬件标准配置方案和软件实施方案，按照标准完成设计要求，为以后的应用维护打下基础。

鉴于信息技术的迅猛发展，信息系统结构必须具有较好的灵活性，以保证将来的扩展和升级，适应各种业务的不断发展。

6.系统稳定、技术成熟的原则

各类硬件设备、软件系统要以运行稳定为前提，各类服务器满足 7×24 不间断运行的要求。在网络、管理和应用系统的可靠性方面，必须采用容错性设计，以保证整个系统安全、可靠地连续运行，为信息技术与课程整合提供有力的支持。

要采用通用和成熟的技术，降低建设成本，减少设计和施工的难度，缩短建设周期。不能将有限的资金投入前沿性的硬件项目建设开发上，要从国内外现有成熟的产品和解决方案中选择适合自己需要的加以利用，避免低层次的重复建设。

二、建立科学的教学管理信息化新理念

理念是人们经过长期的理性思考及实践所形成的思想观念、精神向往、理想追求和哲学信仰的抽象概括。理念也是一种思想，比如，经营理念、企业理念、办学理念、服务理念、设计理念、教育理念、新课程理念、管理理念、教学理念等。

应对信息化时代的挑战，高校不但要进行教育创新，更要进行管理创新。高校教学管理创新的实质就是管理理念的创新、管理过程的创新和管理目标的创新。从管理的职能来看，决策、组织、控制、协调等都会有创新。从管理的过程来看，决策、实施、检查、总结各个环节也会有创新，但其中的关键仍然是管理理念要创新。要实现高校教学管理信息化和管理的现代化，就必须从以下几个方面创新教学管理信息化理念。

（一）建立"首席信息官"战略理念

随着我国高等教育向"大众教育"方向的转变，高校在教学理念和培养目标上都在不断地重构和完善，以期在未来的竞争中占据有利的位置。教学是高校工作的核心，高校所有的教育理念和培养目标都需要通过教学来体现。所以创建科学、高效、合理的高校教学管理体制也被各大高校所关注。尤其是在许多实施战略性发展的高校，教学质量是高校战略性发展的基础和保障，教学质量的高低决定了学校

的未来发展水平。因此，在高校普遍实施战略管理模式下创新教学管理体制，对提高高校教学质量、实现战略发展目标有着重要的现实意义。

教学管理信息化是一项重要的战略，学校各级领导必须从战略高度来思考、规划和推进高校信息化管理建设，建立"首席信息官"机制，并作为"一把手工程"来抓，按照"统筹规划、分步实施"的原则，努力建构科学合理的教学管理信息化体系，促进教学管理现代化的可持续发展。

（二）改进管理方式、提高服务质量的理念

信息技术是"手段"，不是"目的"。信息化管理归根结底是为教学、科研、管理等各项工作提供现代化的工具和手段，是为提高教育教学质量、科研水平、管理效率以及整体办学实力服务的。在这当中，贯彻"以学生为中心"的理念，"为教师服务"是信息化管理的核心价值体现。高校的根本任务是培养人才，用信息化技术、手段来推进教学、科研、管理创新，实现高等教育现代化，其终极目的在于更好地培养人才。

（三）科学管理和应用理念

信息化管理的关键不是技术，而是组织与管理。首席信息官又称"信息主管"，是负责一个公司信息技术和系统所有领域的高级官员。首席信息官通过指导对信息技术的利用来支持公司的目标，具备技术和业务过程两方面的知识，具有多功能的概念，常常是将组织的技术调配战略与业务战略紧密结合在一起的最佳人选。

信息化的成败可以说是三分技术、七分管理。应用是实施信息化管理的核心，现实中"重硬件、轻软件"的现象普遍存在，似乎拥有了信息化设备就可以实行信息化管理。应当把加强信息技术在管理中的应用、提高全校师生员工应用信息和信息设施设备的能力放在重要位置，努力提高信息技术设备的使用效益，推动管理水平的提高。

（四）共享理念

信息资源与数据共享是高校信息化管理的灵魂。管理信息化的本质就是要实现信息资源最大限度的共享，而信息共享的核心是基础数据的共享。实践证明，信息共享机制必须在技术、政策、资金、管理四个层次上建立。技术机制是由一系列信息资源与数据的技术标准构成，是确保共享的基本前提；政策机制为信息资源与数据共享提供制度上的保证；资金机制是按照"谁开发谁受益"的原则建立的协调

信息共享供需双方利益的市场机制；管理机制是一种通过人为干预与调节来增进信息共享的行政机制，它在前三个机制的制约下发挥作用，前三个机制是基础性和主导性的，但管理机制是前三个机制和谐运转的保证机制，而且是制定和完善前三个机制的控制机制。

（五）以人为本的理念

人是管理中的最本质、最活跃的因素，信息化管理的决策要靠人，信息化管理的建设要靠人，信息化管理的推广要靠人，信息化管理的目的也是服务于人。高校推行信息化管理成功与否，最终决定于人及其素质。在推进信息化管理的过程中，要把出发点、着眼点、落脚点放在充分调动人的主动性、积极性和创造性上，最大限度地挖掘决策层、管理层、建设层、应用层中的领导、干部及全体师生员工在信息化决策、建设和应用中的潜能，并把推进信息化与提高他们的素质，改善他们的生活、学习、工作环境紧密结合起来。要强化各级各类管理人员的培训，使他们能够熟练掌握现代信息技术，提高他们的工作效率和高校的整体管理水平。

（六）资源丰富的理念

在教学管理信息化过程中，以先进、完善的教育教学管理理论为指导，以高速发展的信息技术为手段，以完善的软件技术为支持，以大容量的网络存储为物质基础，以高速稳定的网络为纽带，以多媒体技术为载体，借助功能强大的教学信息化平台，将各种职业要求、各种职业应具备的知识、各专业课程与职业的对应关系、各门课程与高校专业的密切联系、各门课程的学习要求、教学大纲和考试大纲、每门课程教学内容、课程考核评价指标体系、课程的教学计划和授课计划、每门课程的完整教学课件及拓展学习要求、及时在线作业资源、及时在线辅导与答疑资源、及时在线考核、教师的详细情况、电子图书资源、精品课程资源等教学、学习资源进行整合，力求信息资源丰富，构建扁平化、立体型的交互式教学信息化服务平台。

高校教学管理信息化的建设是一个全面的教学管理改革过程，是一项复杂的系统工程。在组织实施过程中，应充分估计实施的难度，制定具体规划，建立强有力的组织机构，加强硬件和软件的建设，加强管理人员的培训，制定严格的管理制度，建立良好的管理和运行机制，从根本上保证教育信息化目标的实现，促进高校教育教学改革和提高教学质量。

（七）BPI 理念

BPI 即"业务流程优化"，它是在"业务流程再造"理念的基础上提出的，旨在更好地满足顾客需要的服务，提高工作效率。BPI 强调渐进改良，通过分析理解现有业务流程，在现有的流程基础上进行优化并建立新流程，它是基于组织环境的变化，在信息技术进步的有力推动下，为实现组织绩效的改善而分析优化现有流程的一种理念。BPI 的优点在于通过对主要业务流程的分析和优化，可迅速获得工作绩效的提高，同时对整个业务流程干扰较小。BPI 不仅是一种管理观念的变革，也是整个管理体系的创新，它的真正意义在于其对组织改革的实际作用。

三、教学管理信息化新模式构建的内容

（一）构建教学管理信息化标准制度

高校的教学管理信息要在国内和国际交流和互换，就要制定相关的制度，保证数据的共享性。为了推进学校的信息化建设，首先要加强校园网建设和图书馆的信息化建设，制定相应的改革措施和制度。视教师和教学管理人员在应用信息、技术过程中的作用，制定教师和教学管理人员信息技能的培训政策，让有经验的教师与计算机技术人员共同组成培训小组，为教师和教学管理人员提供操作、技能和问题方面的培训和指导。利用信息技术开发和设计教学课程软件，并把教师和教学管理人员信息技能水平作为其晋升的指标之一。

（二）建立教学管理信息化首席信息官机制

可以向企业学习，进行管理机制和体制的创新，在高校建立教学管理信息化首席信息官机制。首席信息官应该由校级领导直接参与高校的领导决策，全面负责高校信息化推进的计划和规划。如果没有首席信息官的组织保证，信息技术的应用仅仅是"自动化"。将技术与组织有机结合，是教学管理信息化运行的保障机制。从某种意义上说，教学管理信息化就是一场管理革命。

（三）有效整合现有的教学管理信息系统，消除"信息孤岛"

对现有并使用的各类教学管理信息系统，要根据"各类并用，逐渐弃旧"的原则进行有效整合。对于一时无法舍弃的 TMIS，应根据教育部颁发的《教育管理

信息化标准》的数据格式进行编写各类接口，消除"信息孤岛"主要包括不同厂商之间的接口、新旧版本的接口以及 TMIS 与校园网中其他应用软件系统的接口。可以说，《教育管理信息化标准》就是信息交流畅通无阻的交通规则。

（四）教学管理信息化新模式构建

面对信息时代的挑战及其创造的机遇，高校教学管理信息化要不断进行创新，以信息与通信技术与现代教学管理理论有效整合的研究为基础，以资源丰富的、具有在线决策功能的、集智能评价与决策导向功能于一体的交互式教学管理信息化新模式构建为目标，创新教学管理信息化模式。

1. 资源型模式的构建

教学管理信息化资源型模式，是以基于资源的教学管理为基本理念，以学校资源和网络环境为依托，构建一个集教学、管理于一体的综合系统。这种模式是在教务和教学信息标准化、规范化的基础上，对信息资源进行合理的布局，面向学生学习和教师的教学工作，同时结合学校事务管理的网络化和信息化，基于 Web 应用，无须客户端程序，具备强大的动态信息交互功能和信息沟通功能。

（1）资源型教学管理信息化模式的构建原则

第一，统筹考虑，信息共享。系统基于校园网实现信息资源共享和跨平台的信息资源互访，不仅要面向全校不同部门的信息资源的共享，还要解决学生和教师已有的或将建立的信息系统的资源共享。

第二，包容性和可扩展性。系统应具有较好的可扩展性和包容性，能接纳已有的系统，同时在应用需求变化时（应用需求与系统开发往往不同步）有一个较好的应用平台，易于调整、扩充和升级。

第三，系统简洁，易使用、易维护，适合非计算机专业人员使用。系统的设计符合日常办公运作的需求，功能完备实用，简单易学，界面友好清晰，易于扩充。网络结构简单明了，层次清楚，便于管理，易于扩充。

第四，可靠运行，安全保密。应具有安全高效的通信机制、身份认证、权限检查，以解决教务信息系统的安全性、保密性问题，防止信息泄密和对保密信息的非法侵入。应考虑与校园网的安全机制相结合，采用路由技术，设立教务信息系统的防火墙。

（2）资源型教学管理信息化模式的构建模型

资源型教学管理信息化模式的构建模型主要有宣传资源模块、办公资源模块、教学资源模块、学习资源模块和其他资源模块。

2. 功能的构想

构建中的教学管理信息化系统，包含以下功能：

（1）在线决策功能。通过建立完善、科学、合理而又相互关联的决策系统，利用丰富的资源数据、适时采集的数据，依据智能模型和科学、规范、完善的评价指标，为学校的教学管理、教学实施以及教师的教学、学生的学习提供决策支持。

（2）智能评价功能。以科学、规范、完整的评估指标作为基础，既可以对教师的教学过程及效果进行适时评价，以指导教师及时研究和提高教学效果和质量，又能帮助学生通过教学信息化平台测试、评价、诊断自己的学习情况，切实帮助学生进行查漏补缺，以促进学生及时调整学习策略、学习内容、学习方法，给其指出需要努力的方向。同时，学校各管理层面能从宏观、微观方面对学校整体教学质量、各专业年级学生学习的整体情况、各课程教学效果、学生个人学习情况等方面进行适时监控。依据《普通高等学校学生管理规定》，对学生的学习情况、政治思想、行为表现进行适时评价，具有动态评价、友好提示和必要警示，促进学生成才和成长。

（3）决策导向功能。以高度智能化的评价系统和丰富的资源系统为支持，以各种职业和课程群、职业与专业、课程群与专业、课程群与课程模块之间的关联关系为依据，以提高教学质量和教学效果为目标，以提高人才培养质量和激发学生有目的地学习，为教师教学、学生的学习和学校教学组织、实施、管理提供决策和导向。如依据职业对知识技能的要求和学校所开课程的关联关系，帮助学生根据自己的实际情况和其职业的考虑来选择对应的学习课程；也能根据学生个人所学习的课程情况指导学生选择适合的职业及修业的课程；还能根据学生的学习情况，引导学生调整学习方向；同时，也能依据学生学习过程中对知识的掌握情况及反馈信息，向任课教师反馈教学效果，引导教师改进和调整教学策略等。

（4）立体交互功能。教学管理信息化是一个庞大的系统工程，管理模块多，关系关联复杂，各模块与各子系统相互间关联密切，系统立体结构完整，数据"回路"通畅，数据标准、规范，具有各种数据交互共享的功能。

第三节 教育信息化背景下高校教学管理机制构建的路径

一、加强信息化基础条件建设

（1）要加强校园网的建设。信息化的教学管理必须是基于校园网网络平台的，需要注意的几点是：一要加强现有网络的优化升级，对于影响网络速度的瓶颈问题必须加以解决。二要加强与电信运营商的沟通，进一步协调、解决好跨网访问带来的问题。三要增加和加强网络管理队伍的技术力量，"三分技术，七分管理"，管理好网络是校园网络能否发挥好作用的关键。由于网络是一个开放的世界，存在各种潜在的威胁，网络建好后因为管理不到位而导致网络应用能力下降的事例比比皆是。所以学校一定要增加网络管理的技术力量，特别是要由技术精湛的高级人才来负责整个网络管理团队，带领他们管理维护好整个校园网络，保障网络访问、数据传输的畅通、快捷。四要定时安排现有网络管理人员的分批学习培训，提升他们的技能水平，以更好地为管理好校园网络服务。

（2）应该对全校的信息资源进行统一规划、建设，建立全校的数据中心，这是目前高校信息化的发展趋势。数据中心的建设不仅能够优化资源配置，也便于对资源的统一管理和维护。

（3）关于软件方面的建设指的是教学管理信息系统功能的进一步改进和完善。如前文所述，应该要加强与高校管理人员以及教师、学生也就是最终用户的沟通；整合学校的软件研发技术力量，组建更加强大的技术开发团队，增加相关院系和部门的合作；量力而行，采取"自主开发"与"技术引进"相结合的方式，学校自己力量能做到的自己做，不能做到的也不排斥引进外来专业软件公司的技术力量。总之，要通过多种方式和手段使软件的功能更完善，运行更稳定可靠，更智能化，更有决策支持能力。

二、完善信息化建设组织构建，突出顶层设计

任何一项重要工作的实施和推进，都要有完善的领导组织机构予以支撑。高校教学管理信息化建设是关系学校教学和人才培养全局的系统性工程，不是哪个部门就能独立完成的工作，需要全校上下各相关部门通力协作，二级院系积极贯彻，广大教学管理人员和教职工广泛参与。

而在教学管理信息化建设中，要将这些方方面面的部门和人员有机组织起来，形成一个高效的信息化建设整体工作推进网络，就必须在学校领导层面突出顶层设计，作为引导教学管理信息化建设的领导核心，并在此基础上建立一个比较完善的领导组织架构，负责协调和处理教学管理信息化建设过程中的具体问题。

教学管理信息化建设突出学校领导层面的顶层设计，自上而下，是学校的决策意志强有力的体现，能够确保此项工作实施的重要性和权威性，在很大程度上减少此项工作在各部门、各二级院系、教学管理队伍和广大教职工中推行贯彻的阻力。完善的领导组织机构，便于明确各部门、各二级院系在教学管理信息化建设中所承担的角色和任务，确保此项工作在职能部门之间、二级院系之间的横向协调，职能部门与二级院系之间的纵向协调，从运行机制上避免教学管理信息化建设实施过程中部门之间、院系之间的相互推诿。

同时学校领导层面的顶层设计和完善的领导组织架构，从机制上保障了教学管理信息化建设不是学校个别领导的决策行为，而是学校决策层共同研究的集体意志，保证了教学管理信息化建设在相当长一段时间内政策的连续性和完整性，有效避免了教学管理信息化的整体建设进程由于个别领导的更换而产生受阻的情况。

三、加强宣传，促进广大教职员工广泛参与

教学管理信息化建设的最终目的是为高校教学管理人员、广大教职员工和学生服务，要达到理想的建设效果，除要有各职能部门和二级院系的积极贯彻落实外，还依赖基层广大教职员工的广泛参与。

现阶段，在进行教学管理信息化建设过程中，由于广大教职员工仍然习惯于传统的管理模式和管理经验，对教学管理信息系统的使用接受需要一个心理认同和操作熟练的过程，因此往往对新系统的使用动力不足，对参与教学管理信息化建设的关注度不够，甚至表现出对教学管理信息化建设持有怀疑和抵触情绪。为应对这

样的不利局面，各高校应该采用多种途径加强对教学管理信息化建设重要性的宣传力度，引起广大教职员工对信息化建设的重视，并集思广益，对广大教职员工关于教学管理信息化建设的意见和建议及时做出回应，让广大教职员工切实感受到学校对他们参与教学管理信息化建设的重视和尊重，使他们更乐意积极地参与到教学管理信息化建设中。

一方面，在宣传策略和宣传方法上，不能简单地仅靠下发一个文件或发布一个通知来完成，这种刻板冰冷的方式容易让广大教职员工感受到是被迫参与教学管理信息化建设，宣传效果甚微，甚至会起反作用。各高校应当配合使用积极鼓励的引导政策，对在教学管理信息化建设中涌现的优秀教职员工典型给予适当鼓励和表彰，将优秀典型使用教学管理信息系统的良好感受进行大张旗鼓的宣传。通过以点带面，使广大教职员工充分了解教学管理信息化建设的目的，明白使用教学管理信息系统将给自身的工作、学习带来的便利，引导广大教职员工主动地参与到教学管理信息化建设中。

另一方面，各高校应该重视广大教职员工在参与教学管理信息化建设中提出的意见和建议，并及时给予正面的回应。如在教学管理信息系统的试用推荐上，要及时根据广大教职员工的试用情况进行相应改进；系统正式投入使用后，也需要在运行、维护工作中不断听取广大教职员工的反馈意见，通过对系统及时的维护升级，改进完善系统的各项功能。

四、缜密调研，创建合适的教学管理信息系统

教学管理信息系统的创建是教学管理信息化建设具体实施过程中处于核心的一项基础性工作，教学管理信息化建设的技术目标最终都要通过教学管理信息系统进行实现和支撑，因此教学管理信息系统创建的科学、合理、先进，运行状态良好，是教学管理信息化建设取得良好成效的重要保障。反之，其对教学管理信息化建设的消极影响也是很明显的。

教学管理信息系统的创建是一项费时、耗力、实施难度大的复杂工程，不是一朝一夕能够完成的，因此对高校教学管理的信息化建设要慎重考虑，周密实施。为了确保信息管理系统的最终运行能适应学校的教学管理，并能切实产生积极良好的应用效果，避免信息系统创建过程中投入的人力、资金和时间的巨大浪费，必须在教学管理信息系统创建前期缜密调研，合理规划，切忌盲目投入。

要进行教学管理信息系统创建前的缜密调查研究，一方面要对学校的办学定

位、教学管理模式和管理流程进行准确的梳理和科学的总结，对学校的各种办学资源进行翔实的统计分析，做到对学校的整体概况了然于心；另一方面就教学管理信息系统软件平台的创建途径而言，由于我国只有一少部分高校利用自行研发的途径，而大多数高校都是通过外购商业软件系统的途径，因此对于后者，尤其要将现有商业软件系统的功能与学校的实际教学管理运行情况进行充分的比较测试，宁愿前期的调研时间长一点，也要尽量避免软件系统一旦购置后与学校的实际管理情况不匹配的窘境发生。

各高校对人才培养目标的定位会随着国家、社会对人才需求的不断变化做出适当的调整，所以高校的教学管理不是一成不变，而是一个发展的、前进的过程。因此，在创建教学管理信息系统时要有合理规划，虽然学校未来发展的具体情况无法提前预知，但对学校的办学规模、教学改革和教学管理流程调整的发展趋势进行必要的统筹考虑和合理规划是非常必要的。这样可以在一定程度上避免因学校情况发生变化，信息管理系统在短时间内就要面临重大修改或重新创建带来的巨大浪费，为维护教学管理信息系统保持较长时间的稳定运行多了一份保障。

五、强化培训，提升教职员工信息化建设参与能力

教职员工是高校教学管理信息化建设的最终受益者，更是教学管理信息化建设的主体。任何先进的教学管理信息系统最终要依赖广大教职员工积极正确的使用才能发挥它的效率，任何创新的教学管理制度也要靠他们主动规范的贯彻执行才能发挥作用，因此他们参与信息化建设的能力在很大程度上决定了教学管理信息化建设所能达到的高度。为解决现阶段广大教职员工参与信息化建设能力不强的状况，必须强化对教职员工信息技术应用技能和信息素养方面的培训。

首先，就高校教学管理人员而言，这支队伍既包括学校教学管理职能部门的工作人员，又包括各基层教学单位的教学管理人员。他们既是教学管理信息化建设成果的最大受益者，更是教学管理信息化建设的中坚力量。教学管理信息化建设对教学管理队伍的信息化综合素质提出了全新的要求，这支队伍信息技能和信息素养的高低以及发展的稳定，将直接影响教学管理水平和信息化建设的成效。加强对教学管理队伍信息技能和信息素养的培训，在教学管理人员熟悉本校教学管理规定和流程的基础上，突出强化教学管理人员对信息化管理的适应能力，使他们能熟练地应用信息技术处理各种复杂的教学管理事务。高校的教学管理工作不仅复杂而且头绪众多，一个教学管理人员要想胜任教学管理工作必须经过较长时间的工作实践。

任何队伍的建设，都免不了有人员的变动，教学管理队伍人员的正常发展和变动也是不可避免的，但教学管理信息化的建设需要一批具备信息素养良好、信息应用技能水平较高，同时具有实际教学管理经验的人才，因此维护教学管理队伍总体信息化综合素质的稳定发展是非常必要的。而要想维护教学管理队伍的稳定，只有依靠对教学管理人员的不断强化培训才能完成。

其次，就高校普通的师资队伍而言，其信息技术应用能力和信息素养的高低会对教学管理信息化建设的成效产生重要影响。由于现阶段绝大多数高校的办学规模得到了显著的扩张，因此相应的师资队伍也变得较为庞大，部分教师还很难适应信息化的教学管理环境。为此要开展全员信息化教学培训工程，一方面使部分受传统教育思想、教育观念影响较深的教师尽快接受现代教育教学思想，强化他们树立信息化教育理念，尽力弥补他们在信息素养上面的欠缺，培养他们在教学工作中自觉使用教学管理信息系统的习惯；另一方面，对信息技术应用水平较低的部分教师，有针对性地开展形式多样和教师喜闻乐见的信息技能使用培训，努力提升他们使用教学管理信息系统处理各种教学事宜的能力。

通过对广大教职员工信息素养和信息技术应用技能方面的培训，提升他们参与教学管理信息化的建设能力，可以确保教学管理信息化建设成效的全面推行，把教学管理信息化实施到位。

六、以人为本，突出信息化服务

高校实行教学管理信息化建设的目的是要实现高校教学管理的现代化、科学化，提高教学管理水平和教学服务质量。由于教学管理信息化建设的管理对象与服务对象都是人，因此人是高校教学管理信息化建设的出发点和回归点。当前我国部分高校在进行教学管理信息化建设时，过多地注重实现教学的管理职能，而对教学管理信息化建设的服务职能重视不够，导致教学管理信息化建设的受益面往往集中在教学管理方面，教学管理信息化建设层次不高。为应对这个不利局面，应当将科学发展观的核心思想"坚持以人为本"充分落实到高校的教学管理信息化建设中，转变职能，突出服务。

在高校教学管理信息化建设中秉持"以人为本"充分肯定广大教师、学生和教学管理人员的主体地位和自主价值，既要解决教学管理人员在教学管理过程中遇到的种种问题，更要确保高校最广大的群体即普通教师和学生能够从教学管理信息化建设中得到更多切实的信息化、人性化优质服务。

在教学管理信息系统功能的设计定位上，一方面要考虑设计面向解决诸如教学计划管理、教学任务下达、课表编排、考试安排、学籍学历管理、成绩管理、网上教学评价、网上选课等管理问题的系统功能；另一方面更多听取广大教师和学生的意见，尊重教师的地位，体现教师的价值，在系统功能设计上，为教师多设计一些信息化教学资源的管理共享交流平台，引入诸如大型公开在线课程项目、能量色散 X 射线光谱仪和优达学城等类似的"慕课"资源和类似模块化面向对象动态学习环境的在线学习开发平台，为学生多考虑设计一些人性化、便利的自助学业事务办理功能。将教学管理信息系统的功能进行衍生，从原来单一的"管理"系统变成"管理和服务"系统。

在教学管理信息化配套制度的制定上，也要充分考虑广大教师和学生的切身感受，该下放的权限要坚决下放，不该约束的坚决不约束，摒弃传统的教学管理制度中不合理、不科学的死板僵硬规定，将人性化的思想贯穿于信息化配套制度制定的全过程。转变教学管理部门的工作职责，一方面在实现管理目标的过程中提供优质的教学服务，另一方面以提高教学服务水平为途径促进教学管理水平的提高和改进。

"以人为本"是崇高的管理理念，也是高校教学管理信息化建设向更高水平迈进的必由之路和奋斗目标。

七、建设"文化"的信息化校园

只要有大学校园存在，其校园文化便是我们这个时代丰富多彩文化中的一道亮丽的风景线。然而，在信息化浪潮的不断冲击下，这道风景线又将发生怎样的变化呢？我们应该注意哪些问题？下面针对信息化背景下的校园文化建设略做探讨。

所谓校园文化，就是校园人的文化。可将之理解为：校园人在与校园世界和校园外部环境的互动之中，形成的特定的校园生存方式，以及在这种互动之中，校园人所具有的特定的价值观、情感表达和信仰。

校园文化是学校精神文明建设的重要内容，是学校教育的重要组成部分。校园文化建设具有教育导向功能、创新激励功能和引导学生自我成才的功能。早在1931 年，清华大学校长梅贻琦先生在上任之初就提出过一个对中国大学影响深远的理念，"大学者，非谓有大楼之谓也，有大师之谓也"，"大学，有大学文化之谓也。"可见高校校园文化是高等教育不可或缺的有机组成环节。先进的校园文化建设成为一所学校发展和进步的体现，能直接推动办学效益的提高。

随着信息技术在 20 世纪 90 年代中后期的飞速发展，社会的信息化进程进入了高速发展阶段。在这种潮流下，信息技术特别是互联网技术已经影响到了高校校园人生活的方方面面，校园人开始体味信息化所带来的数字化生活，正如我们原来传统的教学管理现在都已经实现信息化一样。当信息化发展到这种程度，我们就必须考虑一个新的问题：这一切的变化赋予了校园文化怎样的意义？于是，信息化对校园文化的冲击这一讨论构成了校园文化的一个新的主题。无疑，信息化已经成为当代校园文化的一个有机组成部分。

从现有的情况来看，信息化对校园文化的影响可以概括为两个方面：一个是从技术的角度来看，信息化已经使校园生活渐渐基于信息化的网络平台上，这将使校园的生活方式和行为特征等方面发生诸多变化。比如说，现在高校老师排课、学生选课都通过教学管理信息系统而不是手工操作；学生向老师交作业越来越多采用电子稿形式，与老师、同学讨论问题也更多通过网络进行，等等。另一个是从校园人本身角度来看，信息化的过程也影响了校园人的内部心灵、价值观念以及外部行为方式。比如，教学论坛为教师充分展现其丰富的思想和内心世界提供了更多的可能；信息化背景下学分制教学管理改革的推行，使得同学之间在一起当面学习交流的机会相对减少，传统的班集体概念被淡化；等等。

那么究竟该如何面对信息化对校园文化的冲击呢？有学者在阐述网络化与人类社会文化的关系时，曾经提出"网人共生"的概念，即人类应该正确看待和处理"网与人"的关系问题，并在此基础之上去开启人类未来生存方式的前景。秉持一种"共生"的理想和实践，或许将是人类的一种较为合理而明智的选择。在未来的世界里，在"网人共生"中真正建立起一个人性化的网络环境，并以此为基础来实现人类未来的生存方式；"网人合一"应当成为网络社会中最崇高的价值和理想。

我们希望在越来越信息化的高校校园里，校园人一方面能够很好地适应信息技术给生活所带来的一步步改变，优游于信息技术所创造的新的校园生活环境，成为一个"新校园人"，成为一个"信息校园人"；另一方面，校园人也能够很好地解决信息化可能会带来的一系列不利的影响。在越来越信息化的生活中，赋予信息化以更为积极的文化含义，使信息化和校园人的文化和谐地共生发展，从而在信息化校园的平台之上，开创一种新的校园文化格局、新的校园文化气象，让校园人能在信息化的校园中度过更加美好的校园人生。切莫让信息化建设成为高校校园人际交流日渐减少、人际关系逐渐冷漠的始因，我们不希望高校校园只是由冰冷大楼和网络世界搭建起来的"文化荒漠"。

第四节　新媒体环境下高校教学管理信息化的延伸发展

一、新媒体的界定及其特点

（一）新媒体的界定

对于新媒体的界定，现在尚无定论，美国《连线》杂志的定义为"所有人对所有人的传播"。以清华大学熊澄宇教授为代表的观点认为，"新媒体构成的基本要素有别于传统媒体，否则，最多也就是在原来的基础上的变形或改进提高"。本书认为，新媒体是相对于传统媒体而言，是在报刊、广播、电视等传统媒体以后发展起来的新的媒体形态，是利用数字技术、网络技术、移动技术，通过互联网、无线通信网、有线网络等渠道以及电脑、手机、数字电视机等终端，向用户提供信息和娱乐的传播形态和媒体形态。新媒体的特征是具有交互性与即时性、海量性与共享性、多媒体与超文本、个性化与社群化。

（二）新媒体传播的特点

与传统媒体相比，新媒体的传播有很多新的特点。

（1）新媒体传播是一种多媒体的全传播，基于网络的新媒体运用文字、图片、声音、图像等手段，全方位、多角度地为受众呈现事物原貌。

（2）新媒体传播走向了分众传播，实现"个性化"和"一对一"的传播，根据特定媒体受众群需求而制定满足其使用的传播策略以及传播方式。

（3）新媒体传播是一种渗透式传播，突破时空界限，受众通过手机、网络、楼宇电视等无处不在的新媒体，随时可主动或被动地参与到传播过程中。

（4）新媒体传播具有高科技的特性，无论是网络，还是手机和数字电视，新媒体的传播都离不开技术的支持，这样的特性也决定了受众必须具有相应的新媒体工具使用能力。

（5）新媒体传播具有很高的交互性，反馈迅速、及时，受众观点可多元化呈现。

二、新媒体环境的不断完善

随着新媒体在高校教学应用中的普及与推广，教学过程中教师与学生之间的关系、学生与学生之间的关系、教师与教师之间的关系都发生了明显的变化，高校的教学方式也随之发生了巨大的变化。但对于许多高校而言，不管是教师还是学生，面对新媒体带来的这种变化，显然还没有做好充分的准备。本书认为，要使师生更加适应新媒体的教学应用，不断完善新媒体环境，提高教学效率，优化教学效果，应继续转变观念、加强改革。

（1）教师要转变观念，提高对交互式媒体及网络媒体的应用能力。教师上课之前，要熟悉电子白板等新媒体各种功能的操作，熟悉电子笔的使用、各个工具栏的功能，注重其交互性，在教学活动设计时才能有意识地将白板所带有的交互能力融入自己的教学设计理念中，而不是仅仅将其当作高级黑板和演示工具。

（2）全面开展网络辅助教学，推动教学手段的改革。加强建设网络课程，实现教学资源数字化和教学互动网络化，继续广泛开展教育教学资源库建设，将院系专业、教学团队、精品课程和教学资源建设的成果结合起来，全面动态地反映高校教学成果，扩大影响。

（3）开展新媒体专题培训，开展新媒体环境的教学交流，加大新媒体教学场所的开放力度。

（4）积极丰富"网络教学资源库"的素材，引导师生自主获得所需资源，利用"网络教学资源库"有效管理、聚合并加以共享学校自建资源和成果，将现有的计算机辅助教学课件、音视频文件、立项建设的成果等优势课程资源上传到网络教学资源库；同时利用培训等方式宣传、展示网络教学资源，介绍查看、查询、下载资源的方法，并引导教师使用网络教学资源库辅助备课，吸引学生浏览资源，开阔视野，从而提高资源利用率。

三、高校新媒体教学环境构建与管理

随着现代高科技在教育领域的应用，多媒体教学环境与多媒体教室的建设在高校飞速发展。多媒体教室的建立不仅提高了教学效益和教学质量，同时为传统教学模式提供了新的平台。如何充分、合理、安全、科学地构建、管理多媒体教室，满足多媒体教学需求，保障多媒体教学的正常进行是当前教学管理部门亟待研究和解决的问题。

（一）多媒体教室构建的原则

（1）实用性。实用有效是主要的构建目标，只有操作简单、切换自如、效果良好，才能最大限度地发挥设备的效益。

（2）可靠性。人机安全、设备的长期稳定运行等可靠性要点作为系统构建方案的首要设计原则，以保证系统在运行期间，为用户执行安全防范和高质量服务管理提供有效的技术支持手段，为用户降低系统运行方面的人工和资金成本。

（3）兼容性。对不同厂家、不同型号的同类设备具备兼容性。

（4）先进性。设备的选型要适应技术发展的方向，特别是中央控制软件要充分体现整个系统的先进性。

（5）扩展性。多媒体教室能否和 Internet 相连，能否调用教室外教学资源是多媒体教室可扩展性的首要标准。

（6）安全性。考虑到多媒体教室的多用性，即在非教学时间提供学生使用教室（不使用设备）的设备安全性，操作台应根据设备规格定制并兼顾防盗、防火的功能。

（7）便捷性。改变以往教师上、下课开关设备的烦琐问题，采用一键关机或远程控制关机（使用继电器根据设备操作流程分时控制设备的开关时间），方便教师操作。

（8）经济性。系统设计和设备选型应注重实用功能，降低总体投资，求得先进性与经济性的完美统一，做到设备性能、价格比的最好综合，从学校教学管理的实际需求出发，摒弃一切学校不需要的华而不实的东西。

（二）多媒体教室的构建

多媒体教室的构建应根据构建原则，科学、合理地选择设备。设计多媒体操作台，根据学科需要及拟建多媒体教室的位置、形状、大小、座位数量，相对集中地构建多媒体教室。根据管理方式，可分为单机型和网络管理型多媒体教室。

1. 单机型多媒体教室的构建

单机型适合多媒体教室相对分散的区域，或是对设备要求较简单的部分学科的多媒体教学。

（1）电子书写屏

电子书写屏的使用省去了显示器，并替代了黑板的传统书写功能。目前主要产品有伯乐、鸿合等，其主要功能为同屏操作、同屏显示、风格各异书写笔、自动排版、文书批改、手写识别、动态标注、后期处理等。电子书写屏的使用可有效避免多媒体教室设备因使用粉笔灰尘过多而导致出现故障，影响设备的使用，尤其是投影机因灰尘过多而频繁保护停机以及液晶投影机的液晶板因灰尘过多产生物理性损伤。同时，提供给教师洁净的教学环境，有益于教师身心健康。

（2）中央控制器

采用具有手动调节延时功能的中央控制器，设定时间控制投影机、功放、投影幕布、计算机等设备的开关，保证投影机散热充分，延长投影机灯泡和液晶板的使用寿命，并防止多个设备同时通电和断电时对设备的损坏。

（3）投影机

根据多媒体教室的大小配置不同亮度和对比度的品牌液晶投影机，一般情况下，亮度和对比度越高投影机价格越高。因多媒体教室的后期耗材消费主要是投影灯泡，品牌投影机的选用将有效避免投影灯泡购置的困难，保证设备质量。同时要注意选择高使用寿命和灯泡亮度稳定的 UHP 冷光源灯泡的投影机。

（4）扩音系统

扩音系统的配置需根据多媒体教室的大小、形状及教学声音环境要求进行选择，应选用无线话筒，利于教师在教学时方便表现其形体语言。IR 前使用的扩音设备有两类：壁挂式和组合式，两者都具备线路输入功能，能满足相应电音源的扩音需要。有的学校多媒体教室使用移频增音器，教师在短距离内脱离了话筒的束缚，但过多地衰减了低频和高频，且扩音效果也不尽如人意。

（5）操作台

操作台应根据设备规格科学合理地设计定制，满足使用的方便性（如教学需用设备接口的安装），并兼顾防盗性。操作台门锁采用电控锁，通过中央控制器实现一键开、关机，即一开即用、一关即走，极大地方便了教师的使用。

单机型多媒体教室在构建中应根据多媒体教学特点采取优化措施，不使用录像机、DVD、展示台、卡座等不常用或多余设备，使整个系统功能简约，利于教学与管理。

2. 网络管理型多媒体教室的构建

网络管理型多媒体教室适合于多媒体教室相对集中的区域，根据各学科需要构建功能不同的多媒体教室。该配置与单机型多媒体教室配置的不同在于采用网络中央控制系统，操作可采用网络远程控制和本地控制，增加了监控系统。其相关功能如下。

（1）中控系统

网络管理型多媒体教室采用的是网络中央控制系统，包含教室网络中控和总控软件。该系统具有高集成度、接口丰富、功能强大的特点。内嵌网络接口，采用TCP/IP技术，可通过校园网互联，实现远程集中控制。具备网络、软件、手动面板三种控制方式选择，具备延时功能，防止通断电时对设备的损坏。

（2）操作台

操作台与单机型多媒体教室相同的是也根据设备规格合理地设计定制，满足使用的方便性（如教学需用设备接口的安装），并兼顾防盗性。操作台门锁的开启可通过网络远程控制，也可本地操作，即与中控系统联动的控制锁同时也是操作台的门锁，多种设备联动实现系统的一键开、关机，即一开即用、一关即走，方便使用。

（3）监控点播系统

监控系统的使用利于管理人员远程掌握教学动态，通过相关控制软件使得教师所用计算机屏幕内容与上课音视频同步录制，通过该系统实现即时点播和转播功能。

（4）对讲系统

对讲系统的使用有利于及时发现、解决问题。目前对讲实现方式有多种，如双工对讲系统、半双工对讲系统、电话方式对讲系统、网络 IP 电话方式等。

（三）多媒体教室的管理

目前高校教学基本建设不断发展，多媒体教室不断增加，只有不断完善多媒体教室的管理才能保证多媒体教学的正常进行。

1. 管理制度建设

教育技术与课程整合不断深入，教师使用多媒体教室的需求不断增多，教师的教育技术水平参差不齐，因而结合实际制定相应管理制度，规范多媒体教学日显重要，主要考虑以下几点：

（1）多媒体教室设备使用提前预约，统一安排。

（2）教师按操作规程操作平台，不得私自移动设备和接线，无关人员不得操作多媒体设备。

（3）不得在计算机内设互补金属氧化物半导体密码和开机密码、修改和删除原有 CMOS 参数和应用软件。

（4）课间休息应关闭投影机电源，以便提高投影机使用效率。

（5）课后教师应按操作规程退出系统。

（6）课后教师应填写使用登记表。

2. 管理系统建设

管理系统建设分为多媒体教室教学管理系统和多媒体教室网络控制管理系统。教学管理应由目前普遍使用的人工安排多媒体教室逐步过渡到网上预约，通过开发适合本校实际的多媒体教学管理系统，采取智能化预约，提高多媒体教学的管理效率。

多媒体教室网络控制管理是指通过该系统可在主控室内控制多媒体教室内的相关设备，实现设定功能，并能实时与任课教师交流，保障教学正常进行。目前国内生产多媒体教室网络控制管理系统的厂家较多，应根据教学实际多方论证，选择适合本校的多媒体教学的系统。多媒体教室网络控制管理系统的实施将反映问题和解决问题变得更加快捷。管理上的方便、直接和高效，解决了多媒体教室数量增加后的管理复杂、人员紧张的难题。

3. 管理人员建设

以人为本，明确人才队伍建设对多媒体教室管理的作用与地位。在加强多媒体教室硬件建设的同时，应注重和加强管理技术队伍的建设。多媒体教室管理技术队伍是多媒体教室建设的骨干力量，对保障多媒体教学正常进行及教育技术与课程整合起着重要作用。高校各学科教师对多媒体技术的掌握程度不同，管理人员的任务不仅仅是建设、管理好多媒体教室，同时应根据教师需要担负起多媒体技术培训的任务，更好地为教师服务、为教学服务。

在人员建设方面，应逐步引进高学历、高层次人才充实到管理技术队伍中来，改善队伍知识结构。要对现有技术人员制订培训计划，定期安排到国内名校进修，特别重视新技术的学习与消化，提高其业务水平和实践技能，以适应技术的发展和多媒体教学的需要。重视和发挥管理技术队伍的作用，用好人才，积极创造条件，调动人员的工作积极性。加强考核，建立人员考核制度，提高队伍的整体素质，造就一支业务水平高、奉献精神强、富有团结协作精神的管理技术队伍，使其为学校教学科研工作做出积极贡献。只有不断优化结构，提高素质，建设高水平管理技术队伍，才能充分发挥现代信息技术的作用；同时，通过多媒体教室的构建，在实践中积累经验，完善多媒体教室建设，更好地为教学服务。

4. 管理方式建设

多媒体教室使用人员广，操作水平参差不齐，使用频率高。应根据不同配置采用相应的管理方式，这对优化管理资源显得极其重要。

（1）自助式管理。自助式管理是指教师掌握多媒体技术及设备操作规程后，对所使用多媒体设备实行自我管理。每学期开学初，要根据多媒体教室的设备情况，对教师分别进行技术培训，内容为多媒体教室使用规章制度、操作规范以及多媒体基础知识等，培训结束后发给相应的资格证书。并在使用开始一段时间内投入管理人力现场跟踪，记录相应教师的操作能力，有针对性地进一步进行培训。对能独立操作的教师核发独立操作证书，对其使用教室采用自助式管理，上课前到规定地点领取相关钥匙即可，设备的开关由教师自行操作。在自助式管理过程中，管理人员应加强对多媒体设备的课后维护，对每次检查结果及时登记备案，发现问题及时解决，保证设备正常运行。自助式管理适合于相对分散、无法或不适合安装管理系统的多媒体教室。该措施的实施能有效缓解管理人员紧张的局面，当然需要相关职能部门的配套支持。

（2）服务式管理。对于实行网络管理的装有监控系统的多媒体教室实行服务式管理。服务式管理是指教师无须对设备开关进行操作，学校网络管理系统对开课多媒体教室教学用设备在上课前 5~10 分钟统一开启（投影机、计算机、展示台等设备），教师直接使用设备即可。管理人员通过监控系统全程监控设备使用情况，并在上完课后，检查设备状况并关闭设备与操作台。服务式管理与自助式管理都应在管理过程中加强设备管理，增加巡查力度，做好记录，即时了解设备使用状况、投影机灯泡的使用时间，定时还原计算机系统等。这极大方便了教师的使用，提高了效率，同时体现了管理为教学服务的思想。多媒体教室的构建与管理是一项系统工程，科学、先进的管理规范是多媒体教学的基本保证，管理人员应在实践中不断摸索，及时沟通，以教学为本，完善管理机制，最大限度地保障多媒体教学正常进行，促进技术与课程整合。

四、新媒体环境下高校教学管理的创新路径

（一）创新教育管理理念和观念

要想对教学管理机制和制度建设进行创新，就需要改变管理理念，创新观念。

第一，要树立创新意识，教育管理者应该加强对管理理念的分析和探索，分析过时教育理念的弊端，从内心深处摒弃过时教育理念，保持接受新事物、适应新时代的心态和精神。同时，要积极学习新媒体时代的新思想、新精神，在高校教育管理改革和创新上树立坚定的方向和目标。

第二，要具备坚定的意志和决心，要有为教育制度的改革和创新不断奋斗的

恒心。此外，还要具备良好的心理素质和不畏艰险的品质，时刻保持为教学管理创新的奋斗精神。

第三，管理者要顺应时代的发展，积极学习新的科学技术，特别是要开发更多信息技术支持下的管理平台和系统，不断锻炼自身的科学思维能力，适应时代的发展要求。

（二）通过课堂开发给学生创造良好的发展空间

高校教学管理创新改革主要是为了给学生提供更加优良的学习环境和锻炼机会，帮助学生掌握更多的知识技能。为了达到这个目的，首先就要进行课堂改革。课堂教学应坚持以人为本的教学理念，给学生提供充分的自主时间和发展空间，以此激发学生的创造力和想象力。如可以提倡课堂开放式的理念，多引进网络信息技术支持的教学手段，扩大学生学习和教师教学的范围和选择性，在保证教师和教课内容充分稳定的情况下，通过其他学院的加入来壮大团队，学生可以在完成专业学科任务的前提下，根据自己的兴趣爱好选择课堂去学习，扩大知识面，帮助学生找到更适合自己或者更感兴趣的知识。

（三）对高校教育管理的内容进行创新

要推动高校教学管理的创新和改革，就要以科学的、先进的管理理念为基础，不断对高校教育管理的内容进行创新和改革，如日常教学、实习训练、教学评价和反馈、学生管理以及师资管理。在教学评价和反馈制度上，一般高校是采用学年学分或者完全学分制对学生的学习效果进行评价，但这种评价方式比较单一，不利于学生综合素质的培养。在评价体系上可以增添更多创新内容，如学生在学校活动上的创意思维、优良表现，在实验竞赛上的突出表现以及自发组织有意义的活动行为，甚至是脱离校园以外的成就，等等，都可以纳入学生的评价体系中。建立校园网络评价的平台和系统，展示更多优秀学生的成果和表现，通过信息推送、微信公众号等平台的推广，激励更多学生不断进步。当然，教育管理内容包含了许多方面，并不能一蹴而就，这需要管理者不断进行探索和实践，走出与本校实际教育情况相适应的改革创新之路。

（四）引进先进的科学管理方法

新媒体时代，科学技术被应用到多个行业中，无论是企业的发展，还是设备的生产，或是管理模式的改革，都需要借助先进的科学技术来提升效率和水平。高校教学目的是帮助国家培养更多适应新兴技术产业的科技人才，所以在管理方法上也不能缺少先进科学技术的帮助。新型的电子化、智能化、数据化和信息化管理手段能够为高校教学管理机制和制度建设的创新改革提供必要的实施条件。如利用智能化和数据化的特点不仅可以创建更加准确公平的评价系统，实现信息的共享，还能对高校专业学科的教学状况进行及时审核和考察，为管理者提供准确的数据。先进的科学管理方法能够使高校的教育管理更加精准并及时完善管理工作，极大地提高管理效率和水平。

在新媒体时代，高校教学管理创新工作仍然存在许多阻碍因素，如管理者的水平、制度实施的难度、高校根深蒂固的传统管理思想等，都在一定程度上制约着高校的发展。高校管理者首先要认清现实，看清时代的要求，从管理理念和方法、管理内容以及先进的科学管理方式等方面着手，不断对管理机制和制度建设进行创新、探索，找到更加适合高校的创新模式，以提高高校的管理效率。

第四章 "互联网+"背景下高校课堂的教学模式

第一节 基于项目的学习模式

基于项目的学习模式作为一种教学模式，近年来受到各国或地区教育者的关注。基于项目的学习模式是以学习研究学科的概念和原理为中心，以制作作品并将作品展示给他人为目的，在真实世界中借助多种资源开展探究活动，并在一定时间内解决一系列相互关联着的问题的一种新型的探究性学习模式。

基于项目的学习模式的最大特点就是在把学生融入有意义的任务完成过程中，让学生积极地学习、自主地进行知识的建构，以现实的学生生成的知识和培养起来的能力为最高成就与目标。基于项目的学习模式实质上是一种基于建构主义学习理论的学习模式，其强调学习应在合作中进行，在不断解决疑难问题中完成对知识的意义建构。

一、基于项目的学习模式的基本要素

基于项目的学习模式强调对学生动手能力的培养，强调"经验""学生"和"活动"这三个中心，并在活动中培养学生的学习能力。基于项目的教学模式采取"做中学"的方式，通过各种探究活动、作品的制作来完成对知识的传授。基于项目的教学模式强调现实、强调活动，与杜威的实用主义信息化教学概论义务教育理论是一致的。

基于项目的学习模式不是采用接受式的学习，而是采用发现式的学习。学生通过对问题提出假设，做出解决问题的方案，然后通过各种探究活动以及收集资料时所提出的假设进行验证，最后形成自己解决问题的结论。在这一系列的学习过程

中,学生不断地发现知识,并累积和建构新的知识。基于项目的学习模式主要由内容、活动、情境和结果四大要素构成。

（一）内容——学科的核心观念和原理

基于项目的学习模式所研究的主要内容是现实生活和真实情境中表现出来的各种复杂的、非预测性的、多学科知识交叉的问题。

（1）内容应该是现实生活中的问题。首先是关于现实生活中的一些真实的问题；其次是完整的而非知识片段,即强调知识的完整性和系统性；最后是值得学生进行深度探究,并且学生有能力进行探究的知识。

（2）内容应该与个人的兴趣一致。这样才能使学生对即将开始的话题和所关心的事情产生学习的动力。其中包括对复杂的话题和论点发表自己的观点,学习与他们兴趣和能力相一致的问题,从事当前、当地与兴趣相关的话题研究,从他们的日常经历中获得学习的内容。

（二）活动——生动有效的学习策略

基于项目的学习模式的活动主要是指学生对采用一定的技术工具（如计算机）和一定的研究方法（如调查研究）解决面临的问题所采取的探究行动。在基于项目的学习模式中,活动具有如下特征：（1）活动具有一定的挑战性；（2）活动具有建构性,基于项目的学习模式允许学生建构知识并生成自己的知识,所以他们很容易对知识进行记忆和迁移；（3）活动应该与学生的个性一致。

（三）情境——特殊的学习环境

在基于项目的学习模式中,情境有如下作用：（1）情境促进个人与个人之间以及个人和社会团体之间的合作。基于项目的学习模式比其他学习模式更能给学生提供丰富的、更具真实性的学习经历,因为它是在社区环境中进行的。在这种情境中,学习和工作需要相互依赖和协作。这种环境同时也促使学生防止人际冲突并且解决人与人之间的冲突。在没有压力、真诚合作的环境中,学生们对发展他们的能力充满了自信。（2）情境鼓励使用并掌握技术工具。项目情境为学生学会使用各种技术（如计算机技术和图像技术）提供了一种理想的环境,这样就拓展了学生的能力并为他们走向社会做好了准备。

（四）结果——丰富的学习成果

基于项目的学习模式可以促进学生掌握丰富的工作技能并将这些技能运用到终身学习中。该项目的重点是获得特殊的技能，如传统的写作技能、语言技能和评判性思维的能力。同时，该项目的特有作用是使学生更多地去倾听和评价他们所不赞同的观点。

二、基于项目的学习模式过程阐述

基于项目的学习模式是一种新型教学模式，是一种革新传统教学的新理念，这种学习强调的是以学生为中心，强调小组合作学习，要求学生对现实生活中的真实性问题进行探究。通常其流程或操作程序分为选定项目、制订计划、活动探究、作品制作、成果交流和活动评价六个步骤。

（一）选定项目

在基于项目的学习模式中，项目的选定很重要，它应该完全根据学生的兴趣来选定，同时又要考虑如下情况：首先，所选择的项目应该和学生日常的经历相关，至少要有部分学生对该项目比较熟悉。这样的话，他们才能对项目提出一些相关的问题。其次，除了基本的文化素养以及一些技能外，项目应能融合多门学科，如科学、社会研究以及语言艺术等。再次，项目的内涵应该是丰富的，从而可以进行至少长达一周时间的探究。最后，选定项目应该更适合在学校进行检测。总之，在基于项目的学习模式中，教师应该充分考虑学生现有的知识经验和能力水平，以及学生通过努力是否有可能达到项目学习的目标，解决项目中所出现的各类问题。

项目的选择由学生来进行很重要，教师在此过程中仅仅作为指导者。也就是说，教师不能把某个项目强加给学生，教师所起的作用是对学生选定的主题进行评价，即选定的主题是否具有研究价值，以及学生是否有能力对该项目进行研究。根据评价的情况，如果有必要的话，可对学生选定的项目进行适当的调整；如果没有必要的话，建议学生对项目进行重新选择。

（二）制订计划

项目计划就是对项目活动过程的详细规划。它包括学习时间的详细安排和活动计划。时间安排是基于学生对项目学习所需的时间的一个总体规划而做出的一个详细的时间流程安排。活动设计是指对基于项目的学习模式中所涉及的活动预先进行计划。

（三）活动探究

这一阶段是项目学习的核心或主体部分。学生大部分的知识内容和技能、技巧都是在此过程中完成的。活动探究是学习小组直接深入实地的调查和研究，它通常包括到户外活动，对必要地点、对象或事件进行调查研究。

在调查研究的过程中，学生对活动内容以及自身对活动的看法或感想进行必要的记录，提出解决问题的假设，然后借助一定的研究方法和技术工具（此过程中，学生的研究方法和技术工具相当重要）来收集信息，并对收集到的信息进行处理和加工，对开始提出的假设进行验证或推翻开始的假设，最终得出问题解决的方案或结果。

（四）作品制作

作品制作是基于项目的学习模式区别于一般活动教学的典型特征。作品制作往往和活动探究交融在一起。在作品制作过程中，学生运用学习过程中所获得的知识和技能来完成作品的制作。作品的形式不定，可多种多样，如研究报告、实物模型、图片、录音、录像、电子幻灯片、网页和戏剧表演等。该作品反映了他们在项目学习中所获得的知识和掌握的技能。

（五）成果交流

学生作品制作出来之后，各学习小组要相互进行交流。交流学习过程中的经验和体会，并且分享作品制作的成功和喜悦。成果交流的形式也多种多样，如举行展览会、报告会、辩论会、小型比赛等。在成果交流的过程中，参与的人员除了有本校的领导、教师和学生之外，可能还有校外来宾，如家长、其他学校的教师和学生以及上级教育主管部门（如教育局）的领导和专家等。

（六）活动评价

活动评价是基于项目的学习模式与传统教学的一个重要区别。在基于项目的学习模式中，活动评价要真正做到定量评价和定性评价、形成性评价和终结性评价、对个人的评价和对小组的评价、自我评价和他人评价之间的良好结合。

活动评价的内容主要有课题的选择、学生在小组学习中的表现、活动计划、时间安排、成果表达和成果展示等方面。对结果的评价要强调学生对知识和技能的掌握程度情况，对过程的评价要强调对实验记录、各种原始数据、活动记录表、调查表、访谈表、学习体会等的评价。

评价可由专家、学者以及教师来完成，也可以由同伴或者学习者自己来完成。教师可以观察学生在项目学习过程中所运用的技能和知识，以及运用语言的方法。学生可通过评价来反映他们自身以及同伴的工作和工作流程、小组的工作情况如何、他们对工作和工作流程感觉如何、他们获得了哪些知识和技能。另外，反映工作、检查流程以及明确重点和弱点知识区域都是学习过程的组成部分。

第二节　基于网络的协作学习模式

基于网络的协作学习模式，是指利用多媒体技术和计算机网络等开展的协作学习。而协作学习是一种信息交流过程，学习者在学习过程中将探索发现的信息和学习材料与小组中的其他成员共享，甚至可以同其他组或全班同学共享。为了达到个人和小组的学习目标，可以采用对话、商讨、争论等形式对问题进行交流、沟通。

一、基于网络的协作学习模式概述

（一）协作学习

协作学习是在 20 世纪 70 年代初兴起于美国，20 世纪 80 年代中期取得很大发展的一种教学理论与策略。它是指通过小组或团队的形式组织学生进行学习的一种方式。它是学习者在共同的目标和一定的激励机制下，为获得最大的个人小组学习成果而进行合作互助的学习方法。其模式是指采用协作学习组织形式促进学生对知识的理解与掌握的过程。协作学习通常由四个基本要素组成，即协作小组成员、辅导教师、协作学习环境、协作学习过程。

协作学习强调整体学习效果，同时关注学生个性的自我实现。每个协作成员都是学习过程的积极参与者。教师设置的小组共同目标保证和促进学习的互助合作，鼓励学习者各抒己见，并以小组的总体成绩来评价每个成员的成绩。所以，协作小组中的每个成员都对他人的学习做出了自己的贡献，也可以说，个人学习的成功是以他人的成功为基础的。因此，协作学习不仅要求学生对自己的学习负责，还要关心和帮助他人的学习。

（二）基于网络的协作学习

基于网络的协作学习，是指利用计算机网络以及多媒体等相关技术开展的协作学习。它是一种特殊的协作学习。在此学习过程中，多个学习者针对同一学习内容通过计算机网络平台建立交互和合作的关系，以达到对教学内容比较深刻的理解与掌握。在网络的协作学习中，计算机网络具有快捷性、交互性、超时空性以及对资源的可共享性，因而网络环境下的协作学习除了具备非网络环境协作学习的特点外，同时还具备以下特点。

1. 突破了时空限制

网络打破了传统的班级、年级、学校的界限，打破了时空的局限性。就协作的范围而言，网络协作学习突破了学校的空间局限，打破学校束缚，协作范围可以从班上的小组到整个班级以及班与班之间、年级与年级之间甚至校与校之间。这使得协作学习真正变成了一种大环境下的学习，极大地促进了社会学习化和学习社会化。就时间因素而言，网络的异步交互功能实现了异步协作，使学习者不必受时间限制，可以更好地完成协作任务。

2. 教师对小组学习活动干预程度较低

在基于网络的协作学习过程中，教师角色相对于传统教育中的角色有了很大的变化。这种变化主要集中在对各小组学习成果进行评价总结，对学习中的一些问题给予必要指导，而对小组在网络上的学习过程不过多干涉。这使得学习者拥有了更多的选择性和灵活性，更容易促进个性化学习的开展。

3. 方便资源共享

协作学习中的成员为达成小组目标，需要不断地交流信息和分享资源。计算机网络技术的发展已经使全球资源共享成为可能，利用搜索引擎等工具，可以快速获得大量的学习资料，并且通过网络实现学习小组内资源共享。

4. 协作形式多种多样

通过计算机网络，学生可以通过即时通信软件、论坛、聊天室、留言板等工具，方便地与相距较远的教师或同学开展多样的沟通，自发地制订合作计划，开展讨论，共享合作成果。

二、基于网络环境的协作学习模式建构

网络信息具有非线性的组织形式、多媒体化表现方式、大容量的信息存储、

便利的交互性等优势，这些都有助于学生认知策略的形成。因此，在建构基于网络的协作学习模式时应充分考虑和利用网络技术的这些优点，尽量把网络的优点和协作学习的优点结合起来，在考虑到各种教学因素（如学习者、任务、情境等）的同时，还要考虑到网络的干扰因素。

三、基于网络环境的协作学习模式要素分析

（一）确定协作学习目标

首先，要对即将开展的学习内容进行选择，选择适合运用协作学习开展的学习体系。其次，确定小组协作学习的整体目标，即组目标，然后可根据学习内容的特点或者是学生的个体发展需要，将整体目标分解成子目标，或者提出学习者的个人目标。在这个环节中，要注意个人目标或子目标与组目标的关系设定，二者之间要紧密联系，特别是个人目标要成为实现整体目标的必要因素，这样既有助于促进学习者的自主学习，实现个人发展，同时又能够提高学习者参与协作学习的积极性。

协作学习可以促进学习者的应用、分析、评价等高层次目标的实现，因此在设计整体目标时不能只把目标局限于某一门课程或者某一方面的知识，而应该在确定某方面的核心内容的同时，将涉及的相关内容有效融合，从而促进学生的全面发展。

（二）建立协作学习小组

基于网络的协作学习是一种以小组为单位的学习方式，每个学习者都处在特定的团体中，都有特定的协作伙伴，因此科学合理地组建学习小组是实施网络化协作学习的必要前提，也是保证学习顺利开展的关键要素。协作小组可以由教师组建，也可以在协作学习目标的指导下由学习者自由协商构成。在学生自由组合时，教师要给予适当的指导和帮助。常见的协作小组有异质分组、就近分组、分层分组、同质分组、自由搭配等几种常见的分组方式。具体要根据学生的学习特点、所处地域、学习基础、个人特长、兴趣方向或性别等标准进行划分。无论以何种方式划分，都要体现互补互助、协调和谐的原则，小组成员间要有良好的人际关系和信赖程度，有时为了方便管理，会确定小组负责人，但是小组成员的权利是平等的。

（三）创设协作学习环境

良好的协作学习环境可以促进小组成员集体归属感的建立，从而促进小组成员之间形成融洽的、多元的协作关系。学习环境通常包括硬件环境、软件环境和资源环境三方面。硬件环境主要指学习者必备的计算机、计算机网络。软件环境指学习者在协作学习过程中所使用的软件工具，如论坛、聊天室、留言板、搜索引擎等。这前两种环境都比较容易实现。资源环境作为最重要的部分，也是人们最关注的。在设计资源环境时，要先了解网络资源的特点，要围绕学生的需要来组织教学资源。有条件的学校可以把学习资源事先下载到校园网的资源中心，根据协作学习过程中知识掌握的需要，学生可以直接从校园网资源库中查询所需要的信息资源。

（四）协作学习活动设计

协作学习活动设计阶段就是指通过小组成员讨论、协商或者是教师指导而建立初步的协作学习计划，从而保证基于网络的协作学习的进度。在设计过程中要考虑每个学习者的具体情况，并根据协作学习中的个人目标或者子目标的序列关系，制定出协作学习的工作阶段。

（五）协作学习活动实施过程

协作学习活动实施过程，就是按照上一环节设计的小组学习计划开展学习，但是在具体实施过程中，学习者可以根据小组需求、个人需求以及教师的意见调整和修改前期计划，从而使协作学习活动得以有效实施。在具体的实施过程中，教师很少介入学生具体的学习过程，但必须要加强对小组协作学习过程中的指导，在协作学习中起到督导作用。教师可以根据学习者提供的协作学习计划检查小组学习的进度与成果，通过论坛、电子邮件及时布置有针对性的作业，检查作业，引导小组开展讨论等，从而深入地引导学生学习。

（六）评价协作学习结果

学习评价是检验学习是否达到目标，促进和完善协作学习活动的重要环节。对学习结果的评价应采用多种形式，促进全面真实的评价。要做到评小组与评个人、他人评与自己评、组内评与组外评相结合。当小组的学习阶段完成后，教师要及时对该小组的学习结果进行评定，评价的方式可以采用传统的考试、测验等方式，也可以采用成果展示、任务完成等新型方式开展评价；小组之间可以采用质疑提问的方式开展互评与自评；小组成员间也可以开展互评与自评。

（七）教师指导

教师指导并不是针对某一特定环节，或者某一特定工作，而是贯穿在从准备到实施再到评价的整个过程中。在每个环节教师都能体现其指导作用。教师虽然不直接参与学习者的具体学习过程，但是要随时监控学习者的学习进程，保证学习的良好进行，从而保证学习效果。

四、基于网络环境的协作学习应注意的问题

（一）重视线下活动的重要性

基于网络的协作学习并不是所有的学习过程和学习活动都是在线上进行的，所以不能片面地认为这种学习就是让学生上网学习。学习者接触主题、制订计划、小组分工、深入研究等活动都可以在线下开展，因此在开展基于网络的协作学习中要注意线上、线下相结合。

（二）加强真实感协作活动

基于网络的协作学习，学习者之间的交流和沟通大多数是通过网络进行的，学习者与他的协作伙伴间不易建立真实的亲近感，容易造成协作小组凝聚力不强，从而难免会影响学习效果的情况。因此，可以利用虚拟技术模拟实体小组，小组成员可以拿自己的照片、兴趣爱好等进行交流和发布，让小组成员有身临其境之感，促进成员之间的相互熟悉，增进成员之间的亲密感，以利于学习活动的顺利开展。

（三）突显指导教师的主导地位

通过对基于网络的协作学习模式的探讨，可以看出教师在整个协作过程中的指导作用是不可忽视的，但是由于在基于网络的协作学习模式中师生通常是分离的，有时会忽视教师的指导作用，另外，部分教师只关心最后的评价，对整个的协作学习撒手不管，从而使学习者的学习变成"放羊式"学习，制约了学习效果的产生，因此教师要想办法突显自己的主导地位，促使学习者积极地学习。

第三节 基于资源的主题教学模式

基于资源的主题教学模式是指学习者围绕一个主题，遵循科学研究的一般规范和步骤，通过充分发掘和利用各种不同的资源，在教师的帮助下所进行的一系列探究活动。基于资源的主题教学模式的目的是让学习者提高其解决问题、探究、创新等能力，使学习者的学科素养和信息素养同时得到提升。

一、基于资源的主题教学模式概述

基于资源的主题教学模式的概念包括两方面，即基于资源的学习和主题学习。基于资源的学习是指通过充分发掘和利用各种不同的资源而展开的一种学习模式。我们知道，没有资源的教与学是不存在的，而我们为什么要强调基于资源的学习呢？原因有三：一是资源的多寡；二是使用信息资源的能力大小；三是使用信息资源意识的有无。随着信息技术，特别是网络技术的发展，以及信息资源的极速膨胀，在浩如烟海的信息中找到对自己有用的信息，并对这些信息进行处理已成为现代人的一种基本能力。如果说，以前一个人成功与否主要看其获取信息的多寡，现在就是看其信息处理能力的高低了。如今人们对信息获取的机会趋于均等，获得的信息量多不再成为优势，关键是要看其信息处理的能力。基于资源的学习是培养学生信息处理能力的一种行之有效的方法。

主题学习就是指学习者围绕着一个主题，遵循科学研究和一般规范步骤，为获得解决问题的能力和创新能力而展开的一系列探究活动。主题学习是针对学校教育学科的独立性而提出的，因为一个主题可以与多门学科相联系，能够消解学科之间的孤立，使学科走向融合；同时主题学习能够打破课堂教学的局限，激励学生走出课堂，走进社会，走进自然。

所以，我们探讨的"基于资源的主题教学模式"其实是"基于资源的学习"和"主题学习"相互整合而形成的新型教学模式，是围绕主题而展开的基于资源的学习过程。

在这个过程中，既强调资源的获取、选择、利用和评价，又强调学生实际能力的提高，特别是解决问题的能力、创新能力以及信息素养等的提高，从而使学生在主题学习的过程中既达到解决问题的目的，又达到提升信息素养的目的。

二、基于资源的主题教学过程阐述

基于资源的主题教学的整个过程，是以主题开发为前提，以活动探究为核心，并通过不断评价反思优化整个学习过程的一个系统过程。其中主要包括三个环节：主题开发、活动探究和评价。

（一）主题开发——基于资源的主题教学模式的前提

"主题"是基于资源的主题教学模式中的核心概念。主题是指整合教学目标的、跨学科的学习内容或学习任务。在整个基于资源的主题教学模式过程中，活动都是围绕主题而展开的，主题开发的优劣直接影响着教学效果。为使学习者在学习过程中占主动性，应调动学生学习的积极性。并且我们提倡主题由师生共同开发，并建议在主题开发的过程中要求主题具有亲和力，具有跨学科性、开放性、挑战性和实践性，同时主题还应当整合知识技能、过程方法、情感态度与价值观目标，以使学生在学习过程中获得知识、培养能力和发展情感水平。

（二）活动探究过程——基于资源的主题教学模式的核心

主题一旦确定，学生便在教师的指导下进入实质性的学习过程，过程具体可分为以下几步。

1. 明确问题，阐述问题情境

"主题"在被确定时只是一个比较笼统的概念，还需将其转化为一个或多个待解决的、可操作的问题或任务。在这一过程中，需不断地从多方面追究问题之所在，描述问题产生的情境，恰当地呈现模拟问题情境，并描述问题的可操控方案，使学生进入问题情境时能够拥有问题意识或问题的主人翁感，为以后进一步探究做准备。

2. 形成假设，确定探究方向

在自己或他人经验的基础上，就问题的答案和解决问题的原则、途径和方法提出设想，然后对其进行论证。在论证的过程中，可能需要不断地修正或改变思路，从而形成新的假设。

3. 实施、组织探究活动

这一步骤是整个教学学习过程的核心，是培养学生知识技能、掌握过程方法的能力、情感态度与价值观的关键。教师可以根据学习目标，组合多种活动进行教学，让学生获得直接的学习体验。

4. 收集、整理资料，找出资料的意义

大部分活动的实施是一个收集、整理资料的过程。资料的收集、整理是有目的的，只有找到资料的意义，才能使资料产生最大的用途。

5. 形成问题解决方案

由于解决问题需要学习者建立多个问题空间，问题解决者必须将问题空间之间的认知或情境联系点结合起来，因此应确定并阐明问题求解者的多种意见、立场和观点；生成多个可行的问题解决方案；收集充分的证据来支持或反驳各种观点，以支持自己或他人的论点；讨论和阐述个人观点，评价各种解决方案的可行性，以便最终在最佳的行动方案上达成一致意见。

6. 探究

根据探究内容展开相应的展示和交流活动，主要有报告、角色扮演以及辩论三种方式。

（三）评价——基于资源的主题教学模式的保障

基于资源的主题教学模式的评价提倡综合性评价与过程性评价，倡导评价内容的丰富性与评价方式的多样性。在基于资源的主题教学模式活动过程中，通过充分恰当的探究，有利于培养学习者的综合素质，如问题意识、科学素养、信息素养、创新能力、实践能力、自主/协作能力和反思能力等。在教学效果价值取向方面，基于资源的主题教学模式的评价比较关注学生的问题意识、探究能力和反思能力的发展。

1. 问题意识

问题的确定非常重要，因为它是开展基于资源的主题学习活动的过程中非常关键的一步。学生能否发现问题，取决于学生的问题意识强不强。学生问题意识的强弱，主要从学生的观察力、认知兴趣和求知欲以及丰富的知识经验这三个方面来评价。

2. 探究能力

探究能力是基于资源的主题学习活动所培养的核心能力，在探究的过程中重点培养学生的信息素养、自主能力、协作能力、学习策略、批判性思维能力等。

3. 反思能力

除了需要教师、家长、专家等人员对学生学习效果进行评价之外，还需要学生对自我学习效果进行不断反思。反思是一个反省的过程，也是一个自我评估的过程。反思主要是指对前一阶段的学习任务进行反思，从而获取反馈，了解自己所获得的知识，知道自己的不足，并明确改善措施。

第四节　基于问题的信息化教学模式

一、基于问题的信息化教学模式概述

　　基于问题的信息化教学模式是一种探究式教学模式。"探究式教学模式"的概念是在 20 世纪 50 年代由美国芝加哥大学的施瓦布教授在"教育现代化运动"中倡导提出的。他认为学生学习的过程与科学家的研究过程在本质上是一致的，因此学生应像科学家一样，以主人的身份去发现问题、解决问题，并且在探究的过程中获取知识、发展技能、培养能力——特别是创造能力，同时受到科学方法、价值观的教育，并发展自己的个性。

　　可见，基于问题的信息化教学模式实际上就是以学生为主体的教学模式，其宗旨是培养创造性人才。因此，在教与学的关系上，应正确处理"教师主导"与"学生主体"之间的辩证关系，重视发挥教师和学生双方的主动性，并强调学生的主体地位；在教学组织上，应适当突破单一的班级授课制，辅之以分组教学和个别教学，以发展学生的个性，做到因材施教；在课程结构上，应强调学科之间的相互渗透与综合，以培养通才；在教学内容上，应处理好传统与现代、继承与创新的关系，力求教材建设适应当代科技发展的新潮流，及时吸收当今科技发展的新成果；在教学方法上，应主张应用建构主义教学理论，强调使用任务驱动法、研究法、发现法等教学方法，并根据不同的教学内容和教学目标，重视多种教学方法的优化组合。

二、基于问题的信息化教学模式特征

（一）学生的探究活动是在教师预先设计好的具体步骤中展开的

　　学生需要学习的新知识，不是由教师直接抛给学生的，而是将学生所要学习的新知识隐含在一个或几个问题之中的，学生通过对所提供的问题进行分析、讨论，明确大体涉及哪些知识或需要解决哪些问题，在教师的指导、帮助下找出解决问题的方法，并经过探究，最后通过问题的完成去实现对所学知识的意义的建构。

（二）学生通过探究活动获得新知识并培养能力

探究教学不是先将结论直接告诉学生，再通过学生上机加以验证，而是让学生通过各式各样的探究活动，诸如观察、调查、制作、收集资料、上机设计等亲自得出结论，使他们参与并体验知识的获得过程，建构起对知识的新认识，并培养其科学探索的能力。

（三）基于问题的探究式教学模式注重从学生已有的经验出发

对学生认知理论的研究表明，学生的学习不是从空白开始的。已有的经验会影响现在的学习，教学只有从学生已有的知识和生活实际出发，才会激发学生的学习积极性，学生的学习才可能是主动的，否则就很难达到预期的教学目标。

（四）基于问题的探究式教学模式重视协作学习

在该模式中，常常需要分组制订工作计划、分组调查和收集资料，需要讨论、争论和意见综合等协作学习。

（五）基于问题的探究式教学模式重视形成性评价和学生的自我评价

该模式教学的评价要求较高，如它要求评价每一名学生理解哪些概念，能否应用知识解决问题，能否设计并实施探究计划，能否独立完成问题，小组协商、参与态度是否积极等。要弄清这一切，单靠终结性评价验证是难以奏效的。该模式在重视终结性评价的同时，也很重视形成性评价，与此同时，还注重学生的自我评价和师生互评。

三、基于问题的信息化教学模式各要素间的优化

基于问题的教学模式是指以问题为中心，学生对其进行积极主动的探究，领悟其实质，并把握规律的教学模式。在具体实践的过程中，其做法是：让学生在一个问题的驱动下通过自己的观察、思考、上机来发现知识，并加以创造性地应用，建立相应的认知结构。教师的作用在于根据教育目标对学生施加积极的影响，充分调动学生的积极性、主动性，使其参与到学习的全过程，使学生用自己的思索和内心的体验去创造、去发现知识和规律，同时发展他们自己的个性。

（一）学习者特征分析

根据本教学任务，首先要对学生进行分析。因为学生是学习的主体，是意义的主动建构者。从哲学的角度来看，学习者是内因，外界影响是外因；内因是事物发展变化的决定性因素，外因通过内因起作用。这就可以说明为什么在同一课堂中，教师实施同一教学，但不同学生的学习结果却存在着差异。为了取得较好的教学效果，就必须充分地了解学生的特征，并进行有针对性的设计。学习者特征分析涉及智力因素和非智力因素两个方面。与智力因素有关的特征主要包括知识基础、操作能力和认知结构；与非智力因素有关的特征则包括兴趣、动机、情感、意志和性格。

对学习者的分析，主要目的是设计适合学生能力与知识水平的学习问题，提供合适的帮助和指导，设计适合学生个性的情境问题与学习资源。

（二）教学目标分析

教学是促进学习者朝着目标所规定的方向产生变化的过程，它贯穿于教学活动的始终。分析教学目标是为了确定学生学习的主题，首先要考虑"学习者"这一主体。教学目标不是设计者或教学者施加给学习者的过程，而是从学习者的学习过程中来的。其次，还应尊重学习主体的内在逻辑体系特征。因此，教师在课前备课时要分析本课的教学目标，确定教学的核心问题，明确学生需要探究什么、领悟什么。

（三）学习内容特征分析

学习内容是教学目标的知识载体，教学目标要通过一系列的教学内容才能体现出来，即在解决问题的过程中达到学习的目的。那么我们设计的问题是否会体现教学目标？如何来体现？这需要我们对学习内容做深入分析，明确所需要学习的知识内容、知识内容的结构关系以及知识内容的类型，这样在后面进行设计时，才能很好地涵盖教学目标所定义的知识体系。

（四）设计问题

这里所说的"学习"就是基于问题的探究、学习的过程，就是解决问题的过程，问题构成了学习的核心，学习者应以问题来驱动学习。提出问题，是本教学模式的核心和重点，它为学习者提供了明确的目标，其他补助设计使得任务更加明确、具体，使得学习者解决问题成为现实的可能，使得学习者在解决问题的过程中确实能够达到教学目标的要求。学习情境设计，有助于将问题置于任务环境中，有助于学生知识与能力的迁移，有助于学生对问题的理解和可行性方案的提出。

（五）学习资源设计

学习资源是指提供与问题解决有关的各种信息资源（包括文本、图形、声音、视频和动画等）以及从 Internet 上获取的各种有关资源。学生的自主探究性学习、意义建构是在大量信息的基础上进行的，所以必须在学习情境中嵌入大量的信息。丰富的学习资源是学生学习的一个必不可少的条件。另外，还要注意怎样才能从大量信息中找寻有用信息，避免信息污染，因此教学设计中要建立系统的信息资源库，提供引导学生正确使用搜索引擎的方法。

（六）提供认知工具

认知工具是支持、指引、扩充使用者思维过程的心智模式和设备。在现代信息技术学习中，当然就是指网络以及与通信网络相结合的计算机了，学习者可以利用它来进行信息与资源的获取、处理、编辑、制作等，并可用其来表征自己的思想、替代部分思维、与他人协作等。

（七）管理与帮助设计

在基于问题的教学模式中，学生是学习的主体，但并没有无视教师的指导作用，在任何情况下，教师都有控制、管理、帮助和指导的职责。教师需要在学习环境中确定学习任务、组织学习活动，给学生提供帮助和指导，引导学生正确地使用认知工具。教师是教学过程的组织者、指导者、意义建构的帮助者、促进者。

在传统的教学中，课堂教学管理包括：合理安排课程内容、最大限度地发挥教学资源的作用、调动学生的积极性等。但在基于问题的教学模式中，教师由"舞台上的主角"变为"幕后导演"，这一改变极具挑战性，它对教师提出了更高的要求。

学习过程是一种发散式的创造思维过程，不同的学生所采用的学习路径、所遇到的困难也不相同，在实际操作过程中需要面对不同情况做出适时反馈。在学习中，面对丰富的信息资源，易出现学习行为与学习目标相背离的情况，教师要在教学实践中设置关键点，规范学生学习，这也有利于学生反思、升华所学知识的意义建构。

（八）学生探究学习

课堂上教师要引导学生围绕问题进行探究以获得更深的领悟。具体的探究活动一般可分为以下几个步骤：一是思维探究，教师可让学生预览或给出简单提示，让学生形成初步的思维；二是上机探究，通过学生独立探索发现以获得知识；三是应用探究，是学生根据自己"发现"的知识，经过上机确认，宣告完成任务，这步可分为个别探究或小组协作探究。

（九）成果展示，师生互评

这是非常关键的一步。通过示范或成果展示，教师可以了解学生本堂课或此阶段探究学习的效果。学生个人探究学习的效果，可以用转播示范的方法让他们示范给其他同学。如果是小组合作或个人完成的电子作品（如网页、Word 文档、PPT、动画等），也要转播展示给全班同学，但在评价时要注意以下几点：

首先，教师要实现评价形式多元化，既要进行终结性评价，更要开展过程性评价。此外，教师还可以让学生在小组协作研究过程中记录一些相应的原始数据，例如，记录一些资源网站，一些图片、动画的来源，文稿的始创等。

其次，教师要实现评价内容多元化。不仅要注重作品的精美程度或技术程度，如图片清晰度、色彩搭配、排版布局、技术含量等，还要注意电子作品的选题、创意等。

最后，教师要实现评价主体多元化。特别是在对小组协作的作品进行评价时，教师要让学生个体、小组等都成为评价主体，可以进行小组自评、小组互评、教师评价。

（十）总结与强化练习

适时地进行教学总结可有效地引导学生将自学的、零散的知识系统化。但总结时不能太细，可简明扼要地串讲知识体系，否则会限制学生的思维。总结之后，应为学生设计出一套可供选择并有一定针对性的补充学习材料和强化练习，巩固其所学知识。练习是培养学生能力、发展智力的有效措施之一。课堂上的巧练既能激发学生的探索兴趣，同时又为学生提供了再探究的机会。通过练习，一方面可以反馈学生的学习情况，同时也为完成形成性评价提供了合适的评价内容和评价时机。

第五章　移动自主课堂教学模式的构建

第一节　云课堂中师生进入自主学习角色

课堂教学改革是实施新课标的重要基点。现代社会要求年轻一代具有较强的社会适应能力，并能从多种渠道获得稳定与不稳定、静止与变化的各种知识。传统的教学模式是教师在课堂上讲课，布置家庭作业，让学生回家练习；而翻转课堂教学模式是学生在教师的指导下，通过积极参与教学实践活动来完成知识的学习。课堂变成了师生之间和学生之间互动的场所。由此可见，面对常规的每一节课，面对基础不一的每一个学生，面对每一个新的知识点和每一个学生不同的需求，打造翻转教学模式下以学生为中心的高效课堂教学就显得十分重要。

一、云计算支持下的教学模式诉求

随着现代信息技术的迅猛发展，网络技术在教育中的应用日益广泛和深入，特别是 Internet 与校园网的接轨，为学校教育提供了丰富的资源，使网络教学真正成为现实，为有效实施素质教育搭建了平台，并有力地推进了新课程改革。现代信息技术的发展在为创新人才的培养提出挑战的同时也提供了机遇。教育部《基础教育课程改革纲要（试行）》明确提出："要大力推进现代信息技术在教育过程中的普遍应用，促进现代信息技术与学科课程的整合。"而运用现代信息技术的教学具有"多信息、高密度、快节奏、大容量"的特点，其所提供的数字化学习环境，是一种非常有前途的个性化教育组织形式，可以超越时间和空间的限制，使教学变得灵活、多变和有效。处在教育第一线的我们，必须加强对现代化教育技术前沿问题的研究，努力探究如何运用现代信息技术，尤其是在课堂上将基于现代信息技术条件下的多媒体、计算机网络与学科课程整合，创新教学模式、教学方法，更好地激发学生的学习兴趣，调动其积极性，使课堂教学活动多样化、趣味化、生动活泼、轻松愉快，提高教学效率。

无线网络为我们提供了移动学习的基础设施，移动学习可解决传统教学时空受限的问题，可实现教与学随时随地进行，可开展"Anyone""Anytime""Anywhere""Anystyle"的4A学习模式。大数据为客观评价学习效果及教学质量、科学实施因材施教等指出了方向。慕课与翻转课堂已成为信息化环境下教与学模式研究的热点。但如何构建基于无线网络和大数据，吸收慕课和翻转课堂的优点，又结合我国基础教育班级授课制实际的课堂教学支撑平台呢？为此，我们根据需要设计并构建了云课堂教学模式。

云课堂包含的角色有学生、教师和管理员，他们都可通过Web或者iPad（或其他平板电脑）与服务器交互，实现所需的功能，如出题、出卷、布置作业、考试、做题、批改作业等。Web浏览器与服务器交互主要是给管理员和教师提供图形用户接口，以方便其使用电脑进行系统的管理工作，如系统参数设置、用户管理、题库管理、试卷管理、考试管理和教学质量分析等相关功能。平板电脑与服务器交互可为所有角色服务：管理员可以了解指定教师和班级的情况；教师可以实现实时出题、出卷、布置作业、批改作业、改卷，查询学生学习情况等；学生可以实现实时学习、考试、练习等功能。

以云课堂为核心，我们还设计了"四课型"渐进式自主学习方式。其基本模式是先学、精讲、后测、再学：教师提前通过学生学习的支持服务系统向每个学生发送资源包，包括导学案、课件、测试题及有关学习资源（包括微视频等）；学生参考资源包，依据课本进行预习自学，并记录问题或疑问；学生通过平板电脑或其他媒介展示反馈学习成果，或通过学生学习支持服务系统进行前测，通过测试展示学习成果或问题；对反馈回来的重难点内容可由学生或教师进行点拨，在充分质疑、交流的基础上进行归纳总结（教师与学生互动）；最后通过学习平台进行练习评价课，系统自动统计测试成绩并对其进行分析，之后由学生、教师或系统进行讲评。

这种课堂教学支撑平台支持下的课堂教学可满足以下诉求：第一，满足课堂教学的要求。慕课和翻转课堂无法支持课堂教学的各方面要求，而云课堂可支持课堂教学的各个环节，包括备课、上课、提问、课堂练习、单元测验、考试、学生评价等，并具有可操作性和方便性。第二，可随时随地组织课堂教学。慕课授课形式具有局限性，翻转课堂不能实时地进行课堂教学，云课堂则在无线网络的支持下，可以不限时间和地点地组织课堂教学。第三，支持各种形式的教学模式，其中包括慕课模式和翻转课堂模式。第四，支持因材施教。基于大数据，云课堂可以自动或人工地获取教学行为、学习行为等数据，建立评价体系和数据挖掘模型，客观评价学习效果、教学效果、学生分析等，从而根据这些数据和评价信息，实施因材施教。第五，支持教学资源开放、共享。原则上，云课堂支持各种形式的教学模式和学习方式。

二、云课堂中师生的自主学习角色

（一）学生角色

学生进入云课堂后会看到自己未完成的任务，其中包括教师发布的考试、作业和学习资源；能够查看自己制定的学习任务，如查看学习资源和错题练习等；系统会根据学习曲线算法在适当的时间给学生布置相应的学习任务，如学生长时间没有复习和练习某个知识点时，系统会将相应的学习资源和练习推送给学生进行复习和练习。

学生可以查看自己最近一段时间的学习记录，及时了解自己的学习情况。学习记录中包括最近学习了哪些资源以及学习每一种资源所用的时间、测试情况的反馈，包括每一个知识点测试题目的数量、正确率等信息。平时考试、做作业会产生错题，利用好这些错题可以有效提高学习效率。学生可以利用云课堂的"错题本"功能，根据时间顺序（倒序）、试题错误次数（倒序）、知识点归类和随机这几种方式查询最近的错题，每一道错题都可以进行即时练习，每一次练习都自动存入系统，并根据结果的对错调整该错题的权重。同时，系统可以自动推送与某道错题相关的知识点和学习资源，以方便学生进行针对性的学习（因材施教）。另外，云课堂的考试、作业功能可以根据学生的学习记录自动剔除学生已经牢牢掌握的试题，从而缩短学生的学习时间，提高其学习效率。学生可自主地在题库中以随机（由系统根据算法进行预筛选）或指定筛选条件等多种方式抽取试题来进行学习。系统会根据学生的特点推送与掌握不好的知识点相关的试题供学生进行练习（缩短学习时间）。同时，系统可根据高分学生的学习记录，推送这部分学生的学习资源和练习题供当前登录的学生进行练习，并根据练习题的测试情况调整推送参数，以探索最适合该学生的学习模式。针对每个学生的不同学习特点，系统能够对学习资源进行有效分类从而将知识点和学习资源建立网络结构，并根据教师指定的难度和实际测试过程中形成的难度数据建立分层结构（海量资源分类）。

（二）教师角色

教师可利用平板电脑或其他方式出题，同时指定试题的属性，如关联的知识点、体现的能力和难度系数等。对于试题的难度系数，系统可以根据学生答题的情况计算出来，自动将错误率较高的题目推送给教师并给出相应建议，从而优化题库。为了提高教学效率及资源利用率，系统可以统计每个资源的使用情况，包括学习次数和时间等，并针对使用过于频繁或者过少的资源推送通知。同时，系统还可以监控学生学习指定资源的情况，包括近期学了哪些资源、投入时间如何、成绩如何等，从而更准确地了解学生的学习情况，提高课堂教学效率。

教师可以通过考试系统发布随堂练习，及时查看学生对学习的掌握程度，以便当堂解决学生在本节课学习中存在的问题。考试系统可以根据历史数据，对试题库中的试题进行预筛选，剔除正确率非常高、近期出现频率过高的试题，同时将错误率过高、近期很少出现的试题前置显示，为教师提供更多的建议，从而提高出题质量，实现因材施教。在体现个性化教学方面，系统中的学生学习情况查询功能可以使教师了解学生的整体情况，包括错误率较高的知识点和题目；同时，将查询到的数据与相应学生学习资源的时间投入情况进行对应，以协助教师分析学生失分的原因；还可以针对指定学生，了解其最近的学习档案和考试、练习情况，包括其薄弱知识点、资源学习的盲区等，以便针对个体给出个性化的学习建议。

三、营造师生及生生互动的学习空间

（一）师生、生生互动

云课堂采用先学、精讲、后测、再学，并有教师参与的教学模式。在云课堂中，教师根据学科类型、知识点特点、学生特点、教学目标与教学内容等，可采用灵活多样的教学方式，并且且系统可自动记录学生行为和教师行为的数据。

教师根据系统提供的数据可以了解每一个学生的学习情况，学生也可以通过"点赞"或"不赞成"，"笑脸"或"哭脸"等方式对某知识点的学习心情、学习效果、教师讲解等情况做出直观的回应。学生之间可以针对某知识点的学习进行竞争学习，教师和学生之间可针对某知识点发起话题讨论等，在课堂教学中实现师生、生生互动。更重要的是，这样可采集到用于学生分析和管理的真实数据。

（二）个性化学习

在课堂教学中，虽然学生是在教师的安排下进行有序学习，但课上时间主要集中在教师对疑难问题的解答或教学内容的精讲上。而那些在课上没学会或缺课的学生，则可以在课外登录云课堂，自主学习与在课堂教学中相同的内容。在课外，系统会根据每位学生的学习路径和近期的学习情况，针对教学过程中的重难点和每位学生学习过程中的错误点进行个性化推荐。根据系统记录的学生错误试题的数据，教师也可以进行个性化指导。

（三）学习轨迹与成长记录

云课堂可以详细记录学员的学习过程和学习习惯等相关数据，再加上教师的指导，更能充分发挥这些数据的作用。

第二节　云计算网络移动自主课堂的改革突破

云课堂是基于无线网络构建的课堂教学支撑平台，它充分吸收了无线互联的优势，教师可根据教学目标、教学内容、教学方法等，利用教学资源支持备课、上课等教学环节，并建立知识点之间的内在联系。

一、构建自主学习的移动课堂

自主学习（意义学习）是相对于被动学习（机械学习、他主学习）而言的，它是指教学条件下学生的高质量的学习。概括地说，自主学习就是自我导向、自我激励、自我监控的学习。学生可以明确提出课前自学，并提出疑问。教师可在课堂上引导学生进行分组讨论，解决问题，对于一些共性问题进行点拨。

我们要强调自主学习、合作学习、探究学习，要把所有学生的学习都提高到自主学习的高度。自主学习就是学生自我导向（明确学习的目标）、自我激励（有感情地投入）、自我监控（发展学生的学习策略和思考策略）的过程。作为教学的一个目标，应通过解决具体真实的问题来更好地明确解决问题所依据的原理。让学生能够把这一原理应用到更广泛的情境中去。原有的试图说服学生、命令学生、简单重复已有的正确结论的学习方式不仅禁锢了学生的思想，剥夺了学生质疑的权利，更压抑了学生的创造潜能。

自主学习具有以下几方面的特征：学习者参与确定对自己有意义的学习目标，自己制定学习进度，参与设计评价指标；学习者积极发展各种思考策略和学习策略，在解决问题的过程中学习；学习者在学习过程中有情感的投入，学习过程有内在动力的支持，能从学习中获得积极的情感体验；学习者在学习过程中对认知活动能够进行自我监控，并做出相应的调适。

自主就是尊重学生学习过程中的自主性、独立性，在学习的内容上、时间上、进度上更多地给予学生自主支配的机会，给学生以自主判断、自主选择和自主承担的机会。过去的课堂是教师主导学生学什么、什么时间学，学生始终处于被动状态，这种过度控制压抑了学生学习的兴趣和在学习过程中的美好体验。自主学习可以有效地促进学生发展，大量的观察和研究充分证明，只有在此种情况下，学生的学习才会是真正有效的学习。学生会感觉到别人在关心他们，对他们正在学习的内容很好奇，同时也会积极地参与到学习过程中，在任务完成并得到适当的反馈后，他们看到了成功的机会，也对正在学习的东西更加感兴趣并觉得富有挑战性，感觉到他们正在做有意义的事情。例如，弗莱明发现青霉素的过程，反映了自主学习及时发现问题、提出问题、解决问题的过程。

二、构建合作学习的移动课堂

合作是对教学条件下学习的组织形式而言的，相对的是"个体学习"与"竞争学习"，是学生之间和师生之间的互动合作、平等交流。在合作学习中，学生不再是孤立的学习者，而是愿意与同伴一起合作学习，与人分享学习与生活中的失败与成功的体验者。合作是一种开放的交流。培养学生合作的品质，可使学生乐于与他人打交道，这是培养人的亲和力的基础。合作学习是学生在小组或团队中为了完成共同的任务，有明确的责任分工的互助性学习。它有以下几个方面的要素：积极承担在完成共同任务中个人的责任；积极地相互支持、配合，特别是在面对面的促进性的互动中；期望所有学生能进行有效的沟通，建立并维护小组成员之间的相互信任，有效地解决组内冲突；对于个人完成的任务进行小组加工；对共同活动的成效进行评估，寻求提高其有效性的途径。

合作动机和个人责任是合作学习产生良好教学效果的关键。合作学习将个人之间的竞争转化为小组之间的竞争。如果学生长期处于个体的、竞争的学习状态之中，久而久之，学生就很可能变得冷漠、自私、狭隘和孤僻，而合作学习既有助于培养学生合作的精神、团队的意识和集体的观念，又有助于培养学生的竞争意识与竞争能力；合作学习还有助于因材施教，可以弥补一个教师难以面向有差异的众多学生教学的不足，从而真正实现使每个学生都得到发展的目标。在合作学习的过程中，由于有学习者的积极参与、高密度的交互作用和积极的自我概念，因而教学过程远远不只是一个认知的过程，同时还是一个交往与审美的过程。

研究表明，如果学校强调的是合作，而非竞争，既不按智力水平分班，又不采取体罚的措施，那么在这样的学校里就不太会发生以大欺小、打架斗殴以及违法犯罪等事件。事实证明，要提高一个孩子的学习成绩，更有效的办法是促进他的情感和社会意识方面的发育，而不是单纯地集中力量猛抓他的学习。合作学习可以帮助学生通过共同工作来实践其社会技能。合作式的小组学习活动可以培养学生的领导意识、社会技能和民主价值观。

三、构建探究学习的移动课堂

"把课堂还给学生"即教师要积极地在课堂上开展探究式教学，让学生不仅知其然，还要知其所以然。探究教学的含义是：在教学过程中以具有教育性、创造性、实践性、操作性的学生主体参与活动为主要形式，以鼓励学生主动参与、主动探究、主动思考、主动实践为基本特征，以教师合理的、有效的引导为前提，以实现学生各方面能力的综合发展为目的，促进学生整体素质的全面发展。

与探究学习相对的是接受学习。接受学习是指将学习内容直接呈现给学习者，而在探究学习中学习内容是以问题的形式来呈现的。和接受学习相比，探究学习具有更强的问题性、实践性、参与性和开放性。通过探究过程以获得理智和情感的体验、建构知识、掌握解决问题的方法，这是探究学习要达到的三个目标。"记录在纸上的思想就如同某人留在沙上的脚印，我们也许能看到他走过的路，但若想知道他在路上看见了什么东西，就必须用我们自己的眼睛。"德国哲学家叔本华的这番话很好地道出了探究学习的重要价值。探究学习也有助于发展学生优秀的智慧品质，如热爱和珍惜学习的机会，尊重事实，客观、审慎地对待批判性思维，理解、谦虚地接受自己的不足，关注美好的事物等。

探究创新就意味着不故步自封、不因循守旧、不墨守成规，总是试着改变，所以创新、探究和发展是健康人格的重要组成部分。缺乏创新意识和能力的人的人格是不完善的，一个自我实现的人总是带有开拓进取、勇于冒险的精神，不会固守不变的东西得过且过。探究学习即从学科领域或现实社会生活中选择和确定研究主题，在教学中创设一种类似于学术（或科学）研究的情境，学生通过自主、独立地发现问题、实验、操作、调查、信息搜集、处理表达与交流等探索活动，获得知识、技能，发展情感与态度，特别是在探索精神和创新能力方面开发学习方式和学习过程。

中学探究性教学过程：启发引导→自主研究→讨论深化→归纳总结→应用创新。这种探究学习教学的基本思路是，先明确学习目标，带着问题去学习探索新知识，可通过预习列出知识框架并找出疑难点，然后查找资料，尽可能地先解决此时所发现的疑难点。在课堂上，教师要走下讲台，到学生中间去，当好"导演"，要调动好课堂气氛，让学生在课堂上有问题提、有问题探究，有问题通过小组合作来解决；要允许学生发表不同的观点，教师只在一些科学性的问题上给予明确答案，适时进行点拨指导，如果学生提不出问题，教师就要事先准备好有探究性的问题，不同类型的内容有不同的探究方法，如有对新的知识点的探究，有对概念间的区别的探究，有对科学家研究问题思路的探究，有探究性实验的设计，有探究性问题的资料研究，有对照实验设计的探究，有对实习、实践等问题的探究等。总之，新课程教学要真正体现把学习知识的主动权交给学生，那种靠教师唱独角戏，采取满堂灌或满堂问的做法都不能适应新课程改革的需要。

四、教师落实移动课堂的教学模式

教师走下讲台，创造活跃的课堂氛围，可以使学生迅速进入情绪高昂、智力振奋的内心状态，从而有效地促进学生思维方式以及思维过程中能力的迁移，达到培养学生联想类比能力的目的。这就是"激趣—探究"教学，其基本模式为：激发兴趣，提出问题，做出假设；设计方案，分组实验，合作探究；分析数据，发现规律；综合考虑，得出结论。这使课堂真正成为一种民主、和谐、共进的平台，最大限度地提高了学习的自由度。这种教学模式改变了师生在课堂中的角色定位，使学生成为课堂的主角，使教师担当了"导演"，通过教师的"导"，让课堂成为一个真正的"学习共同体"；使教师与学生能够分享彼此的思考、经验和知识，交流彼此的情感、体验和观念，共同创建一个"合作型的课堂"；使师生在合作的过程中都能有所收获，真正实现师生的共同发展；使教学从"主体失落"走向自身觉醒，教学觉醒意味着教学主体的回归，教学觉醒意味着教学过程是一种对话；使学生从边缘进入中心，这种教学模式需要重视学生的多元化，需要教学回归到学生的现实生活。

关注学生作为"整体的人"的发展，是指"为了每位学生的发展，让每一位学生都自信，使每一位学生都成功"，就要谋求学生智力与人格的协调发展。倡导个性化的知识生成方式，是指学校教学应促进学生发现和创造的兴趣，满足学生主动认识世界的愿望，使学生形成独立思维的习惯以及终身学习的能力。我们所处的时代是一个知识激增的时代，知识浩瀚无边，教师所能教给学生的只是知识总量中极少的一部分。学生只有通过自己主动地探究学习，才能形成对自然界客观的、逐步深入的认识，形成一定的概念和概念体系。变"组织教学"为"动机激发"，变"讲授知识"为"主动求知"，变"巩固知识"为"自我表现"，变"运用知识"为"实践创新"，变"检查知识"为"互相交流"。

第三节　构建网络移动自主课堂教学的重要性

网络移动自主课堂是对传统课堂的变革，是在优秀教师的指导下，先学后教的课堂教学模式。它以发挥学生参与性与主动性为目标，充分尊重学生各方面的差异，注重学生个性发展；它在知识高效传送的基础上，推动课堂教学从"知识导向"向"综合素质导向"转变。

一、网络移动自主课堂的价值定位

网络移动自主课堂，是利用当前多媒体技术的条件和大数据分析的优势，为改变学生学习方式和教师教学方式所做的一种教学改革尝试。它是指把由教师重复讲授的内容，如概念讲解和事实展示等放在课堂教学之前，通过视频或其他形式来供学生学习，从而让学生学习更加主动，让学生逐步学会对自己的学习负责。同时，在当前信息化的社会背景下，网络移动自主课堂可以充分利用多媒体技术，实现教与学的及时互动与信息反馈，把握学生的个体差异，强化教育教学的针对性，使学生的个性发展尽可能地得到满足，尝试为班级授课制背景下学生的个性化学习提供可能和载体；它使学生在课后高效学习的基础上，能够更加充分地利用课堂上的宝贵时间，用于学生完成作业、合作学习、动手操作、探究创造等，实现从"知识导向"向"知识与能力融合"，"认知导向"向"认知与情感统一"的转变。

（一）网络移动自主课堂的指向让学生对自己的学习负责

从事网络移动自主课堂的研究者和实践者一再强调，让每个学生自己而不是教师和家长对学生的学习承担责任。个体终究要独立面对社会，处理各种复杂的社会问题。培养个体的自主自立意识和能力，既是一个社会问题，更是一个教育问题。在基础教育阶段，如何培养学生的自主学习能力，让学生自己而不是教师和家长对其学习负责，是学生学习成功的关键所在。当然，学生自主学习意识的培养、自主学习能力的养成都很难自然形成，需要教师和家长共同培养和教育。

在我国，学生的自主学习能力同样受到教育者的关注。有学者曾提出学生学习的"三个当家"的理论，即自己当家、他人当家、无人当家。在其他条件相似的情况下，如果孩子能对自己的学习负责，能自己当家，其学习以及今后的发展一般都比较好，在今后的社会生活中抗挫折的能力也较强；如果是教师和家长等他人为孩子的学习"当家"，其学习有的也不差，但是在未来的生活中，他们依赖性较强，独立性较弱；如果没有人为孩子的学习"当家"，在大多数情况下，这些孩子学习不会好，在未来生活中也会产生各种问题。这一事实表明了孩子自主学习意识和能力的重要性。

然而，在一家只有一个孩子的情况下，家长对孩子生活的过度关照、教育的激烈竞争导致的学校对孩子学习的过度安排，使不少的孩子很少有机会发展其自主的意识和能力，这对其在校学习、在社会中生存等都不利。如何培养孩子的自主学习意识和能力，已成为全球教育者共同关心的重要课题。

网络移动自主课堂作为一种"先学后教"的模式，在促进学生自主当家方面有着天然的优势。这一优势表现为：自定进度与步骤的自主学习方式有效地减轻了学生的心理负担，增强了学生主动参与讨论的积极性。

在班级授课制的情况下，教师在课堂上无法面对个别学生进行讲授，这样就会出现在部分学生并没充分掌握相关学习内容的情况下，教师已完成了他的授课任务。一句"大家都懂了吗"，似乎在提示不懂的学生可以提问（只要有学生提出问题，教师也是愿意为其做出进一步指导的），然而现实往往是，在课堂上很少有学生会经常地提出问题，因为他们害怕被别的同学认为自己比别人笨。

在微视频学习的基础上，学生初步掌握了基本的知识，他们在课堂上感到自己有话可说，有话能说，由此，在课堂讨论中的参与性就得到了极大的提高。

心理学的研究表明，人的任何行为都是由其动机所推动的。这种动机有时是内部的，譬如，对阅读本身的喜欢、对探究知识的兴趣、对实验过程的好奇等，但是对学生尤其是低年级的学生而言，学习的动机更多是外部的：学得好就有更多机会在同学面前展示，就有机会教自己的同伴；学得好就能够得到教师的表扬、家长的鼓励、同学的赞扬等。网络移动自主课堂给了学生展示自己的舞台，这无疑对学习自主性的增强有着极大的意义。这是他们迈向自己对学习负责、自己对未来生活负责的第一步，其意义绝不能低估。

很多人都担心：中小学生中不乏一批自律性还不是很高的孩子，课后学生不学微视频怎么办？回到家中，手中拿着平板电脑，学生只玩游戏，不学课程怎么办？其实，这些问题就像我们现在问"学生回家不做作业怎么办"一样。微视频的学习要比做作业更"好玩"，更适合学生的"玩"的天性，因此，它要比作业更能吸引孩子，在这一判断的基础上，可以合理地假定，课后不学微视频孩子的比例不会超过不做作业的孩子。

当然，可以肯定地说，在任何时候都会有一些孩子抵挡不住外界的诱惑，出于贪玩的本性，课后不学微视频，或借学习的名义在网上玩游戏等。现代数字技术已经发展到了可以实时了解学生在线学习情况的程度，因此，就为家长与教师实时干预学生的学习，或者帮助学生树立良好的学习习惯提供了技术支撑。

事实表明，孩子贪玩并不可怕，因为贪玩是孩子的天性。对教育而言，可怕的是让学习成为可怕的事。而网络移动自主课堂旨在转变这种状态，让学生喜欢学习，让学生发自内心地感到学习是自己的事，而不是为了应付家长与学校布置的作业，最终让学生能对自己的学习负责。

（二）网络移动自主课堂的目标——让每个学生成为最好的自己

客观地说，现行的课堂是在历史发展过程中形成的，与特定的历史阶段相匹配，它有着极大的合理性。然而，随着社会的发展，人们对教育的要求越来越高，它的一些弱点也逐步地显现了出来。

1. 整齐划一的教学步骤

在班级授课的模式下，面对着数十个学生，教师很难照顾到学生的个体差异。教师只能以大体相同的教学进度来面对各不相同的孩子。然而每个孩子都是独特的主体，智能发展、人格倾向、个人喜好都有所不同，教师的教学活动一般都很难照顾到个体之间的差别。一种教学方式适应一部分学生，另一部分学生可能感到无所适从。课堂中以教师的教为主，学生学习被动，学生学习什么、如何学习、什么时候学习、学到什么程度等，都是被规定好的，学生只有被动地按照教师设计的轨道前进。

然而，每个学生都是独特的个体，有着不同的学习速度和学习风格。一个班级内，对于同一内容，有的学生很快学会了，有的学生可能需要花费更多的时间才能学会；有的学生喜欢听讲的方式，有的学生可能喜欢看演示的方式，还有的学生可能需要亲自动手操作才能学会；一个学生学习数学很轻松，但是写作文就很吃力，另一个学生正好与此相反；有的学生喜欢分析各种物理现象，还有的学生擅长手工实践等。

在传统的班级授课制的教学方式下，教师按照相同的课程标准、同一本教材、同样的学习时间、同样的教学方式，来面对这些学习有个性差异的学生。显然，有的学生很快学会了，觉得教师再讲解就很啰唆；有的学生刚好学会；还有的学生跟不上教师的节奏，没有完全弄明白教师说的内容。下课时间到了，教师离开教室。课程进展到同一程度，留下了同样的作业，学会的学生作业很快完成了；学得不好的学生会一直困惑。第二天，延续同样的模式，困惑的学生会越来越困惑。教学实践表明，只有学生每一步的发展得到保障，学生最终的成才才能得到保障。对绝大多数后进生来说，他们在学业上的落后并非天生的，而是在学习过程中慢慢积累的。今天的学习比别人差一步，明天的学习再差一步，长此以往，"欠债"越来越多，无从补起。

其实，按照布卢姆的观点，后进生和其他学生的差别，就在于他们学习同一内容所需的时间更长，如果时间允许，再加上有适合他们的学习材料，95%的学生都可以达到掌握的程度。

2. 相对滞后的教学反馈

教师夹着厚厚一摞作业本走进教室，课后又带着一摞学生新交的作业本走出教室，这是目前我们在学校最常见的情景。如前所述，作业是学生巩固所学知识的重要手段，也是教师了解学生日常学习情况的主要途径。教师在课堂上布置作业，学生在课后完成作业，教师从学生完成的作业中了解他们学习的情况，这是当前教学的常态。师生们已经习惯了这样的教学反馈模式。然而，事实上，当教师在隔了一堂课后即使准确地了解了学生学习的情况，也已经很难在课堂上及时并有针对性地采取补救的教学措施。

与此同时，教师批改作业也已成了很大的负担，以致出现了一些教师采取抽查作业甚至让学生互批作业的情况。客观上这已使作业失去了教学反馈的功能，只有在学生学业上的问题积累到了一定程度后，教师才能发现他们存在的问题。也就是说，教学反馈的相对滞后在相当程度上影响了教学质量的提高。

3. 多数沉默的互动现实

为改变课堂教学中学生被动接受的现状，近年来，不少学者和教师做出了诸多探索和不懈努力，如减少班级规模，尝试班级内的同伴互助、小组合作等策略都是这方面的探索。在实践过程中，这些措施都取得了一定的积极成效，但是在教学流程不变的情况下，其效果注定都是有限的。

在大班授课的情况下，人们看到，在班级互动环节中，比较活跃的总是那么几个"尖子"学生，他们思维敏捷，性格开朗，在师生互动中积极带头；而另一批学生往往成了"沉默的多数"，他们或者很少发言，或者只是在被教师点名以后才发言，或者跟在"尖子"学生后面发言，他们担心自己对教学内容理解不深、掌握不透，因而发言水平不高，有可能被教师和同学小看。长此以往，就造成了班级内的成绩分化。

4.让每个学生成为最好的自己

如何让教学顺应学生的差异，从而为每个学生的充分发展提供指导和帮助，一直困扰着全球的教育工作者。网络移动自主课堂让每个学生成为最好的自己成为可能。

首先，"先学后教"的模式为在教学过程中给每个学生提供公平的机会创造了条件。学生的差异是客观存在的，然而，作为一种"先学后教"的模式，学生在课下就已经掌握了基本的知识，尽管他们掌握这些知识所花费的时间，以及所采用的方式可能各不一样，但是，由此他们就有了在课堂讨论中的发言权，他们就不再甘心于充当"沉默的多数"这样的角色，他们也要在班级各种活动中积极参与，找回自信。

此外，及时而非滞后的反馈使得教师极大地提高了教学的针对性，而无须等到问题成堆以后再去解决。对于少数学生的个别问题，现代数字技术能够方便地找出其存在的原因，从而使得这些个别问题也能得以解决。

多种途径的学习为不同思维类型的学生找到适合自己学习的方式提供了更多选择的机会。凯特林·塔克在以"网络移动自主课堂：超越视频学习"为题的论文中指出："慕课学习和网络移动自主课堂的魅力在于，它让人们意识到了学习可以有多种媒介和途径，而不仅仅是在课堂内。事实上，一段在线教学内容，人们可以找到多种表述方式的视频，张教师的没看懂，可以再换李教师的，学生总能找到一段适合自己的。""不让一个学生掉队，让每个学生成为最好的自己"就是网络移动自主课堂的目标。

（三）网络移动自主课堂的追求——让教育从知识本位走向综合素质本位

所谓综合素质，当然包含学生的认知、情感与身体各方面的素质。所谓教育从知识本位走向综合素质本位，也就是说教育要从以往只注重知识的掌握，走向也要注重学生能力，主要是学生高级思维能力的发展，同时更要注重学生态度、情感、价值观的养成，注重学生身体与心理的健康。从知识本位走向综合素质本位，是社会发展对教育的要求。重视学生综合素质的培养，尤其是价值观的养成，是基础教育阶段自始至终的重要任务，并在当前越来越受到世界各国的重视。2012 年 9 月，联合国总部启动了《教育第一》的全球倡议行动，倡议指出，教育应充分发挥其培育为人之道的核心作用，培养全球公民意识，帮助人们构建更公平、和谐和包容的社会；在教育内容上更加强调价值观的培养。对社会发展的研究表明，人才培养目标至少应该包括以下几个方面。

1. 国际视野与本土情怀的融合

《国家中长期教育改革与发展规划纲要（2010—2020 年）》（以下简称《纲要》）特别强调了教育的国际化，这是非常重要的。现代人需要有国际视野，要懂得国际社会，要理解各国文化，通晓国际规则，适应国际竞争，能在国际舞台上贡献自己的一份力量。

与此同时，我们不能忘记，在让学生有国际视野时，还要让他们爱家乡、爱土地、爱祖国。国际化并不是把更多的孩子送出国，或者使更多的孩子在学期间有更多的国际交流的机会。爱国是社会主义也是中华民族的核心价值观之一。国际视野与本土情怀的融合就是要让孩子热爱祖国、热爱家庭、热爱父母，这几项缺一不可。一个人如果对家庭都不热爱，对家乡都不热爱，就很难有什么东西再值得他热爱了。

2. 精英素质与平民意识的结合

一些优质学校提出，要培养各行各业的领袖人才，当然，这里所说的"领袖人才"不一定是政界的领袖，可能是 IT 界的领袖，引领 IT 技术的发展；可能是物流界的领袖，引领物流业的发展；可能是商贸界的领袖，带动商贸界品质的提升。

中国的发展呼唤在每个行业的国际竞争中都能涌现出领袖级的人。社会需要这批精英，他们能为社会带来财富，创造财富。但是千万不要忘记，这些精英一定要有"平民"的意识，要培养他们理解创造财富是为了解决民生，是为了服务大众，是为了每个百姓；要使他们能够关注社会中的弱势群体。那些高高在上、整天在炫富的"精英"不是我们教育的追求。为此，我们要特别强调把"精英素质"和"平民意识"结合起来，否则这些所谓的"精英"可能是飞扬跋扈的，他们最终也会被社会所抛弃。

3. 科技能力与人文素养的统一

没有科技的进步就没有经济和社会的发展，就不可能有产业的提升和转型。

因此，我们培养的人才还需要有人文素养，有人文关怀，能够始终从人性出发，从而以高质量的人文素养把握科技发展的方向。唯有如此，我们的社会才有可能持续地发展，我们的地球才有可能持续地成为人类栖息的家园。

现在社会发展在很大程度上是依赖于高科技的。为此，学校要让学生懂得科学，懂得技术，这样他们才能为社会创造财富。但是客观地说，相比较而言，当今社会的人们对科学技术重视有余，而对人文精神敬慕不足。所以我们要珍惜生命、关爱他人，要有人文的情怀、人文的素养。所谓人文情怀，就是要关注生命的意义、生命的价值，学会相互理解，懂得包容和谐。

4. 身体发展与心理健康的和谐

身体健康是当前几乎全社会都给予了高度关注的问题。《纲要》提出，中小学生每天要锻炼一小时，《纲要》是一个很宏观的文件，却把这么细小的一个点写进去，可见这个问题的严重性，值得教育工作者反思。

我们发现，那些最关心、最疼爱学生的父母和教师都在想方设法地把各种学习负担加给学生。因为他们相信，只有多学点知识，他们的孩子才会有更美好的未来，让孩子多学点知识，这是对孩子前途负责的唯一选择。

应当承认，家长在这一问题上的选择有非常理性的一面。从家长方面来说，他们看到了未来社会的竞争将日趋激烈，同时，他们对孩子的期望也在不断提高。家长对未来社会的竞争将日趋激烈的预期，应当说是基本正确的，对孩子的期望不断提高也是无可指责的。因为教育在客观上存在着选拔的功能。从某种意义来说，通过教育来选拔人才是最公正的选拔。通过教育来选拔人才从本质上来说，是根据人的能力来选拔，它比起根据家长的社会地位和经济地位来选拔要公正得多。它推动了社会的进步和文明的发展。成年人喜欢把今天学生在课堂上的学习看作是为了未来生活的准备，并提出所谓的"痛苦的童年是未来幸福人生的必要牺牲"，而事实上，学生的学习生活是其人生的重要组成部分，而童年只占了很少的一部分。学生接受现代教育，如果到高中毕业就已经在学校中度过了 12 年的时间，再到本科毕业需要 16 年时间，如果博士毕业则需要长达 22~23 年的时间。这部分的时间是人生重要的组成部分。如果学习是痛苦的，会对学生未来的人生产生一辈子的影响，甚至有可能造成他们出现反常行为和反社会的倾向。过重的学习负担不仅会使学生失去童年的乐趣，影响他们身体的发展，造成他们心理的压抑和思维与创新精神的下降，严重的还会表现在社会中行为的失常。

当然，总体而言学习总是艰苦的，为此，我们要鼓励学生为了社会的发展，为了他们自身人生价值的实现，在今天要努力地学习，要鼓励他们有克服各种学习困难的毅力与勇气。但是，当学习成为一种折磨，而这种折磨超出了学生心理承受能力的时候，作为社会、家长和教育工作者，难道我们不需要认真考虑：我们让学生付出的代价是否太大，是否值得？尤其是，当学习的量超出了学生心理的承受能力，而致使学生表现出一些反常的行为的时候，我们有没有思考过社会为此付出的代价是否太大，是否值得，是否有可能减少不必要的代价。

从这一事实出发，我们对家长和教师的建议是：千万别逼你的孩子或你的学生去学超出他能力的，或他不愿去学的东西。每个孩子都是不一样的。人家孩子能做到的，你的孩子未必能做到；人家孩子能学好的，你的孩子未必能学好。当然，你的孩子能做到的，人家孩子也未必能做到；你的孩子能学好的，人家孩子也未必能学好。最好的学习，是和你的孩子或学生兴趣相配的学习。学习不能只考虑学生的兴趣，也不能不考虑学生的兴趣。看到人家孩子在哪一方面成功了，就希望自己的孩子在这方面也能成功，不从孩子的实际出发，往往是教育失败的开始。

5. 鲜明个性和团队意识的协调

没有个性就没有创造。每个人都应该有自己的个性。你是你，我是我，人家一看就知道。然而，不管人有什么个性，在现代社会中，都要讲团队、讲协作。所以，人们希望今天的教育所培养的孩子的个性是鲜明的，同时又是具有团队协作意识的，能在未来社会当中成为一个能够交流的、健康生活的人。重视知识的传递，一直是教师职业的重要表现。新课程改革虽明确提出对学生培养的三维目标——知识与技能、过程与方法、情感态度价值观，但由于受到当前考试评价体制的制约，过程与方法、情感态度价值观的内容很难在纸笔测试中体现出来，导致在当前的教学过程中，被师生所重视的依然主要是知识的记忆、理解和应用，而过程与方法、情感态度价值观的教育和培养处于被弱化的状态。

有不少人一直心有疑虑：慕课是否适合于中小学教育？在他们看来，中小学是孩子们人生观、世界观与价值观形成的主要阶段，虚拟的网络世界阻断了师生，甚至阻断了生生之间的面对面的交往。这种交往的缺失，必然会导致学生在情感、态度、价值观方面教育的缺失。事实上，在中小学，慕课一开始就是以"微视频+网络移动自主课堂"为基本的模式，而这一模式为师生与生生之间的更深入交流提供了充分的时间，为他们相互之间产生更深刻的影响提供了难得的机会。

微视频学习是网络移动自主课堂实施的前提，而网络移动自主课堂的目的是为了解决微视频学习不能解决的问题，如师生和生生之间的讨论交流，以及在此过程中的思维碰撞与深化、情感与心灵的交融、理想信念价值观的确立等。而这些都是需要在课堂上完成的，微视频学习和网络移动自主课堂的实施是密不可分的。

这一事实就决定了网络移动自主课堂不会削弱对中小学学生情感、态度、价值观的教育。

二、云计算对网络移动自主课堂教学的重要性分析

（一）有利于学生多元化地获取知识

科学技术的发展，尤其是信息技术的到来，已大大变革了学生的学习方式。电子白板、移动学习终端等学习工具、教学工具的推广和普及，改变了由教师作为单一的知识来源的局面。云课堂教学模式让学生获取的信息量更多，探索的空间更为宽广，可利用的学习形式更为丰富有趣，从而使学生的学习从单一向多元化转变，从被动学习变为主动学习，从而真正成为学习的主人。

（二）有利于激发学生学习的热情，增加师生的互动

在传统的教学中，如果教师不能用知识的疑点去吸引学生，用优美的语言去感染学生，课堂教学就会呈现教师"单脚跳独舞"的现象。随着时间的推移，学生听得枯燥乏味，教师讲久了自己也觉得没劲。云课堂教学模式最大的好处就是全面提升了课堂教学的互动性，教师的角色已经从"内容的呈现者"转变为"学习的教练"，教师有时间与学生交谈，回答学生的问题，或参与到学习小组观察学生之间的互动，对每个学生的学习进行个别指导。在这样的环境中，学生更深刻地体会到了教师是在引导他们的学习，而不是发布指令，也不会因怕答错问题而拘谨，而是轻松、自信、想学、有意义。

（三）有利于让学生掌握学习的主动性

每个学生的学习能力和兴趣是不同的。在传统课堂教学的方式中，最受教师关注的往往是看起来"最好"和"最聪明"的学生，他们在课堂上积极举手、响应或提出很棒的问题。而与此同时，其他学生则是被动地在听，甚至跟不上教师讲解的进度，也无法真正实现分层教学。云课堂教学则利用教学视频，使学生能根据自身情况来安排和控制自己的学习深度，真正实现分层教学，每个学生都可以按自己的速度来学习。学生可以在课外或回家看教师的视频讲解，使得其学习完全可以在轻松的氛围中进行，而不必像在课堂上教师集体教学那样紧绷神经，担心遗漏什么，或因为分心而跟不上教学节奏。学生观看视频的节奏快慢全由自己掌握，懂了的则

快进跳过，没懂的则倒退反复观看，也可停下来仔细思考或做笔记，甚至还可以通过聊天软件向教师和同学寻求帮助。

（四）有利于改变课堂管理模式

在传统教学课堂上，教师必须全神贯注地注意课堂上每个学生的动向，关注自己所讲的每一个知识点是否讲清、讲透。大家都清楚，讲课不可能每一节都有趣，一旦知识较难或教师准备不充分，或一些学生稍有分心就会有跟不上的情况出现，学生就会感到无聊或搞小动作甚至影响其他人学习。实施云课堂教学模式，使每个学生都在忙于活动或小组协作，这样使缺乏学习兴趣而想捣乱课堂的学生也有事可做，"表演失去了观众"，课堂管理问题也就消失了。

（五）有利于让教师与家长深入交流

云课堂教学模式改变了教师与家长交流的内容。大家都记得，每次开家长会，父母问得最多的是自己孩子在课堂上的表现和成绩如何。比如，是否专心听讲，行为是否恭敬，是否举手回答问题，是否完成作业，等等。这些看起来很普通的问题，其实在那种情境回答起来却很片面、很笼统。而在实施云课堂教学后，在课堂上这些问题也不再是重要的问题，取而代之的是：孩子们是否在学习？如果他们不学习，家长能做些什么来帮助孩子学习呢？这些更深刻的问题会带领教师与家长商量如何把学生带到一个学习的环境，从而引导学生主动地去学习，帮助学生成为更好的学习者。

总之，经过云课堂教学后，教师有精力、有时间去获取新知识和新理念，以便不断丰富自己。这样在45分钟课堂上教师不再是满堂灌，而是用高度概括的语言把知识精要在学生最需要的时候讲给学生，课堂中更重视知识的生成过程，以及教会学生归纳概括的能力。这样便能做到有的放矢，真正做到讲课的高效、学习的高效、时间的高效、效果的高效。

（六）有利于转变传统的教学模式

在传统的教学过程中，以教师讲解和学生听讲为主，然而在这种传统的教学模式下，出现了教师很努力但是学生仍兴趣不高的现象，这样的课堂无法形成真正的师生互动，更无法形成真正的生生互动。并且在这种教学模式下，学生的学习兴趣很低，学习效率也很低，尤其是对于以科学和严谨著称的信息技术课程，很多学生的学习积极性本应该很高，但是在传统的教学模式下，必然有很大部分的学生不喜欢信息技术。

网络移动自主课堂教学模式将这种传统的课堂进行了一次翻转，使学生成了课堂的主体，使学生在教师的引导下进行合作探究、互相讨论，彼此之间能够协作竞争、互相提高，并且教师在教学的过程中，其教学水平和业务能力也会有很大提高。

（七）有利于营造个性化的学习环境

在传统的教学模式中，教师如果准备一堂课，理论上这堂课要顾及班级里各个学习层次的学生，而现实是受讲授时间等原因，这堂课的内容仅仅能适合其中一部分的学生，对于其他部分的学生是不合适的。在这样的情况下，新课改所倡导的分层次教学就无法得以实施。而网络移动自主课堂的出现就打破了这一僵局，它要求学生在课前充分地预习课本内容，这样预习课的学习时间就变长了，从而提高了教学效率，并且教师在上课的过程中，利用多种教学情境引导学生相互协作、积极探究，在触发学生学习能动性的同时内化了所学知识。这样的课堂适合于每一个学生，适合于每一个层次的学生，使他们能根据教师发放的学习任务书来达成自己的学习目标。

在利用网络移动自主课堂的时候，电脑的基础知识很重要，但是单纯的信息技术知识很枯燥，学生不喜欢学习这些电脑知识，所以教师可以通过网络移动自主课堂设置一些个性化的学习环境让学生去学习、去应用。比如，现在的中学生对电脑游戏比较感兴趣，所以为了让学生能更好地学习电脑的基础知识，教师可以设置或选择一些有益于学习的小游戏，让学生进行通关式的学习，在通关的过程中，让学生学习电脑相关的硬件知识，这样不仅学生学得比较牢固，并且学生通过探索合作完成整个游戏也会提高继续学习的兴趣，在这个合作的过程中，学生的合作能力也有了显著的提高。

（八）有利于构建互动、协作、探究的学习模式

学习不是一个学生独立完成事情的过程，它需要教师与学生通过交流、互动来共同完成，在这个过程中学生完成了对知识的内化。但是在传统的课堂上，这种对知识的内化实现起来非常难，因为教师面对的是整体的学生，而网络移动自主课堂却将这一内化的过程拉长，学生不仅仅在课堂上可以通过学习得到知识，在课堂外也照样能够习得知识。并且网络移动自主课堂还可以利用多媒体及网络来实现教师授课的随时暂停、反复播放等有利于学生参与其中并且反复观看、揣摩、思考等

行为的实施。并且网络移动自主课堂也能实现教师与学生、学生与学生之间的互动，使学生能够以合作探究小组的形式一起探究，最终达到学会的效果，并且能够灵活地进行知识的应用。

因此，在平时的教学过程中，教师应该专门建立一个学习、交流的平台，然后将自己制作的课件或者是攻克难点和重点的过程放在这个平台上，供学生下载学习，比如，信息库的设计方式、如何发布信息和处理信息等。有了这个平台，学生就可以随时随地地学习、复习这些知识，即使有些学生在上课的过程中没有听懂这些内容，在课下自己学习和再复习的时候，也能慢慢地理解这些内容，这其实就是网络移动自主课堂的一种方式。

（九）有利于促进教学评价的改变

在传统的教学过程中，教学评价的方式简单而又直接，即利用考试成绩来评价学生的学习努力程度和学习态度，但这种方式有一定的局限性。自网络移动自主课堂实施以来，教学评价方式也发生了相应的转变，它不仅仅评价学生的学习结果，还利用学生档案的形式评价了学生的学习过程；不仅仅做到了定性评价和定量评价相结合，更做到了形成性评价对总结性评价的总结和补充；另外，网络移动自主课堂还注重以学生的自评和互评相结合的方式对学生进行评价，不仅仅让学生知道自己有哪些方面做得不足，还可以请同学对自己进行监督和评价，这样，学生能够随时看到自己的不足，也能够随时地根据评价内容来调整自己努力的方向。

第六章 "互联网＋"背景下高校课堂教学模式改革实践

第一节 "互联网＋"背景下高校课堂教学模式改革

随着我国高等教育改革的深化，作为高等院校教学工作重心的课堂教学也在积极探索改革的方法，以适应信息时代对高素质专门人才和拔尖创新人才培养的需要。特别是在"互联网＋"的背景下，高校课堂教学与传统的课堂教学相比存在很多差别。这就要求新时期高等教育的课堂教学模式要紧跟时代的步伐，改革现有的教学模式，实现教学能力和水平的全面提升。

一、高校课堂教学模式变革的动因

（一）传统课堂教学模式的现状

传统的课堂教学模式以教师讲、学生听为特点，当下大学生多为00后，他们有个性、有想法。面对00后的大学生，传统的授课模式已经无法满足学生的个性化需求，导致"教师授课热血沸腾，学生听得昏昏欲睡"。通过观察，我们会发现大学课堂的很多怪现象，如上课睡觉、大量"低头族"、交头接耳等。这些现象说明传统课堂教学是无效的，教学效果不佳。互联网的普及和4G时代的到来，对高校课堂教学产生了重要的影响，探索网络时代大学课堂教学模式变革的重要性越加凸显。

（二）学习模式的转变

传统的学习模式下，学生获取知识或信息的途径仅限于教材、课堂，随着互联网的快速发展以及智能手机的全面普及，信息的瞬间传播成为一种生活常态。当下，互联网成为信息与知识的主要来源。在互联网的冲击下，学习者可以在任何时间、任何地点获取海量的信息。学习不再是被动接受知识的过程，而是作用于环境的信息理解和知识建构。因此，教师必须调整自身定位，成为学生学习的伙伴和引导者。这种新型的学习模式给传统的课堂教学带来了挑战，为学习者提供个性化的学习指导，已成为高校教学模式变革的原动力。

（三）大规模网络开放课程的兴起

伴随互联网与高等教育的深度融合，网络开放课程不断涌现。一是国际性慕课的出现，即国外大学公开课引发了翻转课堂、微课等新型教学模式的探索。慕课的崛起，开启了信息时代学习的新时空、课程的新天地。二是来自"爱课程"的中国大学优质共享课程的建设与开放，展示了中国大学视频公开课的优秀成果。学生可以随时进入这些开放课程浏览学习，免费享受共享课程的学习体验。成功的慕课，要求教师成为一名优秀的课程设计师和出色的演讲家。教师既要像电子游戏的设计师一样环环相扣地设计课程环节，又要像演讲家一般将每一个环节都生动形象地讲授出来。因而，在大规模开放课程的冲击之下，照本宣科和满堂灌式的课程将失去立足之地。

二、"互联网＋"时代高校课堂教学模式的意义

"互联网＋"是将互联网技术与传统行业技术相互融合、相互整合而发展的一种新形态和新业态。"互联网＋"对提高高校课程教学质量和人才培养质量具有重要的意义。"互联网＋"使高校教育的生态环境得到了改善，使高校传统教育焕发出新的活力，也为高校教育教学发展带来新的契机。"互联网＋"使得高校的教学模式从封闭走向开放，实现了高校"教"与"学"的深度融合，高校学生学习的主观能动性得到了极大提高，师生良性互动显著增强。

三、"互联网＋"背景下高校课堂教学改革路径的选择

（一）转变教学观念，构建以学生为主的教学模式

"互联网＋"环境下倡导以学习者为中心，教师在教学活动中的主导地位发生

了改变，由"教学"转变为"导学"，教师的角色由传道、授业、解惑者转变为学习者的向导、参谋、设计者、协作者、促进者和激励者，而这种转变使得高校的教育模式必然会更加开放。在这种环境下，教师更应该注重学生应用能力和创新能力的培养，因此教师需要更高层次的教育教学能力，熟练掌握现代教育技术，充分研究教学的各个环节，才能适应"互联网＋"环境下的新的教育需求。作为从事高校教育的教师，要学会适时转变教学观念，跟踪现代教育思想的发展，不断更新知识，提高自身素质，努力适应学习化社会的需求。

（二）转变学习方式，提高学生的积极性、主动性

倡导以弘扬高校学生的主体性、能动性、独立性为目标的自主学习，是目前高校教学改革的一个重要举措。首先，在进行自主学习的时候，学生要加强自我管理，清扫学习中的干扰因素，使用固定的学习区域、固定的学习时间，最终养成习惯并且固化。其次，加强合作互助式学习。学生可以以建立学习小组、利用互联网建立讨论组、参加学习论坛、参加学校的社团的方式进行合作互助式学习。通过合作互助增强学习效果，提高学习效率。最后，在自主学习中，学生要积极与教师沟通交流，这样不仅可以增强师生友谊，而且可以增强学生自主学习的效果。

（三）转变教育理念，营造有利的教学氛围

"互联网＋"改善了高校教学资源分布不均、发展不平衡的情况，其教学方式不再受时间和空间的限制。在"互联网＋"环境下，高校要转变教育理念，可以让学生通过跨校选课、学分互认、师资合理流动等方式实现优质课程资源的共建共享，为社会培养优质的人才。"互联网＋"为高校课程教学改革提供了新的机遇和挑战。"互联网＋"时代的高校教师应当时刻把握互联网信息技术的发展与进步，才能更容易让新时期的学生理解和掌握自己所授的专业知识，真正实现教学效果的提升。

第二节　"互联网＋"时代高校教师信息化教学能力的提升

在我国，"互联网＋"的概念于2015年在政府工作报告中被正式提出，随后持续升温，与各行各业产生化合反应。人们关注的热点更多地集中在教育领域，使得"互联网＋"教学成为研究热点。大数据、云计算、智慧地球等技术手段的相继

出现，丰富并完善了教育教学的手段与方法。在"互联网+"教学时代，信息化教学能力成为当代高校教师最重要的职业素质与核心竞争力。

一、"互联网+"时代对教师信息化教学能力的新要求

随着计算机网络的飞速发展，互联网已经应用到生活的各个领域，基于"互联网+"背景下的各种新的教学技术手段（微课、慕课、翻转课堂等）不仅提高了课堂的教学效率，而且提升了学生的创新能力。传统的教学方法已经跟不上时代的发展，教师需要不断更新知识，掌握新的技术，尤其在互联网时代，将信息化应用于教学是必不可少的一种能力。

基于"互联网+"背景下产生新的教学方法，均是以学生为主，教师为辅，也就是说，教师的作用从主导变为引导，这种角色和地位的转变，使一些教师还不适应新的身份。因此，教师要及时转变思想，积极应用，提升信息化教学能力，给学生新的教育方式和方法。

二、高校教师信息化教学能力的提升策略

近年来，"基于大数据的学习分析""云计算"这些新技术和新理念改变了学生的学习方式和教师的教学方式；视频公开课、开放教育资源，丰富了教学资源形式：翻转课堂、网络社交媒体拓展了知识的获取形式，为教学改革创新带来了新的契机。高校教师及相关管理部门应该从以下几个方面着手提升教师的信息化教学能力。

（一）教师需加强自身的学习意识，更新教学理念

"互联网+"时代的信息化教学，只是利用了新的载体与手段进行教学，无论什么形态的教学，要想取得理想效果，教师的自我更新与提升才是至关重要的。只有教学理念跟随时代进步了，让先进的理念指导教学行动，才能收到理想的教学效果。对"互联网+"没有宏观的把握，对信息化教学没有正确的理念认识，就无法开展有效的信息化课堂教学，这也是高校信息化教学要解决的首要问题。

在部分高校教师中，尤其是前面提到的"数字移民"与"数字难民"类教师群体，他们在经过十几年甚至几十年的教学后，已经形成了个人固有的教学模式与教学习惯，要让他们在短期内改变固有的教学模式，接受新兴的教学模式是非

常困难的。对数字化与信息化不敏感的教师普遍认为，信息化教学就是在教学中使用图片、音频、视频、PPT课件演示教学内容，事实上，这混淆了多媒体教学与信息化教学，是对信息化教学本质上的错误理解。真正的信息化教学是一种教师能够充分利用现代信息技术手段，根据教学内容合理构建学习情境，引导学生通过资源与信息的收集，依据自己实际认知水平与学习能力来开展自主探究式与协作式学习的教学方法。

（二）教师要善于利用互联网思维与大数据思维

"互联网+"的信息化教学并不是将多媒体教学内容通过PC应用程序简单地在终端设备上呈现，而是要根据教学内容和学习对象，面向智能终端或移动终端的中小屏幕，用互联思维融合各种优质资源，根据学生的碎片时间学习特性开展合理的教学设计，为学习者提供传统互联网所不具备的移动互联网创新教学功能。同时，在传统教学中，高校教师的教学往往都是依据经验教学思维，分析总结学生的学习情况，改进教学实施办法。在"互联网+"时代，随着物联网、云计算在教学中的运用，教育领域也积累了海量的数据，教师应该善于运用大数据思维对学生学习过程、学习行为进行解释与分析，从而评估学生学习效果，得到每个学生的真实情况，发现潜在问题并实施有效的教学改进。比如，利用信息技术总结的数据，可检测学生的学习行为和学习经历，方便教师针对学生整体和学生个体进行有针对性的教学；利用大数据开展学业质量评价，帮助教师优化教学内容，调整教学安排，为学生提供个性化的学习服务。

（三）学校开展全方位的理论学习与业务学习

教师培训是提高教师专业素质及教学技能的重要且有效的途径。高校教师的信息素质高低直接影响到信息化教学设备的应用水平、利用效率与信息化教学的应用效果。高校本身以及教育主管部门应当根据教师的年龄结构、专业结构、知识结构、既往学习情况等提供分层次的进修培训，通过为教师提供信息教育技术方面的培训，为"互联网+"信息化教学提供人才保障。

当然，除了培训对象应该分类以外，培训内容也应该分模块地系统化层层推进：首先是信息化教学基础理论学习。学校可以组织全体教师以教研组、专业为单位，学习与信息化教学有关的内容，从抽象的文字概念上对教师进行信息化教学普及，建立初步的印象。其次是提升认识学习。在了解了信息化教学的相关内容后，邀请开展信息化教学的同行与专家进行专题讲座，专题内容具体涉及信息化教学资源建设、信息化教学设计、信息化教学实施与信息化教学效果评价等方面，分专题细化信息化教学的内容，拓展提升教师对信息化教学认识的广度与深度。再次是具体案例学习。组织经验丰富的教师进行信息化教学案例与作品展示讲解，结合具体课程作品，介绍设计初衷、设计思路、设计过程，将信息化教学理论落实到教学各环节里，更加直观、生动地呈现在教师面前，使教师能够更清晰地明白信息化教学具体如何开展。最后是实操巩固练习。学校采取相应的激励措施和资金技术支持，鼓励一线教师在日常教学中进行信息化教学的尝试，开展信息化教学比赛，组织全体教师进行信息化教学案例征集，真正通过个人的实际操作将信息化教学理论内化为教师信息化教学的能力。

（四）主管部门加大投入力度，学校加强硬件建设

"互联网+"信息化教学打破了传统的教学模式，它通过构建虚拟教学空间，建设以专业教学资源库为核心的教学应用平台，并通过资源共享，为更多的教师提供优质的教学准备、教学演播及教学评估条件。信息化教学能否顺利开展与校园网在日常教学中的应用普及有关，也就是说，校园网的硬件建设在很大程度上影响并决定着师生参与信息化教学的兴趣与热情。对教师而言，校园网意味着能否有效地支持备课以及上课，能否提供便捷流程平台供师生教学交流；对学生而言，校园网意味着能否主动参与到专题讨论以及网上投票当中，能否利用校园网顺畅地学习教学资源，能否使用即时通信软件联系教师，这些都是影响信息化教学开展的关键因素。随着国家和地方教育主管部门越来越重视教育信息化，而且部分高校信息化教学取得了一定的成效，所有高校要提高认识，紧跟时代步伐，抓住机遇，积极争取更多的资金支持和政策优惠待遇，加快推进学校的信息化软硬件和师资队伍建设。

三、高校教师信息化教学能力提升的实践

（一）翻转课堂教学模式

随着互联网的发展和普及，翻转课堂的方法逐渐在教学课堂中流行起来。翻转课堂的构建过程主要有三个：第一个是信息传递。这个过程是在课前进行的。教师发布学习任务和视频后学生可以分组合作完成任务，学生在课前需要查阅大量资料，主动学习知识，提高他们的归纳总结能力和自我管理能力，同时，教师提供视

频和在线指导。第二个是吸收内化。这个阶段是在课堂中完成的。在课堂上，学生对任务进行讲解，教师对其进行点评和指导。教师对学生的疑点和难点，在课前已经有所了解，在课堂讲授时会有的放矢，学生对于不会的知识点也会记忆深刻。课堂上的师生互动，以及学生之间的交流讨论，体现了以学生为主体，使知识内化升级，提高了学习效率。第三个是巩固阶段。此阶段可以在课堂上和课后双重进行。在课堂上，教师可以在讲解完后，进行随机小测试；在课后，教师可以在网上留作业，检查学生对知识点的掌握情况。另外，评价系统的跟进，使得学生学习的相关环节能够得到实证性的资料，有利于教师真正了解学生的学习情况。

（二）微课模式

微课主要采用教学视频进行授课，教师需要提前录制教学内容。微课的视频时间不适合录得很长，应该短小精悍，一般10分钟左右即可，要有针对性，即针对某一个知识点进行讲解。微课有别于传统的教学课件与教学设计，它对传统教学模式进行了继承和发扬，它不只有简单的教学视频，还会有教学反思、练习测试和学生反馈以及教师点评等版块。相对于传统的课堂，微课堂更能吸引学生的注意力，有利于知识的吸收。微课视频的内容相对较少，因此，主题更加突出，主要是学生不易掌握的重点难点，学生学习起来不枯燥，而知识吸收较传统课堂却好很多。微课的使用很重要的是微视频的设计和组成。微视频的主题一定要突出，目标要明确，结构要完整。微视频是一条主线，贯穿整个教学过程，因此，要有视频、互动、答疑、反馈等环节，人人参与，互相学习，互相帮助，共同提高，形成一个一个主题鲜明、类型多样、结构紧凑的"主题单元资源包"，营造了一个真实的微教学资源环境。因此，微课这种教学模式不仅提高了学生学习的效果，也提高了教师的专业成长。

（三）慕课模式

慕课（MOOC），即大规模开放在线课程，它是"互联网+教育"的产物。慕课不是个人开发的课程，一定是由很多参与者参与开发的大型（大规模）的课程，才能称之为慕课。慕课是一种大规模开放的在线课程，学习者不受时间和空间的限制，课程也没有人数的限制。与传统的课堂不同，慕课的上课人数甚至可以达到上万人。只要想学习，只需注册一下就可以进来学习。真正体现了资源的共享，打破了地域的限制，随时可以享受一流大学的课程，而且还可以选择自己喜欢的教师和学科进行学习。慕课的整个课程体系是完整的，随时都可以学，学生也可以更合理地安排自己的学习时间，完善自己的知识体系。

（四）信息化教育

技术与传统的教学方法相结合基于"互联网+"背景下，产生了很多新的教学方法和模式，那是不是传统的教学方法就要摒弃了呢？当然不是。因为传统的课堂教学方法也有很多优点，例如，对于一些公式的推导，采用板书的讲解会更详尽，学生理解得更好。如果采用视频或课件，学生会不知道怎么得出来的。所以，信息化的教育技术要与传统的教学方法相结合，才能更好地发挥它的作用。

一方面，新的教育方式之间也需要相互结合，而不是单一的一种形式，可以慕课和翻转课堂相结合，翻转课堂和微课相结合等，这样既增加了课堂的趣味性，又增强了学生学习的主动性；另一方面，传统的课堂与信息化教育技术一定要结合，才能使原来的被动的填鸭式学习变为主动的探究式学习，对于不同的教学内容要采取不同的结合方式，可以让传统课堂与慕课结合，与微课结合，与翻转课堂结合，也可以让传统课堂与微课、翻转课堂同时结合，这样既体现了以学生为主体，实时互动，实时参与的特性，又让传统课堂借助多媒体技术，使一些很难理解的问题学习起来更加轻松。传统教育与互联网教学只有取长补短，各取所长，相互结合，才能把以学生为主体落到实处，才能充分调动学习的积极性和主动性，提高学生的自我管理和自我学习能力，提高分析问题和解决问题的能力。

信息化教学是时代发展的需求，是当前高等教育发展的必经之路。信息化技术与教育相结合，将极大地提高课堂效率和教学效果，真正实现以学生为主体的教学，充分调动学生学习的积极性和主动性，有利于培养并提高学生的自学能力，提高学生分析问题和解决问题的能力，真正做到学以致用。互联网时代科学技术的发展为教育带来了深刻的变革，教育更关注学习者的个体感受，更关注学习者能力提升及综合素质的发展，教师在其中起到的是一种助教、助导的作用而不是像一般的课堂上所处的以教师为中心的地位。青年教师是高等教育改革和发展的主力军，高校青年教师信息化教学能力提升对于提高课堂教学质量、深化高等教育改革至关重要。

第三节 "互联网+"背景下高校混合式教学模式的研究与实践

一、混合式教学的特点

（一）线上线下混合

线上线下混合即网络教学与传统课堂教学相结合，它打破了线上线下存在的界限。这是混合式教学的最表层含义。"互联网+"将通过一系列的应用技术实现有形教学与无形教学混合式的复式教学。线上教学与线下教学是两种截然不同的教学形式：线上教学以互联网、新兴技术、媒体为传播媒介；线下教学则侧重于传统的教学。二者虽然是不同的教学方式，但是其追求的基本目标是一致的，那就是高效地完成教学活动，促进有效教学的发生。混合式教学以教学平台为起点，教师、家长、学生、教学资源等要素均被联结起来，如果线上学习与线下学习过程处于割裂状态，则混合式教学将会流于形式，达不到我们所期许的理想状态，反而会适得其反，增加教师与学生的负担。

（二）教学理论混合

在教育学界尚不存在一种万能的、通用的，能适用于所有教师、学生教与学的教学理论。因此，我们应采取多种教学理论对教育实践与教育规律进行指导与探索。现阶段，影响较大的教学理论包括行为主义教学理论、认知教学理论、情感教学理论以及教育目标分类学等。每种教学理论都有其内在的优势及劣势，诸如行为主义与认知主义注重知识的传播与转换，即关注于"教"本身，较少地关注学生"学"的方面；而建构主义关注教学设计，建构有利于学习发生的教学环境，在教师的教与学生的学两方面均衡发力。教师应依照不同阶段制订的目标来采取与该目标相关的教学理论，这样既有利于教师主导作用的发挥，又有利于发挥学生的认知主体作用。教学理论中间从来都不是彼此对立、分离的关系，它们之间包含着一定的重合部分以及相互关联性。混合式教学的教学策略在运用教学策略的过程中，需要结合学习者的实际学习情况、教学目标、教学情境等因素，这样才能发挥其最大化作用。教学策略是教师从观念领域过渡到操作领域且介于理论和方法之间的中介。

（三）教学资源混合

教学资源混合可以从资源内容、资源呈现方式和资源优化与整合三方面进行分析。

教学资源内容的混合。基于社会对于综合型人才的需求，学校更加重视对多样化、整合性人才的培养，文理互通、学科融合将是未来学科发展的趋势。混合式教学也包含对于教学资源内容的混合。学习者接收到的信息不仅仅局限于某一门学科，而是发散且有条理的知识体系，更有利于在学习过程中触类旁通。

教学资源呈现方式的混合。教学资源的呈现方式是多种多样的，资源的呈现方式应符合学习者的认知规律。传统书本式的知识呈现方式有利于学习者对于知识的系统性把握。一直以来，课本在课堂教学上发挥着不可替代的作用，其缺点在于：它阻断知识的流通，知识过于静止，利用率相对较低；知识以文字的形式呈现过于单一，不利于调动学习者的积极性与主动性。我们不可能完全摒弃课本，只有与新型的资源呈现方式结合才能弥补其不足。这种新型的资源呈现方式即虚拟资源呈现。在虚拟资源呈现中知识不以固定化的形态存在于课本上、黑板上，而是无处不在，无所不有，只有传统＋新型的混合式知识呈现方式才能满足学习者对于各种资源的撷取，实现其个性化发展。

教学资源整体的优化与整合。当线下资源与线上资源汇聚，形成庞大的知识库，在满足知识数量与共享的需求之后，继而遇到教育资源的低质、重复、分散、无体系等问题，又会形成新的资源浪费，因此，教学资源的优化与整合具有一定的必然性。

二、混合式教学的本质分析

混合式教学是以关联、动态、合作、探究为核心的新型教学模式，有着区别于面授教学与在线教学的本质区别，下面将对混合式教学的本质予以分析。

（一）混合式教学是动态关联的耦合系统

混合式教学过程的各个存在要素组成了相互关联、互为影响的耦合系统。教师与学生双方都具有自我组织教与学的意识与能力，师生秉持共同目标，同时在一定质态、一定数量的教学信息激发下，使得学习过程中产生的问题、障碍达成顺应、一致的过程，继而促进教学过程有序化。混合式教学中的在线教学部分和面授教学部分两者是优势互补关系，不存在谁替代谁的问题，它们具有共同的教学目标，即高效地完成教学活动。

（二）混合式教学是在线教育的扩展与延伸

混合式教学不同于以往的在线教育、网络教学，我们可以把它理解为在线教育或传统教育的延伸或扩展。首先，混合式教学将传统的教学优势与在线教学优势相结合，弥补了在教学过程中的在线教学与传统教学过程的缺失。单一的在线教学中面临的最大问题就是教师与学习者之间的互动交流缺失。因为在教学过程中师生交往互动是贯穿始终的，通过课堂、课下教师与学习者的互动交往可以及时得到反馈信息，便于学习者的询问、沟通、解疑、探究等系列活动的发生，该环节的缺失是阻碍网络教学进一步发展的最大障碍。另外，学习者的自控能力、信息处理能力、"网络教学就等于课件教学"等观念束缚也严重阻碍了在线教学的发展。从传统教学组织形式上来分析，资源相对单一，较难接触其他信息资源，在资源传播途径上稍显滞后。标准化模式也为学生的个性化发展产生了阻碍，统一进度、统一教学内容严重阻碍了学习者的个性化发展。基于两种教学模式的优势与弊端，我们看到，将两种方式有机结合起来是最利于学习者学业、身心等多重发展的教学形式。

由上观之，混合式教学大部分是面授教学、在线教学二者的混合，无论是在教学空间、教学手段还是教学评价方式均是二者的折中部分。这样既避免了单纯在线教学的弊端，同时也扩展了教学途径。综合看来，与传统教学模式相比，混合式教学模式更加强调以学习者为中心，主张引入问题情景，重视自主探究式的学习方式，鼓励学生主动的意义建构，最后采取多元的评价模式对学习者进行多方面的评价。

（三）混合式教学以激发学习兴趣为主旨

混合式教学主要发掘学习者对于课程的兴趣为主旨，进而为了激发求知、探索、整合、创新等行为。教师在制作微课程、PPT、整合课程资源以及设计教学活动的过程中，应时刻以学习者的兴趣为基点，考虑学习者的个性特征与兴趣关注点，激发学生的创造力。所以，明确学习者的学习需求，找准兴趣点，才是混合式教学的根本任务。

三、"互联网 +"背景下混合式教学模式的应用策略

在"互联网 +"的时代大背景之下，为了更好地推行混合式教学，取得更加高效的教学体验，需要学校、教师、学生的三方密切合作。

（一）充分发挥网络教学优势

在充分发挥网络教学开放性、交互性、共享性、协作性、自主性优势的同时，整合现有的教学资源从实际出发，认识到并非所有的教材均适用于混合式教学，需要根据学科特点及学习者的实际认知情况进行合理运用。教师层面，要充分激发教师的潜力，提高师资的影响力度与效度，缓解师资不均的状态。学生层面，发挥学习者的主体意识与能动意识，实现自我管理的个性化发展。网络教学层面，模糊教学边界、提高教学效率、促进资源流通等特点优势的发挥有利于从本质上有效地推进混合式教学。

（二）提高学习者的自主学习能力

混合式教学的在线教学部分因其跨时空性、灵活性等特点对学习者的自主学习能力提出了极大的挑战。尤其是面对枯燥的学习任务、无监督的学习环境及包罗万象的网络资源，这些都会导致低效的学习效率。相比传统面授教学，在线教学部分需要更大的自制力与判断力，学习者需要合理安排学习时间，妥善制订学习计划，加强对学习时间的管理，可以制定任务完成进程表，同伴之间可以相互督促完成学习任务。另外，要注重学习者认知策略、元认知策略、情感策略的培养，特别是元认知策略，因为它有助于学习者调配学习进程用于自我行为指导、自我评价与自我检测，并将自身的学习行为作为有意识的监控对象，提升自主学习效率。

（三）提升师生的信息素养

信息素养是信息化社会学习者能力素质的一个基本构成要素，师生信息素养的高低决定了教学效率的高低。在推行混合式教学改革的前提下，教师是关键，提升教师的信息素养水平是影响混合式教学成效的关键因素。

1.组建混合式教学专家团队

混合式教学开展初期难度较大，教学设计、教学实施、平台应用等方面会存

在诸多问题，这无疑加重了教师的工作任务量。因此，组建混合式教学专家团队有利于教师间相互交流教学的反思与体悟，解决疑难问题，共同提升进步，团结协作，优势互补。混合式教学专家团队由混合式教学专家、网络技术人员、参与混合式教学项目的教师以及管理人员组成。随时待命的网络技术人员保障了混合式教学的技术支持，同时为教师解决疑难问题，提供"顾问式"服务，而将具备多元学科背景的教师集合起来，可以在团队内部开展多元合作。

2. 强化教师专业化培训

校内外培训有助于教师更快、更好地转变教学模式，适应新的角色，拓宽教师成长的专业空间。一方面，先培养一部分教师发展起来，继而带动大部分教师的发展；先探索一部分学科的混合式教学模式，再带动整体的学科探索。另一方面，观摩课程有助于新手教师获得直接的实践经验，提高其教学管理能力。此外，可以开展系列学术沙龙活动进行相关主题研讨，鼓励教师参加校外培训活动，允许教师走出去，去其他学校参观学习、参加学术会议，学习教学经验并加以运用。

（四）初步建构起混合式教学共同体

通过混合式教学模式的开展，逐步形成"互动共享、通力协作、自主探究"的学习共同体。由于网络技术的介入，赋予了共同体发展性、流动性、多样性等特点，教师如果能在教学模式转变的关键时期相互交流合作，要比故步自封地闷头前行具有更佳的效果。教师共同体的构建主要通过交互、共享、合作形成，并以提高学习者学习体验为宗旨。混合式教学探索的团体，以共同的价值取向与希冀为纽带而自愿形成。在教师学习教学共同体中存在不同专业背景、不同教龄的教师及助教者，在共同的参与学习中，他们可以互为补充，相互交流经验，讨论问题，做出决策，尝试从不同的方面与视角重构自身的理解与观点。构建教师教学共同体，首先，要转变共同体教学意识，只有具备了共同体意识，才能感受到其价值和意义；其次，要确定一致的共同体教学目标，即顺利实现混合式教学模式的转变，发挥教师的集体智慧；再次，可在共同体内实施特定的组织与管理方式，诸如成立项目研究小组、科研创新小组等，同时可以请专家、学者提供理论与实践方面的指导；最后，应密切关注教师对于混合式教学的态度，注意在实施混合式教学之后的态度转变。

第四节 "互联网+"时代高校"三方两线" 同步课堂教学策略

一、概念的界定

（一）"互联网+"同步课堂

"互联网+"作为互联网思维衍生发展的新成果，其推动了社会经济生态的转变，同时也为其他产业、行业的改革、发展、创新提供了网络平台。

"互联网+"同步课堂是指基于互联网信息技术，教师通过网络的方式进行学科专业知识教学，学生则通过网络参与、网络互动等方式学习相关知识，实现教学资源与信息的网络流动，知识在网络上成型，线上、线下活动相互补充与拓展。该同步课堂中教师、教学内容、学生以及媒体平台一起共同构成了新的教学系统。"互联网+同步课堂"的本质就是整合网络教学资源，将课堂教学内容进行碎片化重构。

（二）"三方两线"

"三方"主要指教师、学生、高校三个方面；"两线"即线上网络教学与线下传统教学。"三方两线"同步课堂教学主要是指调动大学生、教师和高校三方的积极性，应用"互联网+"时代的信息技术，整合优秀的课程教学资源，通过协调、配合等方式来共同建设高校线上线下同步课堂教学策略。

二、"互联网+"时代高校同步课堂教学现状分析

高校之间传统的课堂教学模式大体差异不大，但是现代网络同步课堂教学则区别明显，我国由于互联网的普及、推广、应用相对较晚，高校网络同步课堂教学模式总体应用现状并不乐观。

第一，网络课堂本质有利有弊。从 Web1.0 到 Web3.0 再到如今 Web X.0 的发展，这些都在很大程度上为高校同步课堂教学提供了越来越好的教学载体，同时也为全球知识分配、共享、共建提供了新的机会。全世界大量开放性慕课课程极速普及，

作为异步网络课堂的慕课创新了一些课程的评价方式、内容呈现形式、教学交互手段等，大大提高了课堂的教学效率，也提升了课堂教学水平。但网络异步教育还是存在着一些弊端。例如，学生作业完成率低下、课程存在感低等问题都严重影响了课堂教学质量；虽然参加慕课学习的高校学生不少，但课程完成比例却很低；当前同步网络课堂内容的理论研究与实践应用远远少于异步网络课程。

第二，网络课堂的教学应用有好有坏。随着网络技术在教育领域的深度应用，教育资源在不断社会化的同时也推动了高校教育教学改革的创新。相比传统课堂来看，网络课堂有着更广泛的受众群体，而且能够给学生带来更多的学习资源与信息，教学内容呈现方式更能提升学生的感官体验，但学生学习效果不佳、师生互动性弱等问题也日益凸显。网络学习虽然让学生成为课题教学的主角，学生拥有一定的空间自主安排需要学习的课程内容与流程，但是，网络学习也让对教学目的有精确把握的教师失去了教育多次的控制权与监督权，容易忽视学生学习能力、自律能力、学习基础差异的形成。同时，网络学习提升了课程学习效果的模糊性，教学中具有人文关怀的引导作用被替代。

当前网络教学中教师与学生获得的信息内容都是数字化、文本化的视频、文档、音频资料，学生难以根据真实学习场景提升学习体验，教师也难以通过教学过程反馈来及时地调整教学内容与进度。因此，"互联网+"背景下"三方两线"同步课堂教学不仅能够解决以往网络教学中存在的固有问题，而且，还能结合线上、线下两种教学的优势，将真实学习情境与虚拟环境相结合，通过教学网络平台的应用，实现以现场教学为主体的同步学习，最终从根本上提升高校的课堂教学效果。

三、创新完善高校"三方两线"同步课堂教学策略

由上文的分析可知，当前我国高校同步课堂教学的总体情况不容乐观，还存在着网络技术的教学应用不够广泛，同步课堂教学的重视程度不够等问题，有必要从高校、教师、学生等多方面来创新完善高校"三方两线"同步课堂教学策略。

（一）中心高校共享远程同步课堂

远程同步互动课堂教学作为分享优势课程师资力量的一种方式，在不影响优势课程执教教师的本校正常教学条件下，向合作院校输送了优质的课程教育资源。同步课堂包含优势课程提供方的主讲教师与教学点的助理教师，此外还可以邀请地方的专家参与远程课程讲座。中心高校共享的远程同步课堂同样包括了面授课程与

同步课堂，课堂上包括了中心高校本专业的常规学习学生，此外还要考虑远程同步课堂教学点的学习学生。共享远程同步课堂主要通过以往教学环境、要素的组合与分解，将以往的集中教学分散于不同的网络空间，实现教学上的连续性，师生互动主要通过远程直播课程来实现。远程同步课堂的主讲教师需要控制好教学进度，助教教师负责及时反馈学生的学习情况。中心高校共享的远程同步课堂首先应选择教学过程容易控制、教学效果容易量化评估的计算机课程，实现教师、高校、学生三方远程同步互动课堂教学模式的稳定化发展，然后再将中心高校的共享同步课堂拓展到其他专业课程，从而实现同步课堂教学开展的常态化。

（二）建设专业课程网络教学平台

高校需要根据专业特色搭建专业课程的网络教学平台：首先，构建高水平的本校核心课程。高校可以集中开发核心课程和精品课程，保障共享课题教学的高标准。联盟高校之间可以统一聘请专家来指导精品课程的建设，同时解决课程开设方面的资源局限。其次，学生通过互动学习掌握更加多元化的课程内容。高校联盟间可以构建远程同步互动系统，任何院校的教师都能够对学生的学习情况进行指导，教学过程可以在平台上实时开展。利用直播平台，教师可以在本地对其他教学点的教学内容开展教学，同时汇总、借鉴国内外教学的精品课程，充分调动各方面的教学资源和教学素材，形成高校网络教学课程，学生可以在该平台学习课程知识、下载课程资料，真正实现碎片化教学。

在高校专业课程网络教学平台建设同时，也需要认识到当前网络虚拟教学环境不再局限于高校内部的网络课堂系统，这里包括了各种网络应用平台，包括一些专业型的商务网站与门户网站。比较传统单一的远程网络教学来看，虚实结合的同步课堂教学有效整合了社会网络信息资源，提升了教师对教学过程的监督与指导，降低了高校在网络教学平台的资金投入。

（三）转变教师教学观念，提升教学能力

高校专业教师应及时更新教学理念，积极参与同步教学平台上的微课程设计与互动教学模块，及时更新自身的信息技术知识，利用网络教学与传统教学的优势来开展教学活动，从而提升自身的教学能力。"三方两线"的同步教学过程教师为"两线"的连接点，同时作为"三方"中的一方，教师不仅可以选择"课堂为主、网络为辅""线上线下互补"，还可以将整个课程全部的教学内容提前放置于网络平台。

因此，教师应积极地做好教学内容的线上、线下模块划分，确认线上、线下同步课程学习的侧重点。

（四）打造"双线"同步协作学习模式

"双线"的同步协作学习模式是因网络协作学习的逐渐普及而提出的学习模式，通过多元化、多维度的互动内容提升学生的学习体验。在线上虚拟与线下真实教学环境结合的情况下，人机互动与师生人际互动形成了良性互补。教师不仅能够发挥现场课堂教材的互动优点，提升对课程学习过程的控制与监督，还能够运用人机互动实现教师与学习小组间的"点面"互动，师生间、学生间的"点点"互动。学生可以通过利用网络搜索工具和网络信息资源提升小组协助学习的效率，此外还能够利用网络交流工具与平台开展学习互动。

小组"双线"同步协作学习模式中教师需要根据教学任务特征与难度来分配具体的任务组与角色，从而明确任务流程的各个阶段内容。合作任务小组一般包括3~5人。同步协作学习中教师通过线下的成果评估、人际互动获得教学反馈，从而对线上学习内容进行调整。小组成员的数量需要根据任务类型进行具体的调整，具体环境包括了任务布置、选择方案、角色分工、执行任务、完成任务。

综上所述，"互联网+"时代的到来给各个领域的发展都带来了机遇和挑战，高校教育教学也不例外。随着新时期教育教学改革的不断深入，高校有必要充分利用"互联网+"时代信息技术的发展优势，整合网络课程教学资源，创新完善基于"三方两线"的同步课堂教学策略，一方面减轻了高校教师的教学负担，提高了工作效率，另一方面可以引导学生适应社会发展需要，进行碎片化学习和自主性学习。

第七章 高校文化育人的基础认知

第一节 文化育人相关概念界定

一、文化及其功能

文化是人类长期实践的产物，是人类依据自身的目的和价值追求而创造的，反过来又能影响人、教化人和塑造人。文化的范畴十分广博，内涵十分丰富。要研究文化育人，首先要系统解读文化的内涵、类型、属性特征及功能。

（一）文化的内涵及类型

文化概念的内涵十分丰富，很难形成一个精准的定义。在拉丁文中，文化主要指"人的身体、精神特别是艺术和道德能力及天赋的培养，也指人类通过劳作创造的物质、精神和知识财富的综合"。在汉语中，"文化"是指"文治教化，是对人心性的开启与修炼，重点是教化人心"。它与"自然"相对应，与"野蛮"相反照，属于精神文明的范畴。现代意义上的"文化"，学者们的解读众说纷纭，各有侧重。有学者曾"列举了文化一词的161种定义，随后出现的定义还不算在内"，人们对文化现象的认识随着社会的不断发展而不断深化。笼统地说，文化是一种社会现象，是人类长期实践的产物，是人们生存方式与生活状态的体现。同时，文化也是一种历史现象，是社会历史积淀的结果。具体来说，文化是蕴含在物质之中又折射于物质之外，能够被普遍认可和传承的国家或民族的风土人情、传统习俗、生活方式、思维方式、价值观念等意识形态。文化是一个十分复杂的现象，是一定社会发展时代人们的物质生活在精神领域的折射与透视。"文化"一词既有名词和动词意义之分，也有广义和狭义之别。

从名词意义上说，文化是人类认知的客体。学者们从不同的视角、层面、问题域，对文化有不同的解读。比如，文化是"一种活生生的有机体""人类文明的总称""人的第二自然""给定的和自在的行为规范体系""自觉的精神和价值观念体系""人的生活样法或生存方式"等。从动词意义上说，文化是指人向文而化的动态过程。这一过程实际上就是人脱离原初的自然状态走向社会化的过程，走向文明进步的过程。人的一切实践活动都可视为是一种文化活动。

文化的概念可以从广义、中义和狭义三个层面来解读。广义的文化也叫"大文化"，泛指人类的一切社会实践活动及其成果。按照马克思的解释，广义的文化是指自然的"人化"，既包括外部世界的人化，也包括人自身的主体化。它以实践为基础，集中体现人与自然、主体与客体的关系。中义的文化是指精神文化（观念文化），是人类在长期的社会实践活动中形成的思想理念、价值取向、道德情操、审美趣味、宗教信仰、民族性格、风俗习惯等精神因素。它包含人类的一切精神现象。精神文化本身不能直观地表现出来，只能通过人的意识的表征——"符号"来表现，或者是存在于文化的载体——"产品"之中。狭义的文化即指艺术，是主体对客体产生的审美反映和审美创造，是主体以典型形象来表现客体美的一种方式。艺术来源于人的社会生活实践。它不仅是人的实践活动结果，也是人的实践活动本身。

这三个层次的文化不是各自独立地存在，而是互融互动，有机地融合在一起。精神文化（意识文化、观念文化）内在地、深层次地融于广义的文化之中，是广义文化的灵魂。没有精神文化内蕴其中，任何广义上的文化都不能称其为文化。而艺术又是精神文化的精华，是精神文化的升华和高雅品质的展现。

文化可以从不同的角度划分为不同种类型。就广义的文化而言，按文化形态可以分为物质文化、制度文化和精神文化，按社会历史过程可以分为传统文化、现代文化和未来文化，按文化的先进性可以分为先进文化、普通文化、落后文化等。就精神文化而言，按文化存在的方式分为自在的文化与自觉的文化，按意识的高低层次分为社会意识形式和社会心理，按意识同政治的关系分为意识形态和非意识形态。就艺术而言，按艺术表现形式分为语言艺术、音乐艺术、图像艺术、造型艺术、表演艺术，按艺术的层次分为高雅艺术和通俗艺术等。

（二）文化的属性及特征

文化不是与经济、政治、科技或其他一些具体事物等相并列的一个具体对象，而是"内在于人的主体世界的东西。它包括精神领域的一切，是人的本质力量的表现"。它虽然无所不在，但又是无形的，只能通过对其本质属性及特征的分析来把握，文化的本质取决于人的本质，在于人的实践创造性，文化至少具有如下几种本质属性：

第一，文化具有主体性和实践性。人是文化的主体，人与文化是紧密地结合在一起的。在现实生活中，不同的人群有不同的文化。每一种文化的产生和发展都要以人的实践为基础，判断一种文化进步与否要通过人的实践来检验。文化是人实践的产物，是具有主体性的人实践的产物。因此，人的主体性和实践性也是文化的本质属性。

第二，文化具有创造性。实践的本质在于创造，创造性是人的本质特征。文化作为人的创造性本质的外化，自然也具有创造性的本质属性。

第三，文化具有属人性。一切文化都凝结着人的创造性，内含着人的意识和目的，是为了满足人的物质生活或精神文化需要而创造的，文化意味着"以人为本，面向人，理解人，为了人"。文化为人类所特有，若没有人的存在也就没有文化的存在。因此，属人性也是文化的本质属性。

第四，文化具有意识形态性。就如每个人都会有自己的意识一样，每个国家也都会有自己的意识形态。意识形态是占统治地位的主流文化，是社会文化的重要组成部分。意识形态和社会文化的产生是同一个过程，由统治阶级所主导，表达国家意识形态。因此，任何国家的社会文化都具有特定的意识形态性。

文化作为人类实践创造性的产物，除了具有主体性、实践性、创造性、属人性和意识形态性等本质属性之外，还具有系统性、历史性和开放性等基本特征。

文化是动态性与稳定性的辩证统一。文化是一个复杂的大系统，由诸多相互联系、相互作用、相互影响的文化要素构成，是具有一定结构和功能的有机整体。文化的系统性主要包括两个方面的内涵：一方面，文化系统的结构和层次是可分的，社会文化大系统可以分为若干子系统，子系统还可分为若干支系统，使文化系统体现为整体性与可分性的辩证统一。另一方面，构成文化系统的基本要素是文化主体和客体。实践作为联系主体与客体的中介，是文化系统的基础。文化主体实践的丰富性和创造性决定了文化是一种变化性的存在。冯天瑜指出，文化"是一个有机的生命过程，是一种可以传承、传播、分享和发展的动态体系"。同时，文化作为一种系统性的存在，又趋向于稳定的生存力和自我维持的惯性，是一种相对稳定的存在，使文化系统体现为动态性与稳定性的辩证统一。

文化是历史继承性和阶段性的辩证统一。"一种文化的形成和演变，归根结底是其主体实践过程不断自我凝聚、自我升华、自我积累的产物。"作为主体实践和自我积累的产物，文化的形成和演变是客体的主体化过程，是一个由低级向高级不断演进的过程。费孝通指出："文化有自己的历史，本身有历史的继承性，有自身的发展规律，体现在一般所说的'民族精神'上。"李宗桂指出："文化的发展既有历史的连续性和稳定性，又有时代的变动性和现实性。任何民族的文化，就其内容而言，都是前后相继的历史精神的延续，都是现实的时代精神的体现。"作为一种时间的"积累"，文化是历史继承性和阶段性的辩证统一。

文化是纵向交流和横向交流彼此依存的有机统一。文化作为一个系统，不是封闭的，而是开放性的。文化的开放性表现为文化的交流性、传播性、普遍性。文化的交流性表现在纵向和横向两个方面，文化的纵向交流性是其历史发展性与传承性的体现，文化的横向交流性是文化求异性与渗透性的体现，文化纵向交流的过程是文化传承与创新的过程，文化从低级向高级不断发展演变，不断优化整合、创新发展。文化横向交流的过程是文化相互交融渗透、优势互补的过程，各文化群体（如不同民族、国家、地区、行业等）之间相互学习借鉴，各群体文化之间相互交融渗透、优势互补、平衡发展。文化的纵向和横向交流相互促进、彼此依存、有机统一，形成文化系统的动态发展性和现实性。文化的交流性以其传播性为前提。文化传播表现为文化在不同文化主体之间传递、播放和蔓延。它不仅在时间上具有持续性，而且在空间上具有广延性。随着电子网络技术的发展，文化的传播速度越来越快，具有即时性。文化的传播空间范围也越来越广，具有全球性。甚至随着宇宙航天事业的发展，文化传播的空间延伸到了外太空。"人类劳动或实践的普遍性品格，赋予了文化的普遍性品格。"人类文化的普遍性奠定了文化交流与传播的基础。在文化发展过程中，不同群体文化之间之所以能够相互交流、相互传播，就在于文化具有普遍性的品格。文化的交流性、传播性和普遍性决定了文化是与时俱进的，是动态发展的；决定了文化是面向大众的、面向世界的、面向未来的。它们共同构成了文化的开放性。

（三）文化的功能

所谓文化功能，就是文化对人和社会的存在与发展所起的作用。

首先，对于人的存在和发展而言，文化是人的历史地凝结成的生存方式，对人的生存方式具有主导性的影响。文化的基本功能是塑造人或教化人。这是文化价值本身的实现，"其实质是使人文明化、人文化，包括自然人的社会化、自发人的自觉、蒙昧人的启蒙和开化"。文化对人的塑造或教化功能主要体现在它对个体行为具有规范和制约作用。这一作用既表现在文化是满足人的各种需要的价值规范体系，还表现在文化是特定时代所公认的、普遍起制约作用的个体行为规范。文化塑造或教化功能主要是通过家庭熏陶、学校教育、社会舆论等各种途径，将社会文化体系中系统的行为规范加诸生活在其中的文化个体，对个体实现文化的约束和导向作用。

其次，对社会存在和发展而言，文化的基本功能是从深层次制约和支配一切社会活动的内在机理和文化图式。人类社会既靠文化的传承而延续，又靠文化的创新而进步。人类社会的发展变迁离不开文化的支撑和推动，作为人的主导性的生存方式和社会历史运动的内在机理，无论是文化的存在还是文化的变迁，都是社会发展和历史运动的重要内涵。

文化对社会历史发展具有巨大的推动作用。尤其是在重大历史转折时期，文化总能以惊人的力量引领和推动着人类社会的发展进步。

从根本上说，人是社会的主体，文化对社会的功能最终要通过对人的功能来实现。文化在社会发展中的作用如何及其力量的大小，取决于社会主体成员对文化的认同度，取决于文化的先进性。任何一个时代，要推动社会发展进步，不仅要充分重视文化的作用，更要不断解放思想，保持文化的先进性。因此，文化最基本的功能就是对人的存在和发展的功能，即塑造人或教化人。

需要特别指出的是，意识形态作为文化的核心组成部分，带有强烈的阶级意识，是文化的灵魂，制约、引导、规范着文化的表现形式。一个国家统治阶级的文化即是国家的主导文化和社会的主流文化，其中包括先进文化的主体部分，都属于意识形态。它体现在人们生活的各个方面，对人们更清楚地认见自己的角色定位、功能设定及社会关系等起着重要的保障作用。文化能够塑造人和教化人，主要是其意识形态引导功能的发挥。具体来说，是指意识形态作为社会或国家的政治目标导向和社会价值导向，"对人们的思想、行为进行符合目标的引导并对偏离目标的思想、行为进行阻滞"。因此，文化的重要功能是育人，是沿着国家主流文化发展的方向育人。更确切地说，文化具有思想政治教育的功能。

二、文化育人的内涵

文化的基本功能是塑造人或教化人，文化功能实现的过程就是文化育人。从总体而言，所谓文化育人，就是以文化人，即遵循思想政治教育规律和大学生成长规律，以文化价值渗透的方式，将先进文化的价值渗透到人的灵魂深处，使人内化于心，外化于行，从而实现文而化之的目的，促进人的全面发展。它强调"重视人文教育、隐性教育，注重精神成长、思想提升，主张潜移默化、润物无声，通过有意味的形式，长久地、默默地、逐渐地感染人、影响人、转化人"，从而实现"入芝兰之室久而自芳"的思想政治教育效果。

理解文化育人，首先要理解文化育人中的"文化"是什么。文化育人中的"文化"有三重内涵：一是指育人"内容"和"载体"意义上的文化，即以什么样的文化内容和文化形式育人；二是指文化化人"过程"意义上的文化，即"文而化之"的教化或转化的过程；三是指育人"目标指向"意义上的文化，即育人的核心"目标指向"不只是停留在表层意义上的掌握某些知识或表现出某些期望行为，而是从更深的精神文化层面，即人的价值观理念和信仰上教化人、塑造人。因此，文化育人也不是一个内涵单一的概念。要正确理解其丰富的内涵，需要深刻理解三个问题，即文化育人"以什么样的文化育人""以怎样的形式育人""育人的核心目标指向是什么"。文化育人的内涵主要体现在以下三个层面：

（一）用社会主义先进文化培育人

"以什么样的文化育人"中的"文化"是指内容和载体意义上的文化。载体意义上的文化是指思想政治教育者为达到教化人、提升人的目的，作为育人载体或手段而利用的各种文化成果。这些文化成果承载着某些特定的思想政治教育价值观念，广泛地存在于物质文化、制度文化、精神文化之中，可以以多种多样的文化形式出现，如各种文化产品、文化活动等。它不是单纯的书本上的知识，也并非脱离于现实社会生活而存在。人们对它的感知、接受与习得往往是在现实的社会文化生活之中。育人载体意义上的文化能够为思想政治教育主体所利用，能够为人们所感知和认同具有先进性，对人具有思想政治教育功能。内容意义上的文化，从文化哲学的角度看，文化育人活动就是"特定阶级或集团用特定文化的价值和意义对人们进行文化建构的过程和活动"，其实质就是用社会主导的文化去建构人们的思想、意识和行为。中国特色社会主义文化是当代中国的主导文化，决定了中国文化的发展方向。因此，文化育人无论是运用什么样的文化载体，它所承载的文化内容一定是社会主义先进文化，从这个意义上说，文化育人的第一重基本内涵就是用社会主义先进文化培育人，就是坚持科学理论武装、正确舆论引导、高尚精神塑造、优秀作品鼓舞。

（二）在渐进的文化过程中培育人

文化除了作为文化成果而存在，还作为"文化"的过程而存在，人的一切文化实践活动都可看作是"文化"的过程。"过程"意义上的文化重在"化"，主要包括两个向度：一是文化"化"人的过程；二是人在实践中向文而"化"的过程。

两个过程在育人中同时存在，相辅相成，互生互动，是一个永不停息的人与文化之间双向建构的过程。对于文化育人的对象"人"而言，前者强调外在的给予，体现的是文化塑造人、教化人的价值。后者强调内在的生成，体现的是人的主体能动性。文化育人就是通过文化的外在给予和内在生成方式来化育文化个体，引导个体向文而化，进而促进人的提升与完善。

文化的外在给予和内在生成过程实质上就是一个在渐进的"文而化之"的教化或转化过程，即"文化"的过程。这一过程强调文化价值从客体到主体，再到客体的内化与外化的转化过程，其实质是把客观的文化内化为个体的精神活动的过程。实现文化主体与客体之间的双向互动，更进一步讲，是实现文化主体客体化（人的知识化）和文化客体主体化（知识人化）的互相转化。

"文化"过程育人贵在促进人的知行统一，重在发挥文化生活实践的养成作用。它是"将人类已经发展起来的先进文化成果转化为个体内在本质力量、促进人的精神生活全面发展的过程"。这一过程从根本上讲，就是人在文化价值认知基础上实现知行统一的过程。而无论是人对文化的价值认知还是由知促行的文化行为，都离不开人的文化生活实践。正如刘云山所言："如果离开实际生活和工作去搞道德实践活动，不管口号提得再响，活动规模再大，最后只能是空对空。"因此，只有充分发挥文化生活实践的养成作用，促进人在渐进的"文化"过程中实现知行统一，才能真正实现在"文化"的过程中育人，才能真正体现出在"文化"的外在给予和内在生成过程中育人的价值。从这个意义上说，文化育人的第二重基本内涵就是在渐进的"文化"过程中培育人。

（三）从人的思想观念和理想信仰层面育人

在文化育人中，"文化"的第三重内涵是指人"目标指向"意义上的文化，即文化育人从根本上是要培育人内在的思想观念和理想信仰，还是要规范人外在的行为？它主要从哪一层面上育人？答案十分明确。文化育人的核心"目标指向"是人的精神文化，即实现人的内在思想观念的转变。这里所说的人的内在思想观念的转变，不是简单地从文化知识到文化知识的机械记忆的过程，也不是从制度到行为的被动服从的过程，而是从"文化的认知"到"文化价值观念的认同"，到"文化价值观念的内化，甚至是理想信仰的升华"，再到"恪守价值准则或追求理想信仰等行为的外化"的一系列转化过程。其中，最重要、最根本的是人的价值观念和理想信仰的形成。这是文化育人"目标指向"意义上"文化"的终极形态（人的精神文化）。

从这个意义上说，文化育人的第三重基本内涵是指在人的价值观念和理想信仰形成中培育人。作为一个民族文化的灵魂，核心价值观是一个国家的思想道德基础。在精神文化层面育人，其首要目标是育德。我们要按照习近平总书记的要求"把培育和弘扬社会主义核心价值观作为凝魂聚气、强基固本的基础工程"，要持续深化社会主义思想道德建设，为我国社会主义建设提供强劲的精神动力和深厚的道德滋养。尤其是在新的社会历史条件下，文化育德问题更不容忽视，必须把培养具有符合社会发展要求的道德品质作为文化育人的核心内容和重要任务。

三、文化育人的目标

任何一种教育实践活动都有其所追求的目标。文化育人作为高校思想政治、教育的重要手段，其所追求的目标与学校人才培养、与思想政治教育总体目标保持一致。文化育人作为一种特殊的思想政治教育活动，从思想道德建设的角度，体现了思想政治教育有助于培育学生社会主义核心价值观；从文化软实力建设的角度，体现了思想政治教育有助于培养学生文化自信；从整体教育的角度，体现了思想政治教育有助于促进学生全面发展。从总体上看，文化育人的目标有三个层次：一是立德，即培育社会主义道德；二是树人，即促进学生全面发展；三是增进文化认同，即培育中国特色社会主义文化自信。其中，培育社会主义道德是思想政治教育的核心目标，促进学生全面发展是思想政治教育价值追求的根本目标，培育中国特色社会主义文化自信是体现文化强国的基础目标。

第二节　文化育人的要素、机理及实施条件

一、文化育人的基本要素

（一）育人主体要素——教育者

教育者是组织实施文化育人实践的主体，是文化育人的一个基本构成要素。文化育人主体是指以思想政治教育为目的，通过文化手段进行育人的主动行为者。这一主动行为者统称为"教育者"。教育者既可以是具有主动教育功能的组织，也可以是教育组织中的个人或者由多人组成的群体。本研究讨论的文化育人的施教主

体是文化育人实践活动的真正设计者和组织者一人，即高校教师和从事教育教学管理的管理者。

教育者在文化育人过程中的根本职能是价值引导，即"以社会的要求为准绳，科学地影响教育对象，不断把教育对象的思想政治品德提升到社会需要的水平"。主要体现在三个方面，即按照育人计划，组织、设计和实施文化育人活动，采取多样化的方式方法调动和发挥教育对象的主体能动性，本着价值主导原则引导教育对象思想品德向社会要求的方向发展。由于教育者在文化育人过程中的根本职能是思想政治教育，因而在他们身上具有共同的职业特点，其中最为突出的体现在如下几个方面：

第一，充满中国特色社会主义文化自信。坚定中国特色社会主义道路自信、理论自信、制度自信，说到底是坚定文化自信，文化自信是更基本、更深沉、更持久的力量。文化自信是根植于人内心的一种信念，是对自己国家、民族创造的文化价值的一种认同和肯定。中华民族要繁荣振兴，需要有高度的社会主义文化认同与文化自信。教育作为社会主义文化自信生成的源头活水，教育者在其中承担重要角色，发挥重要作用。在引导学生树立中国特色社会主义文化自信之前，教育者首先要让自己一往情深地融于中华民族优秀传统文化之中，满腔热情地投身于社会主义伟大建设实践之中，成为坚定社会主义文化自信之人。这是职业角色使然，也是职业责任使然。

第二，具有传播社会主义先进文化的自觉。讲好中国故事、传播好中国声音是高校教育工作者的一项重要使命。他们不仅要成为充满社会主义文化自信之人，还要成为自觉传播社会主义先进文化之人。当代大学生成长于全球化和我国改革开放时期，没有经历过革命战争的洗礼，没有品尝过社会主义建设与发展的艰辛，对中国博大精深的文化也很难有深刻的理解和把握。这就需要教育者要主动宣传社会主义核心价值观，弘扬中华民族优秀传统文化，澄清模糊认识，以增强大学生对中华民族文化的认同。在文化育人实践中，教育者都能牢记使命，自觉传播社会主义先进文化。

第三，具有文化价值主导性。一个学校能否为社会主义现代化建设培养出合格人才"关键在教师"，具体来说在教师的文化价值主导性，即教师"在思想政治教育实施过程中发挥的主导作用方面表现出来的积极属性"。同样，教育者在文化育人过程中也具有文化价值主导性。随着文化全球化和改革开放的不断深入，社会上各种思潮林立，中西方文化价值相互交锋、渗透，人们的价值观念朝多元化方向发展。在这一社会背景下，中国文化要健康发展，必须坚持一元主导与多样发展相结合，一元主导体现在文化育人上，就是用社会主义先进文化为学生成长成才提供正确方向和精神动力，落实好"立德树人"根本。在育人过程中，教育者是教育计划的执行者、教育活动的设计者和组织者，他们按照一定的教育计划设计文化育人活动，并将思想政治教育信息融入育人活动之中，通过文化渗透的方式影响教育对象的思想价值观念，引导其朝着国家主导文化方向发展。从学生角度看，他们作为受教育者，正处于价值观形成的重要时期，思想观念尚未完全发展成熟，思想行为尚不稳定，对文化价值的领悟力、判断力等都有一定的局限性。面对复杂的社会现象和良莠不齐的多样化价值观念，他们很难做出精准的判断和正确的文化选择，需要教育者根据其身心发展水平进行有针对性的教育和引导。因此，在文化育人过程中，教育者自始至终体现出文化价值的主导性。

作为文化育人者，除了具有上述三个突出特点之外，他们还重视将显性思想政治教育与隐性教育相结合，充分发挥文化潜移默化教化人、影响人的功能。

教育者是文化育人活动的发起者和主导者。没有教育者，文化育人就没有了施动者，也就不是基于思想政治教育目的而实施的文化育人，因此，教育者在文化育人基本构成要素中不可或缺。

（二）育人客体要素——大学生

思想政治教育活动的对象都是其教育客体，主要有两种：一是指人客体；二是指物客体，如教育的内容、工具、方法、资源等。进行思想政治教育的最终目的是培养人、塑造人。本研究中主要探讨思想政治教育的人客体，即高校文化育人的对象——大学生。

大学生在文化育人过程中是教育对象，其主要任务是接受主体引导，学习、适应和内化，不断提高自身素质，同时积极调动自身的"主体性"因素，在文化育人过程中充分表现出自身的特性，参与并影响育人过程。大学生与教育者之间的关系建立在平等和相互尊重的基础之上，即"主体尊重客体的特点和接受教育的规律……客体尊重主体的引导"。在这一过程中，大学生不断地自我完善。

大学生正处在青春时期，是价值观形成的关键阶段。在这一阶段，他们表现出鲜明的特点。

第一，大学生具有鲜明的主体性。大学生的主体性主要是指在文化育人过程中，大学生对教育者传递的社会主义先进文化价值理念能够独立地做出判断和选择，主动接受先进文化的积极影响，自觉进行内化并积极调节行为，将自己的文化价值理念落实到行为实践，并在实践过程中不断完善自身品德。实际上，教育者传递的任何思想政治教育信息和文化价值观念都是外部的客体，只有通过主体的吸收内化，并外化行为实践，文化育人才能够收到应有的实效。如果没有主体的自觉参与，任何教育都等于零。从这个意义上说，大学生的主体性是一种"自觉能动性"，是"接受教育的主体性"。大学生的主体性主要体现在：

处在快速成长期的大学生，不仅身体上发育迅速，体力精力旺盛，而且成人感和独立意识明显增强，求知欲望强烈，对外界信息反应灵敏。这使得大学生在文化育人过程中表现出积极接受先进文化思想、主动汲取文明营养的主观能动性，表现出乐于独立思考、自主做出价值判断和选择的自主性，表现出大胆实践、勇于探索、不断突破自我的实践创新性。

大学生作为教育对象具有主体性，但在文化育人过程中并不居于主导地位，不能承担文化育人的主要责任，不能作为文化育人的主体。因此，在文化育人过程中有必要充分调动学生的积极性，有必要尊重学生主体性的发挥。

第二，具有极强的可塑性。"科学教育之父"赫尔巴特在其著作《普通教育学》中明确提出人具有"可塑性"。所谓可塑性，是指"思想政治教育对象的思想品德是可以经由环境的影响和教育者的作用加以塑造的"，即教育对象的思想行为通过教育能够向符合社会要求的方向发展。人的思想文化观念和道德品质不是自发形成的，而是在一定的文化环境影响和思想政治教育作用下，在社会文化生活实践中逐渐形成并不断发展的。可塑性强调的是"人性的生成性、交互性、可教化性和内在主动性"，教育对象的可塑性是教育者实施文化育人的基本前提和内在依据。

大学生正处在各种心理活动异常活跃、急剧变化的年龄阶段，认识容易偏执，情绪容易走极端，意识有时执拗，且容易受外界的影响，存在着明显的不稳定、可塑性大的特点。大学生在文化育人中的可塑性主要涉及思想文化认知方面的可塑性、文化价值判断与选择能力的可塑性、文化道德内化与外化转化能力的可塑性、文化道德实践能力的可塑性等。

文化育人是教育者有目的、有组织、有计划实施的育人活动，在教化人、塑造人方面具有非常突出的作用。实施文化育人要坚持以学生发展为本，充分关注大学生的主体性和可塑性，尊重学生成长规律，对大学生的文化思想与品德塑造施加有益的影响，促使大学生全面提升自身的综合素质。

（三）育人媒介要素——文化载体

在文化大繁荣大发展的当今时代，文化载体正以其特有的优势日益成为思想政治教育载体的重要形态。思想政治教育也只有在运用文化载体进行育人时才称得上是文化育人。文化载体作为文化育人过程中不可或缺的媒介要素，它不仅是主体与客体发生关联的重要媒介，也为文化育人各要素相互作用、相互影响提供了平台。它是"由若干要素以一定结构形式联结构成的具有某种功能的综合系统"。文化载体具有三方面内涵：

第一，文化载体必须同时具备四个基本条件：一是能够承载具有思想政治教育意义的文化价值信息；二是能够使教育主体、客体之间发生文化价值信息传递；三是能被教育者所运用和控制；四是具有引导人、教化人的功能。

第二，文化载体的形式是多种多样的，各种文化物质实体和文化活动形式都可以成为文化载体，从最主要的学校育人活动形式看，有课堂育人、实践育人、校园文化育人，有教书育人、管理育人、服务育人；从文化发掘活动形式看，有将思想政治教育内容融入各级各类文化建设中去的文化建设活动；从文化物质实体看，有书籍、绘画、戏剧、影视、音像等各种文化产品，有图书馆、博物馆、新闻出版等各种文化事业。

第三，文化载体的概念不是静态意义上的，而是在实践中应用意义上的。对某种文化物质实体或文化活动形式来说，它是不是文化载体并不是固定不变的，关键要看它是否符合思想政治教育文化载体的基本条件。例如，在一篇文章、一首歌曲中蕴含着某些能够进行思想政治教育的文化价值信息。但是，仅凭这一个条件它们还不是育人意义上的文化载体，只有教育者通过阅读、欣赏等一定形式的活动，使受教育者从中接受教育、启迪或感染，它们才成为文化载体。换言之，即便是一件文化产品承载了很多教育信息，但没有教育者有目的的利用，没有受教育者的接受，它就没有成为文化载体。

文化载体是先进文化传播的必要媒介。文化的发展是靠信息传播得以实现的，其本质在于传播：文化育人活动从本质上讲就是借助一定的媒介进行的文化传播活动。"传播意义上的媒介是指传播信息符号的物质实体"，包括语言、文字、书刊、报纸、广播、电视、电影、多媒体等。随着科技的不断进步，文化的传播媒介日新月异，并呈现出一体化发展的趋势，如电子报刊、网络多媒体等。无论是上述哪一种文化传播媒介，只要符合文化载体的条件，都能成为文化载体，发挥育人作用。

文化载体在文化育人中的作用是多方面的。比如，它为育人活动提供必要的承载和传导文化价值信息的媒介；它使育人活动的各构成要素之间有了联系枢纽，"不仅能促使各要素之间相互作用，而且还能对各要素的协调一致产生直接影响作用"；它为教育者提供自主创新的平台，使教育者通过不断挖掘和创新文化载体来丰富和创新文化育人的具体方法和手段；它通过自身承载的先进文化信息，发挥其感染人、教化人的功能；它通过文化载体丰富多样的内容及形式，增强文化育人的吸引力和影响力，进而增强育人实效，等等。这些都充分说明，文化载体是文化育人过程中所不可或缺的一种媒介要素。

（四）育人环境要素——以先进文化为主导的文化环境

环境是人格形成的必要条件，任何教育的发生都离不开环境的影响。文化以思想政治教育文化环境的形式存在。作为人类实践的产物，文化具有属人性，与人密不可分。文化就像空气一样时时包围在人们的周围，构成人类社会生活的环境，即文化环境。文化环境是影响人素质生成的重要因素。它由"一定的价值观念、日常伦理、道德规范、行为方式、宗教信仰、审美观念及生活风俗等内容构成"，对人们的思想观念、趣味、需求、情感、行为等产生潜移默化的影响，也直接影响着人们思想道德素质的发展。它是"以无形的意识、无形的观念，深刻影响着有形的存在、有形的现实，深刻作用于经济社会发展和人们的生产生活"。

先进文化具有重要的育人价值，是育人不可或缺的文化资源。在文化育人中，教育者无论基于下列哪种考虑，都必然要有目的地选择和构建以先进文化为主导的文化环境。

第一，先进文化蕴含着文化价值的"高势能"。文化具有差异性。在不同的文化之间，"因其自身所内蕴的知识、价值、规律和表现美等品质的含量不同以及知识层次和概念范畴位阶的不同"，会形成文化"势位"的高低差异。处在"高势位"的文化自然具有文化价值上的"高势能"，相比于"低势位"的文化而言，具有更强的文化影响力、凝聚力、辐射力。同时，"高势位"的文化会影响和改变"低势位"的文化。

一般而言，处于"高势位"的文化都是先进文化。任何先进文化都一定是"站在时代前列、合乎历史潮流……代表最广大人民群众利益的文化"。中国特色社会主义文化是代表我国文化发展方向的先进文化。它存在于社会文化生活的各个领域，以精神品质、价值观念、理想情操等精神文化资源形式存在，集中体现为社会主义核心价值观。

从育人的角度来说，先进文化与文化主体"人"之间存在的文化势能差异也是文化育人得以发生的基本前提。先进文化所蕴含的文化价值上的"高势能"，实际上就是它所具有的思想政治教育资源。要有效地进行文化育人，必须充分利用好社会主义先进文化的资源优势，以及它与文化主体"人"之间的"势位"差。

第二，先进文化与思想政治教育相互促进。社会主义先进文化既为思想政治教育提供正确的价值导向，又要依托思想政治教育推动其自身的建设与发展，二者相互促进、相互依存。尤其是在文化强国的新的历史时期，思想政治教育的文化性更加凸显，与先进文化建设在培育人和塑造人上更加紧密地契合，二者相互依存、辩证统一的关系也更加凸显。

一方面，社会主义先进文化对思想政治教育具有重要的导向性作用。它蕴含科学精神，崇尚实事求是，尊重客观真理，提倡开拓创新，反对迷信愚昧和因循守旧；它与时俱进，不断创新，渗透于社会生活的各个领域，深刻影响着人们的思想，对思想政治教育提出了现实的要求和导向。思想政治教育要高举马克思主义旗帜，用先进的理论武装人；要大力弘扬科学精神，用先进的理念引领人；要坚持以人为本，以最人性化的方式教育人，进而增强思想政治教育的影响力和渗透力，最大限度地发挥其教育功能。

另一方面，思想政治教育能够促进社会主义先进文化的建设与发展。促进人的全面发展，既是思想政治教育的根本目标，也是社会主义先进文化建设的应有之义。在社会主义文化大繁荣大发展的新的历史条件下，思想政治教育只有自觉地把文化作为重要载体和手段，自觉地运用社会主义先进文化来引领人和影响人，自觉地将教育内容有效融于文化创造和文化传播之中，自觉地丰富思想政治教育的文化载体，才能增强思想政治教育的文化育人实效，有效地促进人的全面发展，也才能有效地推进社会主义先进文化建设。

二、文化育人的内在机制

文化育人作为一个文化价值的客体主体化过程，实现文化价值客体主体化的内在机制主要有人化与化人互动机制、文化认同机制、文化内化与外化机制、感染与模仿机制。主要表现在：其一，文化是在"人化"与"化人"的双向历程中生成的结果。其二，个体思想的形成是文化认同机制发生作用的结果。其三，文化育人强调文化知识内化为个体自身的思想、情感及行动中的文化自觉。其四，模仿与感染相伴而生，受教育者在一定文化情境感染下会做出一种类似反应性行为。二者都是文化育人实践中的重要教育机制。

（一）人化与化人互动机制

从文化生成的基础看，文化总是以人的主体性实践为基础，是人依照自己的目的和意愿"向文而化"（"人化"）。离开文化主体人的"向文而化"，文化便失去了可以生成的基础。人"向文而化"有两个向度：

一是向外扩张，即按照"人"的发展需要和理想不断改变人的外部世界，使外部世界"人化"。

二是向内完善，即按照"人"的发展需要和理想不断提升和完善自我。无论是因为人作为一种历史性的文化存在，还是因为人作为世界不可分割的一个重要组成部分，人的提升与完善都离不开外部世界文化的孕育和影响，都要经历文化"化人"的历程。

从文化生成的历程看，文化是在"人化"与"化人"的双向历程中生成的。人创造文化，文化也塑造人。人与文化是一种双向构建的关系。这种关系主要体现在两个方面：一方面是人向文而化，简称"人化"，即人通过社会实践，将外部世界对象化，创造出丰富多彩的文化。人将外部世界对象化的过程实际上就是人"向文而化"的过程。人在向文而化的过程中创造文化，发展文化。另一方面是文化"化人"，即人在外部世界文化的孕育下不断发展、提升。在文化化人的过程中，看似没有直接创造新的文化，但是促进了新的文化主体的生成，为进一步的文化创新发展奠定了基础。从这个意义上说，文化生成于"人化"与"化人"的双向历程中，是人与文化相互构建的结果。

文化生成的内在机制体现在"人化"与"化人"的互动过程之中，这一互动过程就是"人类文化的原初生成和当代生成的共同规律"。"人化"与"化人"作为文化生成的双向历程，二者彼此交融、循环往复、互生互动，文化就是在二者之间永不停息的双向互动中不断地生成着、发展着。

文化育人的过程是通过加强社会主义先进文化建设来促进人的全面发展的过程。在这一过程中，社会主义先进文化的发展与人的全面发展相辅相成，相互促进。其中，"发展社会主义先进文化"是人向文而化即"人化"的过程，是"人"对"文化"的构建；而以社会主义先进文化促进人的全面发展是"化人"的过程，是"文化"对"人"的构建。从这个意义上说，文化育人的过程实质上也是"人"与"文化"双向构建的过程，文化育人的价值就是在"人化"与"化人"的互动机制中得以生成和实现的。

从"人化"与"化人"的互动机制可知，实施文化育人要着重从两个方面下功夫：一是加强社会主义先进文化建设，就是在具体的文化育人活动中加强承载社会主义先进文化的文化载体建设，以增强文化化人功能。二是加强人的主体性建设，促进人的全面发展，以增强人在发展社会主义先进文化中的本质力量，即提升"人化"水平。

（二）文化认同机制

文化育人强调以文化人，强调文化知识内化为个体自身的思想、情感及行动中的文化自觉。在这一过程中，起至关重要作用的是主体的文化认同。所谓认同，是指个体人对个体之外的社会意识的价值和意义在认知和情感上的趋同，并促使个体自觉行为的一种心理倾向。认同可以有多种指向，如民族认同、国家认同、文化认同等。其中，文化认同是最深沉、最持久的力量，处于最核心的地位。文化认同是指对一个群体、一个民族、一个国家文化身份的认同感。它是一种肯定的文化价值判断。

文化认同在"先进文化"和受教育主体"人"之间扮演着非常重要的角色。它是文化价值由"先进文化"客体向文化主体"人"转移的中转站，是实现文化价值"客体主体化"的必要条件，也是文化育人功能得以实现的前提和基础。

文化认同分为外显认同和内隐认同。二者之间的关系既相对独立，又紧密联系、相互促进。外显认同能够促进内隐认同的发展，内隐认同反之又能促进外显认同的发展。一般而言，文化在人的心理内化过程中，是遵循从外显认同到内隐认同的秩序构建的。作为文化内化的前提，文化认同是个体思想形成的重要基础。

文化认同机制蕴含于个体对文化的外显认同和内隐认同过程之中。外显认同是个体对一种文化价值的明确认定与选择，是个体态度转变中一个至关重要的环节。按照社会心理学的观点，个体态度的转变分为"服从""认同""内化"三个阶段。其中，"服从"是迫于外在压力或权威而表现出来的短暂性顺从。服从并不意味着认同，它只是表面上的顺从，并且很容易改变。"服从"是个体在外部压力下对"你要我怎样做"的一种形式上的配合。"认同"是"服从"的进一步深化，表示个体不再是被动地服从，而是从内心开始主动地认可和接受一种文化价值，体现出个体自我的价值判断和价值选择。但这种价值判断和选择只是发生在思想观念层面，还没有成为自己的行为习惯，也较易于因外界影响而发生变化。"认同"为"内化"奠定了基础，使"内化"具有了发生的可能。"内化"是认同的进一步深化，是个体对某种文化价值认同的固化性结果。所谓固化性，主要是指一种文化价值经个体内化之后，转化为个体相对稳定的行为、信念，并在实践中以持续一致的方式得以显现，表现为个体相对固定的思想行为习惯。"内化"是个体心理态度转变的最终体现，它不再是"你要我怎样做""我接受你的观点"，而是"我要怎样做"，是个体主体性的体现。

总之，个体态度转变的过程是一个从"你要我怎样做"向"我要怎样做"转变的过程，是一个由被动服从向主动践行转变的过程。在这一过程中，外显认同强调个体明确而自主的价值判断和选择，强调对社会主导文化价值观念的积极认同。它是个体态度转变的关键性环节，既为改变个体被动"服从"的状态提供了心理基础，也为接下来的文化"内化"提供了心理上的驱动力，并使三个环节由前至后逐步深化，有效承接，形成联动，在促进个体态度转变的过程中发挥着至关重要的机制性作用。

内隐认同是个体对外在观念影响的一种接纳方式，也是个体认知与学习的一种重要方式。在多数情况下，个体对外部的影响是在不知不觉、潜移默化中自然接受的，具有影响发生的内隐性，即内隐认同。内隐认同的内隐性在于，个体思想观念的更新、发展变化都是以潜隐的、个体不知不觉的方式进行的。在通常情况下，外在观念在个体身上发生的影响作用，以及个体文化价值观念的习得与养成，大多是以内隐认同的方式进行的。可以说，个体思想形成的过程在很大程度上是个体对其发生影响的文化之内隐认同的过程。内隐认同作为个体思想形成的重要机制，在个体接受外部文化的影响中发挥着重要的作用，对个体行为的选择也起着决定性的作用。

个体对外部文化价值的判断和选择是文化认同的重要结果。作为个体思想形成的重要机制，文化认同是外显认同和内隐认同的综合体现。虽然说个体对外部文化的接受以及个人思想的形成，在多数情况下，是潜移默化、非自觉的，是内隐认同的结果，但外显认同作为个体认知和学习的一种重要方式，在人的思想形成过程中不可或缺，个体对外部文化影响的接受过程不是仅凭单一的外显认同或内隐认同就能实现的，而是两种认同机制共同发生作用的过程。从这个意义上说，无论是文化外显认同还是内隐认同，都是个体思想形成的重要机制，都在文化育人过程中发挥着不可或缺的作用。因此，在实施文化育人时，对外显认同和内隐认同应该予以同样的重视。

（三）文化内化与外化机制

人的文化价值观不是与生俱来的，而是在后天的学习生活中逐渐习得的，它有一个文化内化与外化的过程。文化育人作为一种思想政治教育实践，其受教育者对文化的习得也有一个过程。其中，文化内化与外化是不可或缺的两个基本环节。

第一，文化育人的过程实质上是文化的思想政治教育价值"客体主体化"的过程。文化育人的核心目的是利用文化的思想政治教育功能培养人、塑造人，重在追求文化的思想政治教育功能的实现。这一功能实现的过程，实际上是文化价值的"客体作用于主体，对主体产生实际的效应，这个过程是主客体相互作用中的客体主体化过程"。它不是价值从无到有的过程，而是从"可能"到"实现"、从"潜"到"显"、从"客体"到"主体"的过程，归根结底是文化价值客体主体化的过程。

第二，文化内化与外化是文化价值客体主体化过程的两个基本环节。在文化育人中，文化价值"客体主体化"的过程不是简单的客体作用于主体的过程，而是主客体相互作用的过程。这一过程由文化内化与文化外化两个基本环节构成，是一个从文化内化到文化外化，再到更高层次的文化内化和文化外化的周而复始的发展过程。文化内化是文化中所蕴含的思想政治教育相关的思想、认识、政治、道德等内容为受教育个体所接受，并转化为个体相对稳定的思想价值认知、情感、信念等内在意识的过程。文化外化是受教育个体将内化形成的思想价值意识和动机转化为外在的思想品德行为，并养成良好行为习惯的过程。

经过文化内化与文化外化两个环节，文化中所蕴含的思想政治教育价值，从受教育者个体之外的价值客体到被个体接纳吸收成为其自身的价值观念，再到经个体价值观驱动转化为外显的思想品德行为，实现了从客体到主体的转移，这一过程就是文化的思想政治教育价值客体主体化的过程，也是受教育个体思想政治品德形成发展的过程。

第三，文化内化与外化二者辩证统一，关系十分密切。其一，二者是内在统一的。它们都以思想政治教育实践活动为基础，以良好的育人实效（塑造人的良好素质，使人养成良好的行为习惯）为目的。其二，二者是相互依存、互为条件的。文化内化是文化价值输入，即将外在的文化思想意识转化为个体内在的文化思想意识，使人形成新的思想。它是文化外化得以发生的前提和基础。而文化外化是文化价值输出，即将个体的文化思想及动机转变为外在的文化行为，使人产生新的行为。它是文化内化成果的外在体现，是内化的目的和归宿。没有外化，内化也就失去了存在的意义。其三，内化与外化之间是相互渗透、相互贯通的。在内化过程中，思想认识离不开行为实践。在外化过程中，行为实践也离不开思想认识的驱动和指导。二者之间不是凝固僵死的，而是在一定条件下互融互动、相互贯通、相互转化。

第四，文化内化与外化是思想政治教育过程中实施教育的两个重要阶段。在文化内化阶段，教育者要运用一定的文化载体，将特定的思想政治教育内容传递给受教育者，使受教育者从中自主选择和汲取其文化思想价值，并形成个体内在的文化思想意识。在文化外化阶段，教育者要帮助和促进受教育者把自己内化形成的文化思想意识自觉地转化为外在的思想品德行为，并养成相应的行为习惯，在这两个教育阶段，教育者的教育主体作用十分重要。没有教育者的教育设计、安排与推动，思想政治教育意义上的文化价值内化和外化将无从实现，文化育人也无从谈起。因为只有经过内化与外化，文化育人的成效才能得以展现。从这个意义上说，文化内化与外化也是文化育人的两个基本环节，在文化育人中不可或缺。

（四）感染与模仿机制

在文化育人实践中，教育者不明言施教，而是借助于各种文化实践活动，间接地传递思想政治教育信息，感染教化受教育者。文化育人强调利用先进文化育人。而先进文化不是独立、抽象地存在的，它总是以丰富多样的形式具体地存在于某些特定的文化载体之中，融于个体所处的文化环境之中。个体对先进文化的感知和接受也多是发生在某些特定的文化情境之中，是在特定文化情境中受到文化熏陶和感染的结果。

感染是个体对特定文化情境中的思想政治教育信息自觉地产生共鸣，并受到心灵上的洗礼与触动，其实质上是一种情绪、情感及认识上的交流和传递。感染是教育者通过一定的文化情境来影响受教育者的方式。它作为一种教育教化机制，在文化育人实践中发挥着重要的作用，通过感染的教育机制，教育者能够"通过某种方式引起受教育者相同的、符合思想政治教育要求的情感、认识和行动"，受教育者能够"无意识、不自觉地接受一定的思想政治教育施教"。

教育者运用感染机制的目的是使受教育者的思想认识得到提升，行动得到优化。而这一目的的实现还需要受教育者能动地参与。模仿是人类社会学习的重要形式，是受教育者接受"感染"刺激所做出的一种类似反应的行为方式。"模仿"与"感染"相伴而生，二者都是文化育人实践中的重要教育机制。

在文化育人过程中，模仿是受教育者政治思想品德习得的一种重要方式，也是一个观察性学习的过程。班杜拉提出，模仿或观察性学习是一个过程，即"一个人观察他人的行为，形成所观察到的行为的运作及其结果的观念，并运用这观念作为已经编码的信息以指导他将来的行为"的过程。从社会学习理论的角度来说，模仿作为受教育者对某些刺激有意无意地行为反应，它不是通过教育者的命令而强制发生的，也不受教育者所控制。受教育者所表现出来的行为大多数是通过有意识或无意识的模仿而习得的。模仿的内容也非常广泛，"不仅限于行为举止，而且包括思维方式、情感倾向、风俗习惯以及个性品格等"。但在以思想政治教有为目的的文化育人实践中，教育者通过对施教"文化情境"的选定或创设，使对受教育者的"感染"有目标、有方向，进而间接地掌控着受教育者对"感染"刺激所做出的模仿性行为。从这个意义上说，在文化育人过程中，受教育者的模仿行为是无意识的，但其模仿内容是经过教育者特定的，模仿的过程也是受教育者间接地控制调节的。

从总体上看，文化育人的过程是教育者借助文化的载体对受教育者施以思想政治教育的过程。在这一过程中，教育者通过特定的文化情境"感染"受教育者。受教育者接受"感染"刺激后，经过观察学习和模仿，习得相应的政治思想品德，进而实现教育者施教的目的。文化育人是以润物细无声的方式进行的，是教育者通过有目的的文化"感染"，引发受教育者有意无意地进行文化"模仿"，并对受教育者形成潜移默化的影响。在文化育人过程中，"感染"与"模仿"二者前后承接，相互贯通，共同为思想政治教育的"文化价值客体"与"受教育者"建立起有效的文化交流与传递渠道，对实现文化价值"客体主体化"起着重要的机制性作用。

由"感染"和"模仿"机制可知，实施文化育人既要发挥教育者的主导性作用，增强他们对文化育人活动的整体安排及调控能力，如选择运用文化载体的能力、创设文化情境的能力、预判受教育者文化模仿的能力等，又要发挥受教育者的主体性作用，为促进受教育者的模仿创造有利条件。

三、实施文化育人的条件

（一）社会文化的发展与成熟

文化的功能是"化人"，即影响人、塑造人。文化对人影响力的大小取决于它所具有的文化势能和文化引导力，取决于它的先进程度。一个社会的文化发展进步成果是这一社会文化的时代先进性的体现，也是这一社会文化的成熟程度的体现。一个社会的文化越先进，其文化发展就越成熟，其文化影响力也就越强。

（二）人对精神文化需求的提升

在当今世界，随着文化与政治、经济相互交融的不断深入，文化越来越成为民族凝聚力和创造力的重要源泉，越来越成为综合国力竞争的重要因素，丰富精神文化生活越来越成为我国人民的热切愿望。精神文化需要是人的文化主体性的体现，是人类特有的需要。需要是人对物质生活条件和精神生活条件依赖关系的自觉反映。人作为一种物的存在和文化存在，既有物质需要，也有精神文化需要。精神文化需要是人类特有的需要。它的内容十分丰富，包括求知、审美、娱乐、道德、情感、尊重、自我实现需要等。它的形式更是多种多样，不胜枚举。精神文化需要以丰富和发展人的精神世界为目的，是人类对精神文化生活的能动追求与自觉反映，是人类追求自我主体价值的体现。

（三）思想政治教育的人文精神凸显

思想政治教育是统治阶级教化人民大众、维护阶级统治、推动社会发展的一种手段，从古至今，在不同阶级统治的社会，在不同的社会历史发展阶段，思想政治教育的手段不尽相同。

在当代中国新的社会历史发展条件下，随着社会文明程度的不断提高和思想政治教育现代化的不断发展，人文精神在思想政治教育中也不断得到凸显。

第一，人文精神成为思想政治教育的内在价值追求。作为一种培养人、发展人的精神生产性社会实践活动，思想政治教育不仅具有政治性，更具有浓郁的人文性，人文精神是其内在的价值追求。人文精神的思想灵魂是"以人为本"，核心要义是人文关怀，即对人类生存意义和价值的关怀。它以关心人的发展、满足人的需要为逻辑起点，以升华人的思想情操、完善人的道德品格为价值取向，以唤醒人的主体意识、促进人的全面自由发展为根本目标。

思想政治教育的核心价值追求是以人为本，以人为主体，给人以终极关怀。在思想政治教育实践过程中，每一项教育内容的安排、教育方式方法的选择、教育环节的设计等都渗透着对人的最深切的关怀，包括关怀人的生存与发展需要，关怀人的生命尊严和价值，培养人的精神信念与道德人格，强化人的主体性和价值理想，思想政治教育对人的终极关怀是以尊重人的自由和自律为基点，以人性化的方式实施教育和引导，使人能够在追求自我价值的过程中体验到生活的意义，形成自己的价值理性和道德责任意识，并能够自我"立法"，自我约束，自我完善人格，从容面对生命历程中的各种挑战，实现以自觉自律为前提的思想与行动的自由。从这个意义上说，思想政治教育不是简简单单地灌输一些道德准则，而是从人自身生命需要和发展的角度，促进人、引领人形成自我"立法"，形成道德"自律"，实现意志"自由"，自觉地生成与完善自己的生命本性。这也正是思想政治教育的人文精神和人文价值追求所在。

第二，人文精神成为实现思想政治教育价值的需要，任何事物的发生、发展与变化都是历史的、具体的，都会因各种条件的限制而在其理想与现实之间、应然与实然之间存在着差距。思想政治教育的主体是人，并且是在特定社会历史条件下，由主体人所开展的精神生产性社会实践活动。在具体的思想政治教育实践中，其人文价值所能够实现的程度，既要受到特定社会历史条件的制约，也要受到特定历史条件下人的思想解放程度的制约。

第三，思想政治教育中的人文精神越来越浓郁。在文化大繁荣大发展的当今时代，不仅人们的文化价值观呈多样化发展，尊重人和满足人的价值需要，追求人的自由而全面发展也成为一种主流思潮。在这一新的历史形势下，思想政治教育作为先进文化建设和人才培养的重要手段也责无旁贷地要顺应时代发展的需要，不断深化教育改革，增强教育的人文性。尤其是随着文化强国战略的推进，思想政治教育的文化性日益凸显，思想政治教育的人文价值诉求日益强烈，人文精神不断增强。总之，在文化强国时代，思想政治教育要体现它的育人价值，并长久保持育人活力，必须要坚持以人为本，对人施以深切的人文关怀。当前，思想政治教育的文化性不断增强，在育人实践中不断凸显人文精神，为文化育人提供了必要的条件。

第八章　高校文化育人之路的具体表现

第一节　高校文化育人的四维向度分析

一、高校文化塑造理想人格

人格，源于拉丁文"persona"，有假面或者是面具之意，此后，学者们从不同的学科视角对"人格"加以阐释，促进了人格内涵的拓展以及人格理论的演进，其中心理学在这方面的研究成果较为突出。人格面具也可以称之为角色扮演，意指人们按照自己所认为的别人对他的希望行事。如果说这里的深层人格是一种真实的人格写照，那么表层则是一种对理想人格的描述，而实现真实人格与理想人格的协调一致便是进行人格塑造的终极目标。在我国古汉语中，人们通常以"人性""品格"等词汇表达"人格"的含义。后来，"人格"作为外来词引入，一方面是指人的性格、气质和能力等的总和，另一方面是指人的道德品质，即道德人格。从文化的视角来看，理想人格本质上是为寓于特定文化场域中的人们所崇尚和效法的人格，是一种文化精神或理想在人身上的集中体现，是人存在和发展的目标。总之，特定文化的熏染是其内部成员理想人格形成的重要手段。

二、高校文化引导价值取向

价值取向是价值哲学的重要范畴，是指价值主体在面对或处理各种关系时所持的居于优势地位的价值观念和立场以及由此表现出的基本价值倾向与价值追求。价值取向一经形成便会影响主体的价值选择与价值评价，从而在影响价值主体心理意志的前提下指导和调节其行为方式，是一个形成态度并通过思想与行为表现态度的过程。可以说，价值取向是一种人格倾向，更是一种文化倾向，表现为价值主体对特定文化的认知和认同结果，因此特定文化的浸染必然是人们价值取向形成的重要影响因素。大学学科具有的文化特征同样对学生的价值取向具有引导功能。

三、高校文化培养思维方式

所谓思维方式，就是主体从一定的思维角度出发，按照一定的运思程式，依据一定的运思尺度，采用一定的运思方法，通过一定的表现形式来反映、评价、选择客体的模式，体现为主体对客体认知过程的思维轨迹。知识理论的不断积累和完善，使不同学科逐渐形成了各自领域内特有的判断、推理与分析方式，即学科思维方式。学科思维方式主要是知识理论体系中学科方法论作用下的结果，同时又是学科方法论的文化表现，既为各学科领域所特有，又为各学科领域内部成员所共有，因此，学生欲成为各自学科领域中合格的一员，真正拥有相应的学科身份首先需要接受的就是学科文化后思维方式的养成教育。在众多学科中，数学往往呈现给人们一种机械化以及程式化的样态，即只需要进行逻辑推理即可，无须其他社会因素参与到数学的推理过程中，因此，数学文化的熏陶有利于学生直线思维或逻辑思维的养成，而历史学讲究从对个别事实的认识开始着手分析，但它并不只在于要确定一些个别的事实，而更要于种种个别事实之间建立一些结合性。因此，历史学文化的习得可以使学生愿意从具体事实着手认识事物，形成由个别到总体、由点带面的形象思维方式。哲学是系统化和理论化的世界观，就马克思主义哲学而言，它主张对任何事物都应一分为二地看待，倡导不盲从权威而要以批判的态度分析事物，这一学科文化的影响对学生辩证性和批判性思维方式的形成至关重要。另外，对于同一问题，受到不同学科文化影响的人们也会表现出不同的思维方式。如对于空气质量问题，受到医学文化影响的人们非常容易从接触污染物对人体健康造成的影响或者是疾病的形成角度分析；而受社会学文化熏陶的人们则更愿意从空气污染对人类生活质量的影响角度探讨。对于地震问题，物理学文化使其成员在不自觉中从地震能量的聚集与释放的角度思考；生物学文化通常易使其成员从生物异常行为与地震的关系角度思考；天文学文化一般会使其成员从地震现象的周期性角度思考。

四、高校文化规导行为方式

文化的育人功能不仅主要体现在从心理层面上对学生进行理想人格塑造、价值取向引导以及思维方式培养，而且也表现在对具体的行为层面的行为方式的规范与导向，具体包括表达方式和生活方式两个方面。

一方面是文化对学生表达方式的影响：通常物理学领域的研究对象为客观现实，而哲学等人文社会科学领域的研究对象则具有主观性，因此，物理学的研究过程中必须要控制并评估客观现实，而哲学等人文社会科学则要结合学科成员自身的认识状况反思社会现象。这一学科文化特性反映在书面表达风格上，即物理学领域成员很少运用第一人称写作以体现客观性，而哲学等人文社会科学领域成员则经常使用第一人称以表明主观态度。

另一方面是文化对学生生活方式的影响：文学学科出身的人（尤其是学生）通常在穿着上较随意，而医学学科的学生往往穿着比较正规；工科学生更倾向于单独居住，而人文与社会科学学科的学生通常会选择与他人合住。

五、高校学生日常思想政治教育文化育人体系的构建

文化蕴含着十分丰富的教育理念和精神价值，是社会文明的重要构成和发展之源，作为中国文化传承弘扬和创新发展的重要平台，高校应该比以往任何时候都要注重和发挥文化载道、文化育人的重要作用，将文化育人融入到大学生日常思想政治教育中，贯穿到大学生成长发展全过程，以文育人、以文化人，以文塑人，实现立德树人的根本任务，培养中国社会主义现代化建设的建设者和接班人。本文基于当前大学生日常思想政治教育工作现状，对文化育人的时代背景、内容形式、环境氛围进行了分析研究，提出形成主体协同、全员参与的育人格局，建立系统全面、特色分明的育人内容体系，采取多种渠道、全面覆盖的育人途径以及实行多措并举、同向同行的保障体系，构建新时代大学生日常思想政治文化育人体系，不断提升文化育人工作的水平和实效。

基于对新时代大学生日常思想政治教育文化育人现状的分析，遵循思想政治教育规律，结合学生日常教育工作实际，从育人格局、育人内容体系和育人途径三个方面构建大学生日常思想政治教育文化育人体系，不断提升文化育人工作水平和实效，开创大学生日常思想政治教育文化育人新局面。

（一）形成主体协同、全员参与的育人格局

作为高校思想政治工作的组成部分，大学生日常思想政治教育文化育人工作应在三全育人的大格局中，协同和发挥各种文化育人的资源和力量。一是协同任

课教师，习近平总书记在全国高校思想政治工作会议上要求教师要努力成为先进思想文化的传播者，要用好课堂教学主渠道，各类专业课程与思想政治理论课应同向同行，将中国特色社会主义文化融合到课程教学之中，贯穿学生大学学习全过程。二是协同辅导员或班主任，辅导员是高校文化育人工作的主体之一，应名正言顺、理直气壮、大张旗鼓地宣传和弘扬中华优秀传统文化，开展革命文化和社会主义先进文化，鼓舞和激励学生担负起中华文化创造性转化和创新性发展的重任。三是协同学生骨干，学生党员和学生干部是参与学生班级管理，组织各类文化活动的重要力量，是弘扬中国特色社会主义文化的先锋队、排头兵和领跑者，是文化育人工作中最活跃的因素，通过朋辈教育和示范，让文化育人更具感染力和亲和力。四是协同学生家长，父母是学生的第一任老师，他们的身体力行和言传身教，引导和影响着学生道德品质和行为习惯的养成，形成良好的家风是传承中华优秀传统文化在现实生活中的具体体现，因此，应充分发挥学生家庭成员在传播中国特色社会主义文化的积极作用，让学生在日常的家庭生活中接受文化，传承文化。五是协同校外团体和个人，如邀请时代楷模、道德模范、人民英雄等到学校举办先进事迹报告会，让学生在优秀品质和伟大精神的影响下，增强文化价值认同；举办知名专家学者的文化讲座，拓展学生的文化视野，帮助学生正确树立文化观；邀请文化单位和艺术团体到学校开展各类文艺演出，陶冶学生的艺术情操，提高学生的人文素养。

（二）建立系统全面、特色分明的内容体系

坚持党的领导，坚持社会主义办学方向，办好中国特色社会主义大学，是高校各项工作的基本原则和重要遵循，为高校思政教育的内容明确了方向。习近平总书记在学校思想政治理论课教师座谈会上指出"中华民族几千年来形成了博大精深的优秀传统文化，我们党带领人民在革命、建设、改革过程中锻造的革命文化和社会主义先进文化，为思政课建设提供了深厚力量"。大学生日常思想政治教育文化育人的内容在组织结构上，与思政理论课程教育同向同行，共同致力于中华优秀传统文化、革命文化和社会主义先进文化的教育和传播，引导学生树立正确的文化观，对中国特色社会主义文化形成正确的、全面的、系统的认知，并从中国文化中汲取强大的精神力量，促进自身的人格完善，素养提升和价值实现，真正成为社会主义建设者和接班人。然而，与思想政治理论课程教育相比，大学生日常思想政治教育有其特色和侧重，它集课堂教育、组织建设、日常管理、文化活动和社会实践等多种方式于一体，覆盖学生日常生活各方面，贯穿大学生涯各学段，在高校思想政治工作中发挥着增长学生知识见识、养成学生文明行为、提升学生道德品质、促进学

生综合素质和培育学生精神价值的重要作用。由此可见，大学生日常思想政治教育其特有的育人方式和功能，决定了其育人内容集中在知识传播、行为素养培育和精神价值提升三个层面。基于以上讨论，大学生日常思想政治教育文化育人的内容体系应以包括中华优秀传统文化、革命文化和社会主义先进文化的中国特色社会主义文化为基本内容，从传播文化知识，培育文化行为素养和提升文化精神价值三个维度进行构建，主要包括以下教育内容：

1. 中国文化知识传播教育；

2. 中国文化行为素养教育；

3. 中国精神价值提升教育。

（三）采取多种渠道、全面覆盖的育人途径

大学生日常思想政治教育文化育人工作应走进学生日常，贴近学生实际，覆盖学生生活，其育人途径主要有主题教育、实践活动和网络宣传。

主题教育主要是以宣讲为主的集中性教育活动，是最基本、最普遍、最经常的文化育人方式，很多高校都对主题教育进行了内容、形式、次数和质量的要求，如规定辅导员定期召开主题班会，每学期邀请校内外专家举办专题讲座，组建宣讲团在校内外开展宣讲活动等，通过主题教育普及中国文化知识，重温文化发展历史，分享中国文化故事，传播中国文化精神。主题教育的育人方式易于操作，组织成本较低，覆盖面较广，但对教育者的育人能力和水平有很高的要求。

实践活动主要是指以活动为主的集体性教育活动，强调学生在活动中的参与、锻炼和体验，通过各类实践活动不断提升学生对事物的认知水平，增强情感，陶冶情操，帮助学生内化认知内容，加快思想观念外化为实际行动的进程。实践活动较主题教育形式更多样，从学生兴趣爱好出发，采用学生喜闻乐见的方式，如才艺展示活动、艺术作品大赛、新年音乐会、传统文化纪念活动、高雅艺术进校园等，让学生在活动中感受中国优秀传统文化的魅力，感受民族英雄和革命志士舍生取义、为国捐躯的崇高品质，感受中华民族艰苦奋斗、自强不息的奋斗精神，厚植学生强烈的民族自豪感和爱国主义情感。

网络宣传主要是依托网络媒体以交流为主的教育活动，学生可通过网站、微博、微信等媒体平台获取大量的与中国文化相关的信息，如文学史学作品、文化文学评论、文化历史故事等，而且信息的呈现方式多种多样，有影视作品、音频资料和文字信息等，学生可以跨区域、跨时段、较自由地在网络平台上进行交流，这是当前大学生主动使用频率较高，并易于接受的育人方式。然而，网络宣传存在一定的意

识形态安全风险，一些敌对势力通过网络散布谣言，频繁诋毁中国特色社会主义文化，需要我们保持警惕。要不断创造优秀的文化育人精品，扩大中国先进文化在网络媒体中的传播和影响，形成正确的文化舆论导向。

第二节 高校文化育人的实现机理

一、知识体系育人

知识体系是学科发展过程中形成的学科知识理论和方法论的总和，是文化中居于基础性地位的要素，因此，知识体系育人即是通过知识理论（包括学科的知识内容及其结构，学科语言符号体系等）和学科方法论引导学生思维方式、表达方式、价值取向乃至生活方式的形成，从而达到育人的目的。

（一）知识内容与结构育人

一方面，知识内容与结构的紧凑程度是学生思维方式形成的重要影响因素之一。物理学总是一个比社会学结构更完善、内容更紧凑的领域。诸如物理学之类的学科一般拥有发达的知识体系，随着学科研究的不断深入，知识内容和结构就会越加紧凑，并不断趋于完善。因此，对相关知识的学习往往需要遵循一个循序渐进的逻辑过程，才能有助于学生形成完整的知识链，而这一过程通常又是一个逻辑思维的自觉形成过程。相对而言，社会学之类的学科知识基础比较含糊，知识结构相对松散，知识的发展通常不会在短时间内使知识内容与结构的紧凑程度有所改变，因此，对相关知识的掌握并不需要一个严密的逻辑过程，对学生逻辑思维的形成也并无积极的促进作用。另一方面，单纯从知识内容所涉及的领域来看，人文和社会科学学科主要围绕作为个体的人、人与人之间以及人与社会之间的关系展开讨论，因此，此类知识文化的熏陶下学生会对人与社会产生自然而然的亲切感，使他们更容易融入社会，从而表现出比自然科学学科与技术学科的成员更倾向于选择与他人合住等生活方式与习惯。

（二）措辞育人

成熟学科都有一套属于自己的语言符号系统，而学科措辞则是该符号系统的重要构成，体现为学科术语的使用风格，对学生表达习惯的养成极有影响力。譬如，在经济学、工程学等学科中多运用表格这种方式表现变故之间的数状关系或者是事物之间的结构关系等。显然，这种简洁、直观的措辞方式会使学科成员选择并形成简约、直接的方式表达思想乃至情感。

（三）方法论育人

学科方法论是特定学科研究中采用的宏观视角、基础策略和主要方法，以学科思维为文化表征，对学生思维方式的形成具有塑造作用。以物理学为例，在伽利略和牛顿等近代物理学方法奠基者的倡导下，观察实验法成为物理研究中最惯常采用的方法，并体现为相应的物理学思维方式：现象观察→提出假设→逻辑推理→得出推论→实验检验→规律性认识的形成。因此，物理思维的长期熏染非常容易使学生养成由具体、生动的直观现象到抽象的思维习惯，有利于他们逻辑思维和抽象思维能力的提升。此外，科学方法论比任何特殊的科学理论对人类价值观的影响都要大。通常来说，价值取向是价值观的选择与导向，而价值观是价值取向引导下的产物，因此，各学科所采用的科学方法论必然对学生价值取向的形成具有极大的影响力。如在经济学中，除实证方法之外，规范方法也是分析问题的重要方式，主要用于对经济现象进行价值判断，而进行价值判断的主要依据则为以最低的机会成本实现最大的社会效益。因此，在经济学的规范方法引导下学生极易将需求效益的最大化作为其主导性的价值取向。

二、文化主体育人

学科文化主体即学科成员，包括创造学科文化的主体，也包括在继承中维系与发展学科文化的主体，在大学中是学者和学生的合称。因此，文化主体育人是指学生受学科中的学者或其他学生影响，逐渐形成理想人格特征和学科思维方式等的过程，而现实交往是文化主体育人的基本途径。必须要注意的是，虽然学生之间建立相互学习的良好氛围也是提高学生素质的重要途径，但学者尤其是大学教师是经过大学中特定学科文化熏陶，并以教师资质得到认定的合格的学科成员，因此，学生在与教师的交往中接受教师人格魅力、学识水平、思维方式等的熏染，是通过文化主体实现人才培养的主要方式。

这种情况下，有如下几点应当引起我们的注意：首先，教师的亲和力是拉近师生关系，从而实现有效沟通和交往的重要前提。其次，教师的信任和支持是学生成长的外在动力。第三，教师积极的科学态度是培养学生科学精神，引导学生形成理想人格的重要途径。

三、价值体系育人

价值体系是学科成员对已形成的学科发展范式、学科功能与价值定位等的认同、信服与遵从，是学科成员所要追求并始终坚守的信仰。通常情况下，各学科会通过崇拜学科偶像和推行学科仪式等方式坚持学科传统，从而表达这一信仰。因此，价值体系育人即是借助学科偶像的吸引力与学科仪式的感染力等方式对学生施加影响以达到育人目标的过程。

一般来说，学科偶像是学科知识理论的奠基人，是学科价值定位的倡导者，也是科学精神的守护者，他们的影响力的形成是一个知识发展的自然过程，更是一个因对人类社会做出卓越贡献而得到认可的社会过程。因此，学科偶像是学科的信仰旗帜，也是学科成员的精神寄托与目标向导，对各学科学生价值取向的形成和理想人格的塑造极具导向性。另外，学科偶像作为专业权威对学生价值取向的形成具有引导功能。

第三节　高校文化育人的基础分析

一、文化凝聚功能

在高校文化育人的诸要素中，学科知识体系、价值体系与学科成员所处的学科文化场域是支撑文化凝聚功能最主要的文化要素。在揭示文化凝聚功能的含义与主要表现的基础上，深入探讨该功能得以实现的内在动力与文化魄力是充分发挥文化凝聚功能以激发成员积极性与创造性，从而促进文化持续发展并为文化育人功能的实现奠定基础的必要选择。

第一，文化凝聚功能的含义与主要表现，文化是维系各种社会关系的重要元素，具有使社会中各个部落内部得以有效整合，协调发展的强大能量。学者们通常会用"黏合剂""无形的纽带"来形象地表达文化的这种凝聚功能。而学科文化作为文化系统的组成部分，在各学术部落中同样发挥着凝聚功能，而且，很少有哪些现代机构像学科那样显著和顺利地赢得其成员坚贞不二的忠诚和持久不衰的努力，其中成员对各自学科所表现出的忠诚和在学科领域中所进行的持久不衰的努力正是文化凝聚功能作用下的结果。因此，我们认为文化的凝聚功能是指在文化场域中以知识体系与价值体系为主导的文化要素所具有的对共同文化意识的形成施以影响，并在此基础上促使学科成员为学科的发展努力践行的能力。可以说，文化的凝聚功能在学科成员（在大学中主要包括学者与大学生）与各自的学科之间建立起了彼此依存的紧密关系，使学科成员的信念态度、行为习惯等学术生活方式与各自学科的整体发展模式相统一，并以形成学科内部相对稳固的发展合力为最终目标。

第二，文化凝聚功能实现的内在动力，价值体系是学科文化的核心要素之一，是在长期发展过程中形成的为学科成员所共有的信仰与追求，它一经形成便会引导学科后继成员产生对各自学科发展的范式、基本功能以及价值定位等的信服感，而这种会不断积蓄的对各自学科的独特情感恰恰体现了学科文化对其成员的吸引力，也反映出了学科成员对文化的价值认同程度。换言之，学科成员对文化的价值认同是使其成为学科的忠实拥护者，从而以坚定的信心与无限的耐心发展自己的学科，而不愿从事其他学科学术活动的重要动力。还有学者认为，一般情况下真正能够促使人们去做某件事情的不是真理本身，而主要是对真理所抱有的那种寓于人们心灵深处的强大的情感动力，学科成员在学科领域中从事学术活动也同样如此。由于情感是人的非智力因素之一，体现为人对客观事物所持有的认同或反对等基本态度，所以学科成员的学科价值认同感的形成过程亦即是他们对各自学科理念、认可的情感不断积蓄的过程。而且，基于学科成员内心的情感归属而产生的价值认同彰显着学科成员忠于各自学科的主观愿望，是文化凝聚功能实现的重要内在动力。

由此可见，学科仪式、学科偶像与学科发展中所形成的独一无二的知识优势同时向学科成员传递着客观的学科文化信息，而学科成员在接收与体悟这些文化信息的过程中便在他们内心深处形成了对学科的归属感、对学科偶像的敬畏感与对学科的自豪感，并表现为对文化的价值认同感，从而使成员能够产生忠于自己所属学科的兴趣、热情以及责任，也会使文化的凝聚功能在学科成员内在情感的驱动下得以实现。

第三，文化凝聚功能实现的文化魄力，情感是维系组织最强有力的纽带，但却不是唯一纽带，往往组织中除情感以外与利益相关的因素也具有凝聚组织成员的功能，组织是学科的基本形态之一，因此我们有理由认为，在文化凝聚力形成的主要动力除了来自情感驱动下学科成员对学科文化产生的价值认同感之外，还有必要提及的便是来自学科成员在相关利益作用下所考虑到的学科迁移代价。所谓代价，是指人类在社会发展过程中为获得特定事物而有所付出与所做出的牺牲。那么，学科迁移代价便是指学科成员离开他所在学科谋求新发展的过程中所需舍弃、牺牲的价值以及所要承受的一系列消极后果。

从文化视角来看，这种凝聚功能的产生实质上是学科文化作为学术生活历史凝结的文化本质与学科文化场域的基本状态对学科成员共同施以影响的结果，是学科成员充分考虑舍弃其中蕴含的利益元素所要付出的巨大代价的结果。具体来说：

第一，在各自学科领域中长期以来形成的也已习惯化了的生活方式是学科成员最难以舍弃的利益元素之一。知识的高度分化是科学革命以来科学知识发展的最显著特征，即使在倡导知识融合的大科学时代依然如此，同时，知识的分化带来了大学中以学科组织为载体的高度制度化的劳动分工，而且在知识的分化与劳动分工的细化过程中，学术信仰也在随之不断扩散，学术领域中便产生出了以拥有独特学术信仰为文化要素的学科文化。而必须要承认的是，文化具有强大的能量，它常常能够使不同学科间难以沟通，从而表现出与众不同的特征，能够向学科成员传递专门的研习对象与方法，也能够使学科成员在自己的专属学科部落中开展专门的学术活动，从而明确自己的学科身份，使他们帮助自己了解他们是谁。换言之，是学科文化为不同学科中的每一个人贴上了独特的文化标签，并赋予了他们学科身份。追溯身份的含义我们发现，该词对应着 status 和 identity 两个英文词汇，前者可作身份、地位讲，后者可译为同一性、一致性，而社会学家韦伯则愿意将身份理解为人的社会声誉与生活方式。一般情况下，文化是人类生活的历史凝结，而人类不同的生活方式则是不同文化样态的具象表达。基于这一认识本研究倾向于身份的生活方式说，认为身份即是人们寓于其中的文化环境对他们特有生活方式的认定，并彰显着同一文化环境中的人们因各自身份的一致性而具有的凝聚力。那么，对于学科成员而言，学科身份实质上反映了各学科成员所拥有的不同的学术生活方式，而且学科知识越分化，学科文化网络越细密，学科身份便会越凸显，学科成员的学术生活方式也越会多样化地被呈现出来。另外，学科成员越是长期地扎根于自己的学科领域，这种学术生活方式向其日常生活其他方面渗透的可能性也越大。因此，在这个意义上说，学科成员一旦选择并进入某一学科领域之中，受到该学科文化的影响，即使该学科不是最具优势的，又或者不是最适合自己的，如果选择脱离本学科而投向另一个学科领域，往往既需要强大的外力支持，又需要为此付出巨大的代价：那无异于要终止学科成员长久以来一直所遵循的生活方式，如特定的语言习惯和固定的研习方式等。

第二，学科文化场域或优或劣的基本状态也是学科成员所关切的利益元素。默顿曾把使有的更有，没有的更加缺乏的社会现象称为马太效应，而在学科发展过程中这一效应则主要表现为优势学科持续的优势积累，而且较其他学科更能够集聚人才，凝聚力量。优势学科不仅体现为学科在知识发展层面上的优势，而且还体现为学科文化场域层面上的优势。我们认为，学科文化场域体现为学科及其成员所处的环境文化形态，而且学科文化场域的优势越大，学科文化的凝聚功能也就越明显。

第三，文化凝聚功能的育人效应分析，在对文化凝聚功能的实现动力和育人功能的实现机理、机制进行分析与对比后发现，二者之间存在着紧密联系。一方面，文化的育人功能除了表现在塑造理想人格、培养思维方式与规导行为方式三个维度之外，还能够引导学生价值取向的形成，而学生学科价值取向的形成过程又是他们学科归属感的深化过程。显然，育人功能对凝聚功能具有维系与优化的作用。另一方面，从凝聚功能育人效应的视角来看，学科文化是学科成员学术生活方式的历史凝结，它萌发于学科领袖的魅力外化，形成于学科成员对学科文化雏形的共享与认同，是学科成员共同作用的结果。因此，没有学科成员的凝聚，学科文化的生成、发展演化，育人等功能的实现便无从谈起。同时，文化育人功能的实现是学科知识体系育人、价值体系育人与学科文化育人的共同结果，然而文化主体育人功能的真正实现必须以学科成员即学科文化主体（主要是大学教师）在情感与利益的驱动下凝聚于各自学科文化场域之中为前提。此外，文化的凝聚对象不仅包括教师，而且也包括学生，文化对学生所进行的理想人格塑造、价值取向引导、思维方式培养与行为方式规导的又一重要前提便是学生在凝聚功能的作用下确认自己的学科成员身份。可以说，文化的凝聚功能在对作为学科文化要素的学科文化主体施以影响，以使他们产生相应的学科归属感与认同感的过程中成为育人功能的实现基础。

二、知识生产功能

知识生产功能作为文化育人功能的优化动力，在一定程度上促进了文化育人功能的发挥，从文化生产力与文化知识生产功能的含义角度出发进行阐述，文化生产力是在激烈的市场竞争、迅猛的科技发展与不断高涨的文化消费进程中诞生的社会生产力系统的主要组成，是对马克思和恩格斯"艺术生产"和"精神生产"思想的时代拓展。

知识生产是一种创造性的实践活动，创新是对知识生产的本质要求。创造性成就的取得除了取决于行为主体自身的认知能力与个人品格之外，还受包括文化等在内的环境因素的影响。因此，特定文化作为渗透性元素所体现出的知识生产能力是文化生产力的组成部分。而文化是在学科知识与学科组织的发展过程中所形成的独特的知识理论体系、学科方法论、思维方式、价值观念、学科传统、伦理规范、学科制度与行为习惯等的总和，属于学科的软实力范畴。学科文化一经形成就成为学科发展的动力源泉，具有推动学科持续发展的诸多重要功能，知识的生产功能便是其中之一。那么，什么是文化的知识生产功能呢？我们认为，文化的知识生产功能即是学科长期发展过程中形成的包括学科知识体系、价值体系、规范体系与行为习惯的文化要素对不同学科文化场域中的文化主体（学科成员，这里主要包括学者、研究生与部分本科生）的知识材料加工创造过程施以影响，并在此基础上实现学科文化增值的基本能力。

其次，文化知识生产功能的具体表现，生产是人类从事创造社会财富的活动和过程。通常情况下，人们在探讨生产的相关问题时总是需要回答生产什么、用什么劳动资料生产与如何生产等一系列问题。在文化知识生产功能的论题中，我们首先确定了生产对象（知识）与生产资料（学科文化），因此解决如何通过文化影响学科知识的生产便是本研究的核心问题所在。有学者指出，知识生产存在两个维度：认识维度与组织维度。换言之，知识的生产过程既遵循着人类认知的内在发展逻辑，又需要诸如组织安排等社会因素作为外生力量发挥积极的推动作用。而文化影响下的知识生产则是在遵循人类认知与知识现象发展惯性的内在规律的基础上，作为学术部落中各个小小世界的文化因素对知识发展施加外在影响力的实践过程，具体地表现为以下几个方面：

第一，学科价值体系与主体凝聚——知识生产的必要前提。

第二，知识体系与知识承接，知识生产的逻辑法则分析，毫无疑问，直觉与机遇在知识生产过程中发挥着重要作用，但这并不意味着知识的产生源于空想，且完全依赖于直觉与机遇，而更需要遵守知识生产内在的逻辑法则，而且这种自觉与机遇通常也是在人们掌握并灵活运用知识生产的逻辑法则的前提下才能更加充分地发挥作用的。

第三，研究习惯与生产方式——知识生产的学科差异。

第四，学科规范体系与生产要求。

第五，文化场域与生产环境。

综上所述，学科知识体系作用下的知识承接是学科知识生产的逻辑法则，是学科文化知识生产功能得以实现的内在动力，而学科价值体系、研究习惯、规范体系与文化场域的作用相对来说则是知识生产功能实现的强大外在动力，它们共同作用、相互补充对文化知识生产功能的实现施以影响。

再次，知识生产功能的主要障碍及其育人效应思考，文化对促进学科知识生产具有巨大的影响力，但不可否认的是在学科文化的动态发展过程中知识生产的功能障碍也会相伴而生，具体表现为以下两个方面：第一，学科文化惰性所带来的知识生产功能障碍。众所周知，任何文化都会经历形成期、惯性期、惰性期和衰亡期各个阶段，因此能否克服文化惰性便是决定该文化走向的关键。所谓的文化惰性是特定文化因在长期发展过程中形成的观念定势甚至是自我崇拜而对外界作用元素表现出的排斥倾向，它既是文化走向成熟的结果，又是文化功能发挥的限制力量。学科是高深知识系统发展并趋于成熟的标志，因此每个学科都有自己的主流范式，而主流范式的形成从消极方面来看却不仅意味着知识悟性的增加，而且标志着学科文化惰性期的到来。在文化惰性期，由于学科主流范式所不能说明的问题变得越来越重要了，人们便开始尝试寻找新的范式，但是新的范式常常被拒绝，特别是被较老的科学家所拒绝，从而使知识创新受阻，表现为文化知识生产的功能障碍。第二，文化发展的不成熟所带来的知识生产功能障碍。文化的发展具有阶段性，由于知识形态的学科一经形成便趋于成熟，因此认为学科知识文化视角下的功能障碍主要发生在其惰性期，但学科文化是知识文化与组织文化的集合体，组织文化的基本状态在一定程度上决定了同一知识形态下学科及其文化发展的多样性与复杂性，所以文化在不同发展阶段其发展程度存在一定差异，文化功能的发挥水平也会有所不同，因此文化视角下的功能障碍还发生在其形成初期的不成熟阶段。一般来说，文化的形成是学科组织发展成熟的标志，反之，成熟的学科组织也必定具有独特而又稳定的学科组织文化；有学者研究发现，成熟的学科组织不仅具有明晰的组织结构，更重要的是拥有标志性的研究成果和可持续的知识产出。换言之，在学科组织未发展成熟之前，学科人才队伍尚不健全、学科组织结构尚不完善，学科资源与信息的获取能力有限，也尚未形成相对稳定的学科组织文化，故而势必不利于学科的知识生产。

但是，从更加积极的层面来看，文化不仅对学科知识的生产具有影响力，而且还能通过知识生产功能表现出特有的育人效应。自从德国柏林洪堡大学建立以来，教学和科研一体化的理念与模式便在大学中日益受到关注，随之而来的便是在将知识生产寓于大学学科教学、科研与服务社会的整体实践活动过程中，知识生产与知识产品的获得也为大学育人提供服务与帮助。这势必在知识生产功能与育人功能之间搭建起了沟通的桥梁。更为重要的是，在大学中，由于知识形态是学科的基本形态，是组织形态的生成基础，而知识体系则不仅是学科文化的核心要素之一，而且是居于基础性地位的核心要素，是学科价值体系与规范体系等文化要素得以形成的基础，所以知识的生产过程事实上也是学科自身的发展过程与学科文化的自我增值过程。

可见，知识生产功能在完善作为学科文化核心要素的学科知识体系的过程中也成为文化育人功能不断优化的动力和保证。

三、社会思潮的影响

从社会思潮对文化育人功能的影响方式角度出发进行阐述，学术界关于"社会"的定义已形成了基本一致的看法，即社会是以共同的生产实践为基础的相互联系、彼此交往的人类共同体。而社会文化则是社会发展的产物，是在社会生产力发展的基础上形成的各种文化现象和文化活动的总称，它由社会群体创造，反映并受制于特定经济社会的发展状况，又对社会群体以及社会整体的文明进步具有巨大的影响力。从广义上来看，社会文化是指人类在社会实践中所创造的物质财富和精神财富的总和。而狭义上的社会文化只是作为观念层面的社会文化，是社会意识形态以及与此相适应的文化制度的统称，以价值观为核心，主要体现为特定社会群体在特定历史期的共同信仰与心理构成。通常说来，社会文化具有如下两方面主要特征：①民族性与多样性的统一。每一个国家民族本身就是一个社会，他们都有与各自社会生产力发展状况相适应的社会文化，尤其是观念层面的社会文化更被打上了典型的民族传统烙印。②纵向的历史阶段性与动态发展性。文化属于历史的范畴，社会的生产实践活动不止，在社会发展的不同历史阶段，社会文化就会随之体现出相应的时代特征并在动态发展中表现为社会文化的变迁。社会文化变迁又称文化变异，是指由社会内部发展或不同社会间的彼此接触引发的特定社会文化系统内容与风格等的变化。社会文化的变迁一则是在其自身的内驱力作用下，依靠社会内部各种关系的相互碰撞而产生；二则是文化交流的结果，通过对他种文化的吸收，并在与自身文化特征彼此融合的过程中实现，是社会文化变迁外在动力的体现。洋务运动时期，在"西学东渐"的过程中，西方文化开始渗透到我国从而带来了我国文化领域内的新变化，这显然是外在动力作用下我国社会文化变迁的典型代表。同时，在全球化发展背景下，随着信息技术的高度发达，世界范围内的文化交流也日益便捷，势必会更有利于社会文化在彼此交流、碰撞与逐渐融合中不断发展演进。

而且，在特定社会文化系统发展的不同阶段与该历史阶段相对应的、符合时代特征的主导文化因素也会有所变化。

再者，人、社会、文化一开始就是"三位一体"地出现的。人虽然有先天道德本性，但也表现为社会文化的本质。对于人与社会文化的关系问题，教育社会学的观点进一步表明，社会文化是特定社会场域中的人们尤其是学生学业成败重要的影响因素，因此基于这一视角，社会文化的主要特征和发展程度与其成员的素质养成极具相关性。换言之，社会文化的发展需要能够对其进行保存与传播、选择与整理、交流与创新的具有相应素质的社会成员，为实现这一目标，社会文化在自觉或者是不自觉中表达着教化社会成员的基本诉求，而大学教育是使社会成员，主要是大学生直接或间接地接受特定社会文化熏陶、教化并能够传承、发展社会文化的重要方式之一。众所周知，学科是大学的基本组成单元，而大学学科文化又是大学文化，是大学及各学科培养社会发展所需人才的基本职能的载体之一，故而文化对各自学科成员的影响自然也与社会文化的发展之间存在着特定的互动性规律。通常情况下，社会文化尤其会被当代学科打上相应的文化烙印，而学科文化中也会流露出特定社会文化的精神气质，从而使文化的育人过程渗透出社会文化痕迹。可以说，文化在特定社会文化的影响下而彰显出独特的学科文化育人特征，以及文化育人功能实现过程中所表现的社会文化辐射力是文化育人功能的社会文化内涵主要层面之一。从某种程度上讲，文化育人功能的影响方式主要包括渗透性影响以及背景性影响，具体分析情况如下：

第一，文化渗透性影响，社会文化通过影响文化各构成要素从而实现对其育人功能的影响，此时社会文化对学科文化及其育人功能的影响是渗透性的，体现为社会文化的渗透性影响方式。一方面，在社会文化变迁进程中的特定条件下，会出现学科研究领域扩散与学科知识内容更新的情况，从而扩大或调整大学生涉猎学科知识的范围以实现对大学学科文化育人功能的影响。

第二，社会文化背景性影响，除渗透性影响方式以外，社会文化还会通过对特定文化历史阶段大学中主导学科的产生与核心学科文化特征的凸显施以影响，从而进一步影响大学学科文化育人功能的整体实现情况，体现为社会文化的背景性影响方式。众所周知，学科在其发展过程中始终与社会保持着密切联系，从而体现为学科的社会适应性，即不仅学科知识要在社会需求的引导下不断完善，而且就连学科组织的建设也需要在政府科学政策的干预下才能不断发展。对于大学学科而言，学科的社会适应性表现在其发展过程中，甚至还表现在国家层面的大学学科准入即大学对学科的选择阶段。从大学学科的历史演进来看，社会统治者的意识形态无疑是大学学科准入及其发展最重要的外在影响因素，这是因为他们需要选择并支持符合自身利益的知识体系并使之在大学中获得合法地位，甚至是在某种程度上使某类学科在特定时期内成为大学中的具有主导性地位的学科，以有利于社会按照统治者的意愿更好地发展，从而表现为一类学科的衰落以和它相联系的统治阶级权力合法性的削弱为前提；一类学科的流行又通常伴随支撑其发展的统治集团权力效应而扩大的学科发展特征。而当时大学中基于主导学科的基本特征所产生的核心学科文化往往会通过消解其他学科文化的价值而发挥着重要的育人功能。

由此可见，文化育人功能的社会文化背景性影响方式主要体现为文化对特定历史时期社会中居于主导或核心地位的文化或文化体系的适应，而且一旦该文化发生变化，大学中居于主导性地位的学科以及由此表现出的核心学科文化特征也将随之发生相应的变化，而学科文化的育人功能则由于核心学科文化特征的变化也将有不同的育人表现。在西方社会由教会神权向世俗王权的过渡过程中，神学在大学中的主导地位也逐渐被民法、医学等学科瓜分，从而使神学文化在育人中的重要性失落；而且由中世纪宗教文化的主导到古典人文主义的复兴再到启蒙运动，社会文化的嬗变过程同时也是大学中的核心文化精神由推崇神学思想发展为彰显人文价值再到追求纯粹科学的演变过程，从而使不同时期的社会文化影响下的文化育人功能也具有了不同的含义与特征，同样能够予以证明。

另外，虽然社会文化对文化育人功能的渗透性影响与背景性影响彼此交织，不可分割，但是社会文化通过影响学科文化要素以实现对大学学科文化育人功能的影响所涉及的学科带有偶然性与片面性，而社会文化在对特定文化历史阶段大学中主导学科的产生与核心学科文化特征凸显施以影响的方式则更能够体现其影响的全面性与广泛性。

总之，社会思潮对文化育人功能的发挥具有深远影响，在不同社会文化背景下的文化育人功能有近乎不同的表现。同时我们也需要看到的是，文化育人功能的发挥对社会文化具有一种辐射作用，即文化育人既是社会文化的再生产与升华过程，又具有引领社会文化发展方向的作用。首先，文化育人的对象即不同社会历史条件下的人们，通过文化的内化机制塑造他们的理想人格、学科价值取向、学科思维与行为方式和习惯，是对满足当时社会文化发展要求的学科文化进行再生产的途径，因此也是保存、传播即再生产社会文化的手段。另外，文化影响下的学生思维清晰、价值取向明确，了解专业发展前沿与趋势，能够为社会发展各领域提供必要的智力支持，因而也是新的文化要素的引入者，必然引领社会文化的发展方向。正如我们认为理性主义文化的张扬带来了自然科学学科的兴盛与文化育人功能的提升那样，我们也必须承认当代中国社会思潮对高校文化育人之路的影响。

第九章　高校文化育人创新理念与路径

第一节　新时代文化育人理念的创新

文化有广义和狭义之分，广义的文化是指物质财富和精神财富的总和，狭义的文化是指意识形态领域的精神生产，包括思想、道德、观念、宗教、哲学等，这是文化中最具活力、最为丰富多彩的一个部分。

一、推进思想政治教育与文化育人的深度融合

（一）原因

一是我国文化价值观念复杂多变。在改革开放和社会主义现代化建设的进程中，在市场经济条件下，人民的思想观念不断得到解放，呈现出具有多元性、积极性、主动性的特点，这对传统文化思想造成了一定程度的冲击。在这举国之力实现社会主义现代化，实现中华民族伟大复兴的关键时期，要求人民的思想观念同实现"两个一百年"的伟大奋斗目标保持高度一致，与中国特色社会主义前进方向接轨。科学技术与经济的不断发展，极大地提高了人民的物质文化生活水平，人民对精神文化生活的要求越来越高，对文化娱乐和消费方式的需求也逐步增长，同时也产生了各种消费异化、文化异化的现象。怎样去处理这些矛盾，使我国现代化进程更加和谐，是思想政治教育文化融合亟待解决的问题。

二是网络文化负面影响持续凸显。网络的发展使现代人的生存空间得到一定的延伸，从积极的意义上讲，它使人的本质力量得到一定的实现，但其消极影响也日益显现出来，我们不得不保持警惕，网络的发展迅速地冲击传统的思想观念和生活方式，虚拟空间挤压着现实空间。网络的开放性和时效性使不同地区不同国家的

各种价值观掺杂在一起，使人们陷入价值观选择的难题。网络作为一种自发的载体，如果运用不当，就会起到误导作用。网络的空间化也给现实空间造成了一定隔离，人们很可能沉浸在"虚拟世界"中而忽视了"现实世界"的交往关系，造成人际关系的疏离和淡漠。因此，如何将网络作为思想政治教育的一种手段用在刀刃上，是思想政治教育文化融合的重大课题。

（二）基本内涵

一是明确思想政治教育与文化育人深度融合的目标。思想政治教育与文化育人的深度融合是指思想政治教育在文化育人的过程中，必须坚持思想政治教育的文化育人作用与文化育人的思想政治教育作用的有机联结和高度统一，主要目的在于通过高校学生的主体性去学习、接受、创造、实现文化的继承和发展，推动思想政治教育文化融合，实质上就是将个人的理想与国家的前途、民族的命运紧密联系在一起，献身中国特色社会主义事业，从而实现思想政治工作与文化育人工作的高度统一。

二是找准思想政治教育与文化育人深度融合的切入点。思想政治教育与文化育人深度融合的重点是将二者结合起来。思想政治教育和文化育人本质是以实现中华民族伟大复兴的中国梦为目标，以培养德智体美劳全面发展的社会主义建设者和接班人为落脚点，在思想政治教育的文化育人工作与文化育人的思想政治教育工作中践行其使命，实现其目标。

三是强化思想政治教育与文化育人深度融合的行为自觉。思想政治教育与文化育人的深度融合不是单向的、被动的，而是双向的、主动的，表现为一个辩证统一的过程，这就强调思想政治教育与文化育人融合的意识应该与其行为相统一。要把握思想政治教育与文化育人之间的有机联系，不是把它们简单地相加，而是要将它们高度衔接、融会贯通；必须牢固树立整合意识，并体现在办学治校和人才培养的全过程；学习借鉴人类的优秀文化和文明成果。中国特色社会主义先进文化的优势就在于其包容性，既有中国本土的优秀传统文化的根基，又有一个海纳百川的开放胸怀，能去伪存真，兼容并蓄。文化育人工作就是要从这些具有强大生命力、吸引力和感召力的社会主义先进文化中汲取养分，不断壮大。

（三）主要原则

一是坚持思想政治教育与文化育人深度融合的方向性原则。思想政治教育与文化育人的目标都是提升青年学生的思想政治素质和文化价值观念，促进个人的自由全面发展，从而培养德智体美劳全面发展的社会主义建设者和接班人，为推进中国特色社会主义事业做贡献。坚持思想政治教育与文化育人的深度融合，必须坚持正确的方向。首先，必须坚持为人民服务的发展方向，运用思想政治工作与优秀文化资源逐步提高人们的思想道德素质和丰富人们的科学文化知识，通过课程文化载体、榜样文化载体、环境文化载体、活动文化载体、网络文化载体营造良好的文化氛围，不断创造更多优秀文化产品以满足人们日益增长的精神需要。其次，必须坚持为社会主义服务的发展方向，思想政治教育与社会主义文化建设的最大特点就是都具有极强的意识形态性，加强思想政治教育与文化育人的深度融合必须始终坚持以习近平新时代中国特色社会主义理论为指导，让思想政治教育中的文化育人工作和文化育人工作中的思想政治教育工作有机结合、充分融合，共同推动社会主义现代化建设。

二是坚持思想政治教育与文化育人深度融合的系统性原则。系统性是指两个不同概念的事物既相互成为独立的部分又相互构成一个系统的整体。思想政治教育和文化育人既是两个独立的部分，又是一个系统中的两个不同元素，它们相辅相成、相互贯通，共同成为育人事业的一部分。坚持系统性原则必须加强思想政治教育和文化育人的相互渗透补充，就是指思想政治教育和文化育人要发挥自身的育人优势，相互借鉴、取长补短，共同作用成为一个有机整体。在实际工作中不能将二者割裂，既不能进行没有文化的思想政治教育，也不能进行没有思想政治导向的文化教育。

三是坚持思想政治教育与文化育人深度融合的主体性原则。就是要坚持以人为本，增强行为主体的主体性意识。首先，要发挥高校师生在思想政治教育和文化育人中的积极性、主动性，提高思想文化素质，遵循成长成才规律，把培养社会主义的合格建设者和可靠接班人作为根本任务。其次，要充分调动高校师生的参与热情，唤醒和增强人们的主体意识，发挥高校师生在推进思想政治教育与文化育人深度融合中的主导性作用和自主性作用。最后，自觉参与、积极投身到社会主义现代化建设中。

二、坚持全员全过程全方位协同育人理念

（一）意义

一是"三全育人"有利于加强文化育人工作的实效性。随着互联网时代的到来，高校学生的思想、价值、行为等日益趋向复杂化和多元化，传统的文化育人模式和

途径已经难以有效兼顾所有学生。专任教师的文化底蕴虽然能够开阔学生的文化视野、提升学生的文化素养，但由于师生间缺乏深入的交流，难以影响学生的心灵，同时也存在高校文化资源分散，育人载体没有起到协同育人的作用，育人资源没有得到有效整合，因此，探索高校"三全育人"模式，有利于让高校育人资源围绕师生发挥作用，力求育人工作"无盲区"，最终实现学生的成长成才。

二是"三全育人"是提高文化育人质量的有效途径。从高校的角度来看，"三全育人"重视整体功能，强调校院班各个部门协同育人，要求部门间干实事，是提升文化育人质量的"催化剂"。从教师队伍的角度而言，"三全育人"有利于提升教师与学生的关系的亲和度，打破以往教师与学生之间的单向关系，使教师不仅在知识上育人，更在行为、生活等方面全方位熏陶学生；从学生成长成才的维度而言，"三全育人"能够让学生更加了解任课教师，在生活和学习遇到困难时及时得到教师的帮助，使学生不仅能在学业上获得进步，更能在人格上受到影响，在教师的关爱中健康成长。

（二）基本内涵

文化育人应以中华优秀传统文化、社会主义先进文化为基础，遵循文化育人的基本规律，运用"化"的方法，对人们的思想、道德、价值、行为等进行潜移默化的启发和影响，帮助学生实现自我完善、自我超越和自由而全面的发展，进而提升社会向心力，增强国家凝聚力。

"三全育人"首先要正确把握"全"：一是对文化的学习要"全"，要求深刻把握中华优秀传统文化、革命文化以及社会主义先进文化的精要，以中华文化的博大精深为底蕴，将中华优秀传统文化之"根"融化在自身的血液中，把革命文化之"魂"浇铸在骨子里，把社会主义先进文化深入到文化自信中。不仅学习中华优秀传统文化多种多样的巧妙形式，更要领悟其背后蕴藏的情操、气节、意蕴、价值、意志等。对中华文化的凝练要"全"，中华文化的磅礴厚重经过凝练后所呈现出的都是精华，能够使人们在短时间内领略优秀文化的深刻内涵。当代对中华优秀传统文化最为精要的提炼莫过于社会主义核心价值观，它成为中华文化最为醒目的品牌和标志，为中国人所自豪。化"全"为"简"，"简"中窥"全"，也是中华文化的特别之处。二是"全"文化培育的对象是全人民，这是党对人民的承诺，使人民共享改革发展所取得的伟大成果，同时也蕴含着人民对国家应尽的义务，从而更好地投身于中国特色社会主义建设。三是"全"文化贯穿的是全过程，尤其重视对高校"三全育人"的全程培养。立德树人的根本任务要贯穿教育主客体发展成才的全过程、教育教学全过程和学生成长成才全过程，融入高校育人工作的各个环节，扩大到全体人民的终身教育全过程。四是"全"文化涉及的是全方位，校内外联动将文化的氛围融入校园、家庭、社会、生活、虚拟空间等全方位，在课堂内外、线上线下、家庭社会等多维度形成育人合力，在潜移默化中提高学生的思想觉悟和道德修养，使学生培育和践行社会主义核心价值观，自觉为中华民族伟大复兴贡献力量。

"三全育人"的"育"与文化育人的"育"具有内在的一致性。育有两端，一端为主体，另一端为客体，要打破惯有的主体单方面向客体灌输的传统模式，推动从"教"向"育"的有效转化。要把握发挥"育"的深刻内涵，一方面要聚焦学生，因材施教，根据学生自身的特点去探索行之有效的教育方法，摒弃"千篇一律"的灌输式教育，发展千姿百态的多样化教育，让青年学生通过易于接受的方式在多种选择中领略中华优秀传统文化的源远流长，实现"一棵树摇动另一棵树，一朵云推动另一朵云，一个灵魂唤醒另一个灵魂"的意境和目标；另一方面要聚焦教师，提高教育工作者自身素质，打破传统教育模式和方法，在主客体相互联结和交融互动中实现教育者和受教育者的双向提升。

"三全育人"的"人"与文化育人的"人"具有同样的内在规定性。就具体个体而言，文化育人的人是共性与个性相统一的人，但就抽象个体而言，他们要回答好党办教育"培养什么人、为谁培养人"的根本问题，这是新时代高校文化育人工作需要解决好的共性问题。弘扬和传承社会主义核心价值观，是对国家、社会、个人文化培育的专门要求。集体主义和爱国主义是"三全育人"的"大我"，人的自由全面发展是"三全育人"的"小我"，要以"六个下功夫"为着力点，即在坚定理想信念上下功夫、在厚植爱国主义情怀上下功夫、在加强品德修养上下功夫、在增长知识见识上下功夫、在培养奋斗精神上下功夫、在增强综合素质上下功夫。我们要通过"大我"和"小我"的有机结合，将个人的理想与国家的前途、民族的命运紧密地联系在一起，将"六个下功夫"的殷切期望落到实处，将立德树人的根本任务贯彻好、坚守好、实现好。

（三）主要原则

实现"三全育人"必须坚持全员参与原则。育人工作不仅是教育工作者的事情，学校的每一位员工，家庭和社会的每一个成员也都肩负着为党育人、为国育才的神圣职责。全员育人是"三全育人"理念的第一层逻辑，要求学校、家庭、社会及每一个成员自觉地参与到育人工作中来，保证文化育人的主客体共同参与、双向提升，自觉接受中华优秀传统文化、社会主义先进文化的洗礼和熏陶，通过全员参与，推动育人对象在理想信念、道德情操、思想素质和文化修养上的全面提高，培养其成为合格人才，自觉为实现中华民族伟大复兴的中国梦贡献力量。

实现"三全育人"必须坚持全过程育人原则。全过程育人原则是"三全育人"理念的第二层逻辑，在坚持全员参与原则的横向基础上将育人范围延伸到纵向层面。全过程育人原则要求把文化育人贯穿于学生接受教育和成长成才的全过程，将育人工作的接力棒一程一程地向前传递，每个环节既有机衔接，又层递推进，不断巩固前一环节的育人成果，并为后一阶段育人成效的提升奠定坚实基础。坚持全过程育人原则，还要以敏锐的眼光把握适时而教的特点，在学生思想形成的不同阶段以不同的先进事迹去感染他们，以不同的榜样力量去感召他们，有的放矢，因材施教，有针对性地以文化人和以文育人，让每个人都活在道德与美的文化世界里，成为社会的有用人才。

实现"三全育人"必须坚持全方位育人原则。全方位育人原则是"三全育人"理念的第三层逻辑，强调的是其整体性和统一性的意义，具有更高层次的内涵和要求。要求实现校、院、班级的文化育人合力，打破家庭和学校的育人"鸿沟"，做到家庭与学校之间的联动配合，形成学校、家庭、社会三者的育人合力。使学生在思想上卓越、在行动上积极、在能力上优秀、在作风上稳健，得到全方位的提升，真正成为德智体美劳全面发展的社会主义建设者和接班人，把全方位育人落到实处。

第二节　新时代文化育人内容的丰富

一、科学认识新时代文化育人的内涵

文化育人就其实质内涵来看，是以中华优秀传统文化、社会主义先进文化等优秀文化为核心内容，对外来文化进行辩证吸收借鉴，遵循文化育人的基本规律，运用"化"的方法，对人们的思想、道德、价值、行为等进行潜移默化的启发、影响，具有增强国家的凝聚力、社会的向心力，推动人民实现自我完善和自我超越，实现全面发展的重要作用。

第一，"文"是指文化。文化有广义和狭义之分，广义的文化是指物质财富和精神财富的总和，狭义的文化是指意识形态领域的精神生产，包括思想、道德、观念、宗教、哲学等，本书所谈论的"文化"正是狭义的文化。中国作为世界上唯一一个文化历史传承从未中断过的国家，新时代文化建设应当体现出中华文化的历史继承性、思想创新性以及民族特色，其中最为核心的部分应该是作为民族之根的中华优秀传统文化和作为民族之魂的最具民族特色的社会主义先进文化。作为民族之根的中华优秀传统文化是神州大地上最绚烂的一块瑰宝，内涵不局限于诗词歌赋、哲学伦理，还有书法、音乐、武术、戏曲、棋类、节日等，简而言之，能够表达中华儿女的民族精神和民族智慧的一切文化形式都称得上中华优秀传统文化。中华优秀传统文化所凝聚出的民族精神表现在以下几个方面：一是强调家国情怀的爱国主义思想，如范仲淹的"先天下之忧而忧，后天下之乐而乐"；二是注重仁爱思想，以人为本，提倡治国理政的民本要求，如《尚书》的"民为邦本，本固邦宁"，孟子的"民为贵，社稷次之，君为轻"；三是大同社会思想，对社会和谐的强烈意愿，如费孝通提出的"各美其美，美人之美，美美与共，天下大同"；四是厚德载物，自强不息，如屈原的"路漫漫其修远兮，吾将上下而求索"；五是修身养性，内圣外王，如《大学》中的"物格而后知至，知至而后意诚，意诚而后心正，心正而后身修，身修而后家齐，家齐而后国治，国治而后天下平"。

以古鉴今，社会主义核心价值观根植于中国古代优秀传统文化的沃土之中，离开优秀传统文化的滋养，社会主义核心价值观将变成无源之水、无本之木。作为民族之魂的革命文化既散发着传统文化的历史气息，又闪烁着革命运动的耀眼光芒。帝国主义列强凭借船坚炮利打开了中国封闭已久的城门，随之而来的是战火漫天、山河破碎，受尽欺压凌辱，许多爱国志士在民族存亡的危难之际自觉组织起来，为反抗外来侵略洒下火热的鲜血。中国共产党成立以后，红色革命文化的星星之火迅速蔓延，大无畏的牺牲精神，渴求民族独立的爱国情怀，渴求人民幸福的民本思想，在革命中形成的井冈山精神、长征精神和延安精神，在群狼环伺中建设社会主义的自强不息精神，在和平建设时期的大庆精神、"两弹一星"精神等，都凝聚成革命文化，体现了中华民族用血与火浇铸的不屈之魂。在当代，中国特色社会主义文化是最能代表中国的文化力量，它"源自于中华民族五千多年文明历史所孕育的中华优秀传统文化，熔铸于党领导人民在革命、建设、改革中创造的社会主义先进文化，植根于中国特色社会主义伟大实践"，党的十八大报告提出的社会主义核心价值观正是中国特色社会主义文化最精要的凝练，每一个字背后都承载着中华民族五千多年厚重的历史文化，深刻地体现出国家富强、民族振兴、人民幸福的中国梦和中国特色社会主义的坚定道路。因此，只有全面把握中国文化的精要之意才能正确地以文化人。

第二，"化""育"同步，"化"指的是事物产生的过程，"育"是教育、教化的意思。在文化育人的语境下，"文"通过"化"形成文化，"文"的"化"通过"育"使文化作用于人。现代高校在以文育人的过程中存在的一个通病就是没有正确地引导学生在接受"化人"时自觉进行"人化"。在事物发展过程中最重要的是掌握事物发展的规律，那么"化"的规律是"人化"和"化人"的统一。"人化"是指人们能够根据自己的价值取向、审美标准、理想信念，去选择、接受、践行优秀文化，从而使自身得到全面发展。个人在接受知识力量的过程中更要注重文化的熏陶，这不仅包括个人对中华优秀文化的明晰与认同，还包括对外来文化的取舍与运用。此外，个人在继承、吸收中华文化与外来文化的同时还要注重文化创新。应当明确的是，新时代是一个多元的时代，多元的文化冲击容易使人迷茫，但是只要正确选择当前的主流价值文化——社会主义核心价值观所提倡的，大到以爱国主义为核心的民族精神和以改革创新为核心的时代精神，小到自强不息的个人修养，把它们内化于心、外化于行，不忘初心，立德修身，就能投身到社会主义现代化文化强国的建设中。"人化"是文化育人中最有活力的因素，但同时也是最需要引导的因素，人的主观能动性必须以一定的客观规律为导向，这个时候"化人"开始发挥其重要作用。"化人"是指一定的社会组织根据当前符合社会主义前进方向的优秀文化价值的要求去培养人们以民族凝聚力为共性、以个体全面发展为个性的高尚品德。"化人"所肩负的任务是引导人们感受中华文化的魅力，使人们在发展过程中择中华优秀文化之精髓以纳之，将个人价值融入社会价值当中。把握好"人化"与"化人"的规律，是新时代提出的明确要求。

第三，"人"是文化育人的逻辑起点与终点。文化是人的文化，人在中华文化中一直位于重要地位，是古代的"天人合一""以人为本，本理则国固""仓廪实而知礼节，衣食足而知荣辱"等，也是现代以来的"为人民服务""群众路线"等，人本思想是中华文化传承中从未中断过的历史脉络，它同家国情怀一起构成人民的精神食粮。人是文化的载体，文化作为一种意识形态是随着人的生产而出现的，离开人的文化是虚无空洞的文化，不为人的复归的文化是形式虚拟的文化。

综上所述，在新时代，我们既要认识中华文化的核心内容，又要遵循文化育人的发展规律，将工作重心落实到全体人民的自由而全面的发展上，培育自发领略中华文化神韵、自觉建设社会主义文化、自信实现中华民族伟大复兴的崇高品德。

二、厚植中华优秀传统文化，传承民族之魂

中华优秀传统文化是五千年历史长河中通过生产生活凝练出来的带有中华民族特色、具有民族气派的物质和精神成果。它无时无刻不在影响着中国人的物质生活和精神生活。中华优秀传统文化是中华民族自我认同的源，是中华儿女团结进步的根。高校是传承中华优秀传统文化的重要载体，要积极培育符合社会主义新时代的建设者，要把中华优秀传统文化贯穿于育人全过程。

（一）中华优秀传统文化育人的重要性

中华优秀传统文化是中华民族独特的文化标识，在科学技术飞速发展的 21 世纪，人类交流和交往的能力获得了空前进步，突破了时间和空间的限制。与此同时，各种思潮也在人们的精神世界中涌动，人们需要寻找一片有归属感的精神家园。中华优秀传统文化强调仁义礼智信，强调以民为本，对环境采取天人合一的态度，它以独特的精神世界，为无数中华儿女所接受、传承、发扬。"中华文明绵延数千年，有其独特的价值体系。中华优秀传统文化已经成为中华民族的基因，植根在中国人内心，潜移默化影响着中国人的思想方式和行为方式。"中华优秀传统文化是社会主义核心价值观的源泉，要将中华优秀传统文化与社会主义核心价值观融合在一起，使之成为流淌在中华儿女身上的精神基因，永葆生命活力。

对于大学生而言，中华优秀传统文化有着导向作用。大学生的成长成才，要成为合格的社会主义建设者和接班人离不开中华优秀传统文化的浸润，更离不开对中华优秀传统文化的认同。只有扎根在有着厚重历史的中华优秀传统文化之中，新时代大学生才能知道自己从哪里来，举什么旗，走哪条路。

首先，中华优秀传统文化培养大学生良好的道德修养。中国教育向来重视道德教育，《论语·学而》记载了孔子对道德教育和文化教育关系观点的记述："弟子入则孝，出则弟，谨而信，泛爱众而亲仁。行有余力，则以学文。"这里的"文"指的是文化文艺知识。显然，道德教育的地位被摆在了文化教育之前。一个人首先要培养自己的道德品格，再进行文化知识的学习。高校教育是以德育为先的教育。

其次，中华优秀传统文化引导当代大学生积极向上。中华文明史上记录了无数励志改变国家命运的卓越人物，他们是激励现代人奋发图强、百折不挠的宝贵教育资源。如今，在中国特色社会主义新时代的特殊历史方位上，民族发展的前途与命运掌握在每一个中国人的手中，只有全体人民受到积极的励志文化感染，形成全

社会努力拼搏、坚定务实追求中国梦的意志，才能将共同的梦想转化成现实。

中华优秀传统文化是取之不尽、用之不竭的文化宝库，具有培养大学生文化素养的作用。在五千多年的历史中，中国人民以智慧与勤劳在各个领域取得了巨大的成就。中华优秀传统文化彰显着中华文明的价值，它蕴含的伦理道德文化与大学生的日常生活和学习实践密切相关。以培养担当民族复兴大任的时代新人为着眼点，我们应该强化教育引导。第一，要引导大学生认识中华优秀传统文化的内涵，培养大学生对中华优秀传统文化的认同感，树立文化自信。第二，要强化实践养成，让大学生在图书馆、文化馆、博物馆、群艺馆、美术馆等各类文化平台上进行长期反复的实践锻炼和学习，如通过组织活动的方式给大学生提供平台和机会，让他们体验琴、棋、书、画、戏曲等中华优秀传统文化艺术；营造浓厚的节日气氛，让大学生感受中华优秀传统文化气息；组织参观古建筑、历史文化博物馆，让大学生加深对中华优秀传统文化的了解等。

最后，要打造让中华优秀传统文化融入大学生日常生活的长效机制。中华优秀传统文化应全面体现在大学生的日常生活和学习行动中，逐步把大学生对文化价值理论的认知转换为日常践行的个人道德规范和行为准则。此外，中华优秀传统文化也应是坚定不移的文化信仰，是大学生漫长人生道路中永不磨灭的明亮灯塔。

（二）新时代中华优秀传统文化的重要内容

中华民族在五千年历史长河中通过生产生活创造出的带有本民族特色、民族气派的物质和精神成果便是中华优秀传统文化。中华优秀传统文化符合生产力、生产关系发展，维护社会和谐安定，对社会发展起着促进作用。以儒家文化为代表的爱国主义、自强不息精神、尊师重道、民本思想、仁爱之心是中华优秀传统文化的主要内容，是高校文化育人的基石。弘扬中华优秀传统文化是高校文化育人的重要内容，是培养社会主义建设者和接班人所进行的最基础的教育，是做好高校德育工作不可或缺的一环。进行中华优秀传统文化教育就是为大学生注入民族的基因。中华优秀传统文化至今仍有强大的生命力，对社会发展有推动作用，对解决现代社会难题有较为重要的借鉴意义。最重要的是，中华优秀传统文化与马克思主义在立场上具有内在契合性，在社会目标上具有方向一致性。中华优秀传统文化教育是培养社会主义建设者和接班人必须进行的教育，这是新时代文化育人的基础，也是实现社会主义和共产主义理想的重要途径。

典籍、诗歌、建筑、曲艺、服饰、国画、传统节日、传统手工艺技术等是中华优秀传统文化的物质和精神载体，承载着中华民族的传统美德。道德的作用通过带有正确价值取向的诗歌、曲艺等传统文化精神载体得到传播，并得到社会广泛认可，在生产生活中付诸实践。《三字经》作为古代教育的道德启蒙教材，全书以三字为一句，介绍伦理道德、重要儒家典籍、历朝史实以及勤学故事，教导儿童遵守道德规范，掌握基本文化常识，刻苦学习。《三字经》流传至现代社会依旧口耳相传，其教化功能受到越来越多的重视，成为对儿童乃至大学生进行思想道德教育的重要载体。单一的社会个体无论是否愿意践行社会普遍认可的道德观念都将受到影响，自觉或者被迫地受其制约。新时代下，高校育人工作"把立德树人的成效作为检验学校一切工作的根本标准"，中华传统美德的教育功能被提到了新的高度。

（三）新时代中华优秀传统文化育人的基本原则

大学是进行高等教育的主阵地，进行中华优秀传统文化教育也有其特殊性，有三个原则性问题需注意。

第一，要时刻坚持以马克思主义为指导思想。坚持马克思主义指导思想的原则就是要求广大高校教育工作者分清楚主流和支流的关系。中华优秀传统文化教育帮助大学生养成良好的道德情操，树立共产主义远大理想。

第二，要根据时代要求对中华优秀传统文化进行创造性转化、创新性发展。随着生产力和生产关系的不断发展，作为上层建筑的文化观念也要随之做出相应的改变，否则将被时代无情地淘汰。面对中华优秀传统文化，也要采取取其精华、去其糟粕的批判继承态度。在内容上，要根据时代精神和主题对中华优秀传统文化进行创新，赋予新内涵、给予新解释、给出新发展，符合社会主义核心价值观的标准。在转化与培育形式上，要坚持与时俱进。现代社会科学技术发展迅猛，互联网技术、人工智能、大数据、虚拟现实技术获得了突飞猛进的发展并广泛地应用于日常生活中，高校在传承中华优秀传统文化过程中要坚持与这些新技术相结合，以学生喜闻乐见的形式来展现，达到入心入脑、付诸行动的良好效果。

第三，要坚持普遍性与特殊性相结合的原则。

中华优秀传统文化蕴含着高校普遍适用的教育教学资源。高校教育应以传承中华优秀传统文化为己任，培养有充分文化自信的社会主义建设者和接班人。由于各高校的发展历程不同、办学层次定位不一、学校精神各不相同，中华优秀传统文化教育在各高校育人工作的侧重点也不尽相同。学校要根据自身实际情况将中华优秀传统文化为自己所用，形成一整套具有学校特色的中华优秀传统文化育人体系。

三、践行社会主义先进文化，引领时代风貌

社会主义先进文化是高校文化育人工作的中心和重点，是培育德智体美劳全面发展的社会主义合格建设者和可靠接班人的关键。社会主义先进文化克服资本主义腐朽文化，更有吸引力和说服力，是社会前进方向的指引。社会主义建设者必须接受社会主义先进文化的熏陶。

（一）社会主义先进文化育人的重要性

社会主义先进文化为高校文化育人提供了价值认同。所谓价值认同是指"人们通过实践交往而在观念上对某种价值的一致认可和同意"，社会主义先进文化，是人民在进行社会主义现代化建设事业的伟大实践中对中华优秀传统文化的现代重构，对中国特色社会主义文化事业的文化自觉，为实现中华民族伟大复兴的奋斗目标提供精神动力和价值认同，是当代中国精神的集中体现。当前高校开展文化育人工作，离不开社会主义先进文化在价值和思想上的引领。一方面，高校文化育人工作离不开社会主义先进文化的价值引领。让大学生接受社会主义先进文化的学习和熏陶，有利于增强大学生社会主义核心价值观的价值认同，进而推动高校文化育人工作的顺利开展。另一方面，高校文化育人工作离不开社会主义先进文化的思想引领。社会主义先进文化建设是高校办学活动的共同思想基础，社会主义先进文化作为社会主义核心价值观的灵魂，在推动新时代社会主义精神文明的发展进程中具有极大的激励和促进作用，没有社会主义先进文化作为育人指导，高校文化建设工作容易迷失方向，新时代立德树人的根本任务也就难以落实。

社会主义先进文化为高校文化育人提供了创新动力。文化的生命力在于创新，社会主义先进文化是面向现代化、面向世界、面向未来的优秀文化体系，它在时代发展过程中不断吸收优秀文化，在社会发展过程中不断发展适应时代呼声。高校以社会主义先进文化培养人才，要根据社会主义先进文化内涵不断丰富和创新学校文化建设，创新文化育人方式，如当前许多高校都深化校园文化体制改革，实施校园文化育人工程。一方面，通过创新开展系列校园文化育人品牌活动，以喜闻乐见的形式讲好中国故事、传播中国声音，真正发挥文化"培根铸魂"的作用；另一方面，通过创新构建和谐美丽校园，包括校园绿色景观设计和文化景观设计，发挥文化景观"润物细无声"的育人功效。

社会主义先进文化为高校文化育人增强文化自信。文化自信包括两个层次，

即对中华优秀传统文化的自信，对中国共产党领导下形成的对社会主义先进文化的自信。其中，对中华优秀传统文化的自信是文化自信的魂，对社会主义先进文化的自信是文化自信的动力。高校文化育人实质是以社会主义先进文化育人，旨在增强大学生对中华民族文化的认同，以及传承和创新中华民族文化的自信自觉。以社会主义先进文化厚植大学生的文化修养，增强大学生价值观自信的基石。具体而言，文化自信是价值观自信的源泉，如中华优秀传统文化中的仁义礼智信的价值观，社会主义先进文化形成的自强不息、百折不挠、艰苦奋斗的精神，集中反映了中华民族的价值追求。作为新时代大学生，应当不负时代使命，把握时代机遇，在增强文化自信的同时，自觉完成时代交予的历史任务。坚定大学生的文化自信是大学生做到道路自信、理论自信、制度自信的基础，也是大学生投身中国特色社会主义建设，抵御西方资本主义不良思潮侵蚀的内在力量。

（二）新时代社会主义先进文化育人的主要内容

社会主义先进文化以中华优秀传统文化为根基，在中国革命、建设和改革过程中形成的，面向未来的、民族的、科学的、大众的中国特色社会主义文化，是以生产资料公有制为经济基础的上层建筑，具有资本主义文化无法比拟的优越性。社会主义先进文化最终指向的是人的自由而全面的发展，是先进的、科学的文化。在当今文化霸权的围追堵截下，建立社会主义文化自信、践行社会主义先进文化显得尤为紧迫。

新时代需要社会主义先进文化的支撑。在新的历史方位下，社会主义先进文化既是中华民族的价值追求，彰显中华儿女爱好和平、艰苦奋斗的思维方式和行为实践，又是中华儿女的共同理想信念，为人们指明前进的方向和奋斗目标，也是凝聚中华儿女的精神纽带。青年一代是国家和民族的未来，培育"四有"青年是高校的基本职责，高校育人工作是一项复杂的系统性工程，其主要内容涵盖了课程、科研、实践、文化、网络、心理、管理、服务、资助、组织"十大育人"体系的实施内容、载体、路径和方法，无论哪一育人体系，就其本质而言，都要回归到文化育人。

"育人"和"人育"是高校文化育人同一过程的两个方面。高校文化育人的主体是教职工，在传道授业的过程中影响学生，促使学生德智体美劳全面发展，最终实现人的全面而自由的发展。学科知识、校训、校史、校歌以及校园文化景观等育人方式彰显着教育者的价值取向。教育的内容、方向和立场是由教育者决定的。从教育者主体角度出发，文化育人是"人育"的过程。

教育者首先要搞清楚立场问题，即为谁育人。要坚定不移地站在最广大人民群众的立场上，坚持中国共产党的领导，拥护中国特色社会主义道路，坚定共产主义理想信念，为中华民族伟大复兴的中国梦培养符合时代要求的社会主义新青年。首先，应清楚地认识社会历史。民族历史和世界历史中饱含着人类智慧的结晶，文化符号灿若星河，是取之不尽、用之不竭的财富宝藏。

失去了对历史文化的继承，教育出来的人是没有灵魂的，不知道自己从哪里来、到哪里去。其次，教育者要深刻认识时代的变化，把握时代需求，不断增强自身综合素质，以自身的人格魅力和学识魅力，引导学生扣好人生第一粒扣子，这就需要对历史文化加以时代性的创造转化。教育者以文育人，以社会主义先进文化为育人内容契合新时代大学生发展规律、育人方式，符合大学生成长规律。文化育人的内容和方式使大学生充分感受到大学生活的美好，使之有能力在社会中追求美好生活。大学教化人的过程就是"育人"，强调培养人才的过程和目标。例如，教授科学文化知识，树立正确的世界观、人生观和价值观，培养良好的社会交际能力。

（三）新时代社会主义先进文化育人的基本原则

改革开放以来，我国高等教育文化建设和文化育人工作开展取得了显著的成就，日益成为高校思想政治教育的重要手段。但随着改革开放的深入推进，一些不良的西方文化随着经济流、技术流传入中国，享乐主义、拜金主义、功利主义等负面思想降低了大学生对主流文化的认同度，使部分大学生的世界观、人生观和价值观发生偏差，这些都给高校思想政治工作的开展带来了挑战，特别是给文化育人工作的开展带来了严峻的挑战。

为此，高校文化育人实践工作需要进一步完善，在现有的文化育人条件下，牢牢把握社会主义先进文化育人这一鲜明主线，处理好社会主义先进文化与世界其他文化的关系，紧密结合新时代大学生成长成才和教育工作的实际需要，尊重新时代大学生身心发展的客观规律和教育规律，创新文化传播形式，整合好校内外育人资源，凝聚校内外教育力量，实现全员育人、全过程育人和全方位育人的"三全育人"目标，促进大学生德智体美劳全面发展。

高校文化育人工作需要正确处理好社会主义先进文化与世界其他文化的关系。我们要坚持文化自信，以我为主，为我所用。要求社会各方力量在坚持中国文化不动摇的情况下，对外来文化取其精华、去其糟粕，促进我国文化的大发展大繁荣。进入新时代以来，面对多样化的文化，高校文化建设要以社会主义先进文化为主，引导大学生树立和践行社会主义核心价值观。这条主线是体现高校办学底色的重要一环，是反映"为谁培养人、怎样培养人"的重要实践。面对世界其他文化，首先应当采取尊重和包容的态度，中华民族素来是一个包容开放的民族，然后吸收其中有益合理的因素，剔除其文化糟粕，从而不断丰富社会主义先进文化内容。

大学是人类知识、文明传承和传播的圣地，是人类文明创新的重要阵地。中国大学既是具有中国特色社会主义的大学，也是人类文明的集散地、传承地和创新地。中国大学文化建设应当以社会主义先进文化教育为主，对外来文化求真去伪，吸收文化的精华，不断丰富和发展社会主义先进文化并以此教育广大青年学生，使社会主义先进文化入心入脑。

第三节　坚持文化育人的基本原则

一、坚持马克思主义指导原则

马克思主义是 19 世纪中叶马克思恩格斯创立的革命学说，包括马克思主义哲学、政治经济学和科学社会主义三方面基本内容。它立足于无产阶级的立场，客观阐述了人、自然和社会发展的一般规律，深刻地剖析了资本主义社会的根源性问题，并科学地预测了资本主义必然灭亡、社会主义必然胜利的历史发展趋势。马克思主义产生以来，为广大无产阶级认识社会、改造社会提供了强大的思想武器和理论指导，成为无产阶级认识世界和改造世界的世界观、方法论。

马克思主义是马克思恩格斯在针对 19 世纪科技发展水平和社会现状的研究基础上得出的理论成果。它提供的是事物发展的最一般的规律，是认识世界和改造世界的一般立场、观点和方法。恩格斯指出："马克思的整个世界观不是教义，而是方法。它提供的不是现成的教条，而是进一步研究的出发点和供这种研究使用的方法。"因此，马克思主义不是僵化、现成的教条，它是一个开放的理论体系。

马克思主义是对客观存在的事物本质及其规律的正确反映，以实践论和历史唯物论为基础。马克思主义的生命力在于它与具体的社会实践相结合，指导人们利用新技术，掌握新理论，解决新矛盾和新问题，并随着社会历史实践的不断发展而不断丰富和完善，具有与时俱进的理论品质。随着时代的变迁和科学技术的迅猛发展，自然条件、人类社会面貌、人的思维水平发生了翻天覆地的变化，马克思主义需要与具体的现实情况和科学发展状况相结合，坚持与时俱进、与人俱进、与科技发展俱进的基本原则。也只有与时代发展相契合，与人们的思维水平和科技发展状况相融合，马克思主义才能为人们的社会实践提供理论指南。

中国特色社会主义文化是当代中国先进文化。它以马克思主义为核心和灵魂，以马克思主义为发展指南。没有马克思主义的指导，中国特色社会主义文化就会迷失方向，失去前进动力，就不能凝聚最广大人民进行社会主义建设。而文化育人是以社会主义先进文化来育人，在育人过程中自然而然地更加突出了马克思主义的指导地位。

作为一种教育方法和手段，文化育人在思想政治教育方法体系中占据重要的地位。思想政治教育方法体系从上至下大体上可以分为四个层面：第一层面是"马克思主义哲学方法"，居于宏观指导层面；第二层面是"一般科学方法"，具有普遍应用意义；第三层面是"基本教育方法"，处于中观操作层面，在思想政治教育方法体系中处于承上启下的位置；第四层面是"具体教育方法"，处于微观的具体操作层面。从上至下，思想政治教育方法所处的层面越低，其方法的实践指向性就越明显，可操作性就越强，文化育人实践就越具体。其中，文化育人的方法处在第三层面，是思想政治教育的一种基本教育方法。对上，它以马克思主义哲学方法为指导，以一般科学方法为基础；对下，它作为一种基本教育方法，下面还有许多具体方法做支撑，可以形成一个相对独立的文化育人方法体系。需要强调指出的是，马克思主义哲学方法在整个思想政治教育方法体系中处于最高层面，居于宏观指导地位，对其以下各层面的教育方法都具有指导作用。

马克思主义哲学方法是人们认识世界、改造世界的基本方法，是适用自然、人类社会和思维的高度广泛、抽象的方法，对其他学科方法都具有普遍的指导意义。"一切从实际出发""群众路线的方法""理论与实践相结合""历史和逻辑相一致"等都是常用的马克思主义哲学方法。必须把这些马克思主义哲学方法从始至终、纵向贯穿到思想政治教育的一般科学方法、基本教育方法、具体教育方法之中，使抽象的哲学方法逐渐与具体实践相结合，充分发挥马克思主义哲学方法的指导作用。

二、尊重学生发展与教育规律原则

思想政治教育学以人的思想品德形成发展规律及思想政治教育规律为主要研究对象，人的思想品德形成过程和思想政治教育过程是协同发展、辩证统一的。文化育人作为一种思想政治教育实践，与思想政治教育具有同样的规律性：文化育人具有双重价值追求。它既追求个体人的价值，促进大学生全面自由发展，也追求社会价值，推动社会全面进步，体现着促进个人全面发展与社会全面进步的统一。从矛盾运动的角度看，文化育人的过程实际上就是教育者根据社会发展要求和大学生思想政治素质发展规律，对其施加有目的、有计划、有组织的教化影响，促进大学生形成社会所期望的思想政治素质的过程。在这一过程中不仅蕴含着学生成长规律，蕴含着思想政治教育规律，甚至内在地蕴含着教书育人规律。要有效实施文化育人，必须充分尊重这些规律。

三、坚持合力育人原则

文化育人的主要场所在大学校园，校园文化是文化育人的重要载体。校园文化是"以师生文化活动为主体，以校园精神为底蕴，由校园中所有成员在长期的办学过程中共同创造而形成的学校物质文明和精神文明的总和"。它主要包括物质文化、制度文化和精神文化。其中，精神文化由全校师生的价值观融会而成，在校园文化中居于核心地位，起统领作用，是校园文化的灵魂。作为大学文化风格和大学精神的综合体现，校园文化伴随大学教育而生，既反映学校历史发展中的文化积淀和精神传承，也反映学校在培养人、造就人方面的物质成就和精神成就。它由全校师生所创造，以教学、科研、管理、服务、生活等各个领域的文化活动为基本表现形式。

校园文化具有重要的育人功能。作为学校育人的环境条件，校园文化是育人过程中重要的教育资源和构成要素。健康向上的校园文化能够使大学生潜移默化地获得知识、陶冶情操，促进他们综合素质的提升与完善，为实现学校的人才培养目标、服务社会打下良好的基础。

校园文化在结构功能上具有系统性和复杂性。校园文化是由多种要素构成的具有一定结构和功能的系统，是各要素相互联系、相互作用的有机整体。校园文化的各构成要素分布在不同的组织层面、不同的工作领域、不同的人员群体，具有很大的复杂性。随着社会的进步和学校事业的发展，校园文化总是不断推陈出新、动态发展的。在校园里，总有新的时尚文化在流行，有新的文化成果被创造，也总有些不符合时代发展需要的文化在衰微、在消逝。校园文化作为社会文化系统中的一部分，"是校内校外各股教育力量及校园文化各要素相互影响相互作用的产物"。其中，校园精神文化（全校师生的价值取向）不仅决定校园文化的性质和方向，也决定校园文化功能的实现。

要有效发挥校园文化的育人功能，必须坚持以核心价值观为统领，坚持合力育人原则，既要发挥学校的主渠道作用，加强课堂教学、校园文化建设和社团组织活动的密切联系，又要促进家校合作，广泛利用社会资源，科学设计和安排课内外、校内外活动，营造协调一致的良好育人环境。

四、坚持真善美统一原则

"真善美统一是思想政治教育的根本价值。"文化育人是以先进文化育人。作为一种特殊的思想政治教育实践，其根本宗旨是促进人的全面自由发展，其根本价值体现在真、善、美的统一。文化育人的价值是人和社会在文化育人实践与认识活动中建立起来的，以人的社会主义核心观形成和发展规律为尺度的一种客观的主客体关系，是文化育人实践是否与人的本质、意义和需要等相统一的关系。这种关系是文化育人实践合乎人的全面自由发展（尤其是以社会主义核心价值观为统领的思想品德的形成与发展）和人类社会进步（尤其是精神文明的进步）的目的而呈现出的一种肯定的价值关系。这种价值关系表现为社会价值与个体价值的统一，在本质上是合规律性与合目的性的统一，即真善美的统一。

人的全面自由发展是人的解放的最高境界，也是思想政治教育尤其是文化育人的终极价值追求，"从哲学上讲，人的全面自由发展是真、善、美的统一"。从文化意义上说，真、善、美也是人的全面自由发展的三个"文化尺度"或称为人的文化活动的原则，它们是内在于人的文化价值取向之中的。

真、善、美三者之间既相互联系又相互区别，存在着不可分割的内在联系。其中，"真"的尺度是活动主客体之间的事实性关系及其观念上的统一，与客观、真实、规律、科学相关。它是人们实现"善"和"美"的基础，离开"真"的尺度，就没有"善"与"美"的价值和意义。在人们所实现的"善"和"美"中，必然地包含着对"真"的遵循。"美"的实现则更要以合规律性、合目的性为基础。对它而言，"真"与"善"缺一不可。

人们在实践中只有"全面地遵循真、善、美三种尺度的有机统一，并在自己的实践活动中加以综合运用，才能……使自己的本质力量得到全面的确证"，即实现全面自由发展。因此，人作为能动的文化主体，在文化育人实践中既要遵循"真"和"善"的尺度，也要遵循"美"的尺度，自觉坚持真、善、美的统一。

第四节　完善文化育人方法

一、隐性育人法

隐性育人法就是教育者将思想政治教育信息融于大学生文化活动、日常文化生活或其所处的校园文化环境载体之中，并通过这些文化载体增强大学生的现实体验，发挥文化的价值渗透、陶冶情操和精神激励作用，隐性育人法作为文化育人的一种基本方法，它不是单一的一个方法，而是一种方法体系。隐性育人的方法主要包括渗透教育法、陶冶教育法和体验教育法。

渗透教育法是"教育者将教育的内容渗透到受教育者可能接触到的一切事物和活动中，潜移默化地对受教育者产生影响的方法"。它的教育方式多种多样，但都必须借助一定的文化载体如文化活动、文化环境、文化生活、大众传媒等来实现目的的，运用什么样的文化载体及育人方式，比如，是设计生动活泼的文化活动，还是营造轻松和谐的文化环境？是严格文化生活管理规范，还是利用先进的传媒手段？教育者可以根据教育目的和教育内容的需要进行选择。同时，运用渗透法育人强调要营造一定的文化氛围。例如，借助大众传媒的载体，集声音、形象、艺术美感于一体，使大学生在愉悦欣赏的情绪体验中受到感染和熏陶；借助校园文化的载体，营造文明、民主、和谐、向上等良好的校园文化氛围，使大学生置身其中，思想和行为潜移默化地受到同化等。运用渗透教育法重在寓教于境，通过文化环境中的文化价值渗透来育人。

陶冶教育法主要是指教育者"通过创设和利用各种有教育意义的环境、情境，对学生进行潜移默化的影响，使学生耳濡目染，在道德、心灵、思想情操等方面受到感染、熏陶"。陶冶教育法强调教育者通过营造一种轻松、愉悦、和谐的文化氛围和教育环境，并用美的形象化和愉悦机制使学生在轻松、愉悦、陶醉的心理状态下接受教育；强调通过情感的调动，激发学生的学习动机、想象力和理解力等。运用陶冶教育方法重在寓教于境、寓教于情、寓教于美。要以境陶冶人，通过校园文化环境的艺术性、教育性和具有文化意义的象征性来陶冶性情、激发美感；要以情陶冶人，通过学校领导和教师的人格魅力来激励和陶冶学生，以培养他们健全的个性；以美陶冶人，通过教育教学和环境中一切美的因素陶冶学生的情操。

体验教育法就是通过组织大学生参与各类实践活动，引导他们在亲身经历中获得切身感受，形成深刻理解，并在感受中升华思想认知，形成正确的价值观的一种方法。体验教育法强调大学生的主体实践性，强调寓教于行，通过学生积极参与实践活动、亲身接触具体事物、了解事物现象，并透过现象看本质，发现事物的规律，使学生在实践体验中提升自己的思想认识水平和道德实践水平。大学生进行体验的方式有很多，如参与文明班团组织建设、青年志愿者服务、大学生"三下乡"、劳动锻炼、社会考察等方式，都可以使大学生从中受到隐性教育。

要充分发挥文化育人的隐性教育功能，就要立足于渗透教育、陶冶教育和体验教育，积极探索和创新各种具体的隐性教育方法，完善隐性育人的方法体系，以充分发挥各级各类校园文化活动、文化环境及文化生活的渗透和陶冶作用，增强学生的实践体验，进而实现文化育人的隐性教育价值。

二、"场"式育人法

当文化对人产生影响时，它是以"场"的形式存在的。学校作为一种文化组织，实质上就是一种"文化场"，学校文化场是由学风、教风和校风、校园文化和环境、学校师生员工的精神面貌和社会舆论氛围等文化因素共同形成的一种精神力量。这种精神力量作为一种凝聚力、向心力和人们积极进取、奋发向上的动能，时时影响着每一位校园师生。这种精神力量即是文化的"场力"。学校文化场就是以一种综合"场力"的形式释放能量、施教于人的。

三、生活养成法

生活是教育之源。大学生成长的每一步都与平时的学习生活息息相关。生活养成法是指教育者把养成教育融入大学生日常学习生活的各个方面，并以"润物细无声"的方式让大学生在日常生活中自觉养成良好的行为习惯，全面提升自身的能力素质。生活养成教育不是大学生在随心所欲的生活中去进行漫无目的的自我教育，也不是教育者简单地对学生进行强制性的行为约束或行为训练，而是通过一定的教育手段促使大学生在日常生活中自我养成。这种教育方式体现了文化育人的生活实践原则，彰显了大学生的主体性，是文化育人不可或缺的一种基本教育方法。

大学生生活养成教育是融于生活的教育，有生活在就有教育在，从这个意义上说，生活养成教育是一项系统工程，是全员、全程、全方位的教育。全员教育是指大学生的学习生活涉及教育教学、科研、管理和服务等方方面面，需要全员参与。全程教育是指生活养成教育周期长，在整个大学期间都要结合大学生在不同成长阶段的生活实际，有针对性、有侧重地开展生活养成教育。全方位教育是指生活养成教育涉及的内容比较广泛，不仅包括高尚思想品行、良好个性人格和行为习惯的养成，而且包括良好的专业素养和人文素质的养成。同时，每一项内容中又涉及一系列的具体内容，如"高尚思想品行"涵盖热爱祖国、奉献社会、服务人民、文明守信、勤俭节约、艰苦奋斗等很多方面。"良好个性人格"的内涵也非常丰富，大学生的一切优秀品质和个性都涵盖其中，如自强、博爱、奉献、诚信、友善、勤奋、担当、文明、知礼、豁达、乐观、进取等。

生活养成教育的实施方法也有很多，最基本的方法有正面灌输法、启发引导法、典型示范法、规范管理法。例如，在学校明确各项教育、管理举措的基础上，运用正面灌输法，对学生晓之以理，动之以情，使大学生增强对学校各项教育管理制度的理解和认同，进而提高思想认识；运用启发引导法，调动学生的内在积极性，使其形成正确的价值认知，自觉参与各项集体活动；运用典型示范法，为大学生树立学习榜样，激励大学生学先进、赶先进，形成"学、比、赶、超"的良好氛围，用榜样的力量带动更多学生接受养成教育；通过规范管理的方法，帮助大学生树立自律意识，规范自己的言行，文明修身。

第五节　提升教师队伍整体素质

一、端正传统文化课程教师的教学态度

高校传统文化课程教师一定要端正教学态度，充分认识到在高校进行优秀传统文化教育的重要性，并把优秀传统文化教育渗透到日常教学和行为中去。高校教师一定要有文化自信，没有高度的文化自信，就没有文化的发展和强大，就没有中华民族的伟大复兴。回顾历史，中华民族的发展和强大，都是中华民族从充分的文化自信中产生巨大的力量。不忘过去才能开辟未来，善于继承才能更好创新，中华民族要继续前进，就必须根据时代条件，继承和弘扬我们的民族精神、我们民族的优秀文化，用优秀传统文化的思想滋养大学生的文化自信和民族气质，培育大学生不忘初心、牢记使命和自强不息的民族精神。

我们要用一分为二的观点和全面的观点认识和对待传统文化，分辨其中的精华和糟粕，还要辩证地认识它们在现实生活中的作用，既要看到传统文化的积极作用，也不能忽视其消极作用。对历史文化特别是先人传承下来的价值理念和道德规范，要坚持古为今用、推陈出新，有鉴别地加以对待，有扬弃地予以继承，应该具体问题具体分析，取其精华，去其糟粕，批判继承，古为今用。总之，在高校传统文化教育中，以科学的态度对待传统文化，就能更好地延续民族文化血脉，为实现中国梦提供最深厚的文化软实力。

二、丰富高校教师的优秀传统文化知识

"师者，所以传道授业解惑也"，内圣才能外王，教师要教好学生传统文化知识，首先自己要对传统文化内容做到熟记于心、应用于身，把传统文化内容应用到自己的生活中去，才能在传统文化教育中游刃有余。高校要加强面向全体教师的中华优秀传统文化教育的系统性和科学性培训，全面提升师资队伍水平，可以说，中华优秀传统文化能否贯穿国民教育始终，实现立德树人的根本任务，关键是看有没有一大批懂传统文化、懂传统文化教育的好老师。

在高校学习优秀传统文化课程，自觉学习传统文化，并把传统文化的思想运用到自己的生活和工作当中，绝不只是传统文化教师的任务，而是全体教师共同的任务。在基础课程和专业课程当中，教师也要适时地进行传统文化教育。

高校教师要系统学习优秀传统文化，首先要有一个正确的认知，然后对中华经典进行系统的研修，最后在日常生活和工作中进行反思与践行，把中华优秀传统文化的精髓融入自身生活之中。

在内容选择上，应该从传统文化原著入手，阅读原著、感悟原著，直接与古圣先贤对话，教师在学习中感悟经典中的道理和智慧，从经典中汲取生命的滋养。对于教师而言，传统文化素养的获得，最重要的途径就是发自内心对读书的渴望和行动，因此，每一位教师都应该有学习中华优秀传统文化的自觉，从不同的途径习得更多的知识，熟读甚至能背诵这些经典，在潜移默化中净化心灵、提升精神境界，让高校优秀传统文化教育丰富起来，让传统文化教育收到实效。

三、提高传统文化课程教师的教学能力

提高传统文化课程教师的教学能力是保障高校优秀传统文化教育效果的重要

手段，传统文化课程教师的教学能力包括以下几个方面：

文化认识能力。在高校优秀传统文化教育中，不能以活动代替传统文化教育。现在国内出现了国学热，这是一个好现象，学国学的热潮能很好地促进大学生对传统文化的学习、理解和掌握，作为教育工作者，其文化认识能力，即用什么样的视角去看待以及引导学生看待传统文化、学习传统文化，不仅关系到对优秀传统文化的继承和发展，也关系到学生思想的进步和观念的创新。让学生学习优秀传统文化，必须注重自身对优秀传统文化思想的理解和领会。

理论学习能力。现在一些高校不组织教师进行传统文化理论的学习，不注重教师对传统文化思想和内容的理解和把握，以活动代替传统文化学习，搞搞活动就算是学习传统文化了，这是学习传统文化的一个误区。比如，有的高校让学生峨冠博带、汉服唐装集体诵读经典，或穿唐装、旗袍举行成人礼，甚至组织学生穿古装向师长行三叩九拜入学礼，用这些形式的内容代替传统文化内容的学习，其表象之下，隐藏的其实是对传统文化的误读和曲解。要加强教师对优秀传统文化的理论学习能力，帮助教师尽可能全面、系统地掌握优秀传统文化知识。

知识识别能力。在教学中，对于传统文化的内容，教师要做到准确理解和掌握古圣先贤的真实思想，不能凭某位大家的解读或是自己的理解而"戏说"。

教学设计能力。高校传统文化课程教师应具备良好的中华优秀传统文化教育教学设计能力，包括传统文化教学目标的设计能力、教学内容的设计能力和教学过程的设计能力。传统文化课程教师要依托中华优秀传统文化的具体教学设计过程，逐步解读培养目标、课程目标和教学目标，从其原有知识水平出发，合理安排教学内容、充分把握教学节奏，对教学过程进行统整规划。

教学实施能力。课堂教学要紧紧围绕教学对象、教学内容以及课堂环境来开展，高校传统文化课程教师要充分调动学生学习优秀传统文化的积极性，能够采用灵活的课堂形式与多样的教学内容调动学生学习优秀传统文化的注意力；高校传统文化课程教师要充分利用灵活多变、适合学生特点、适合教学内容的教学方法，充分利用音频、视频、PPT、图片等多种多媒体内容，同时结合现代信息与通信技术，灵活多样地实施课堂教学；建立高效的课堂管理机制，协调传统文化教育课堂中出现的冲突与矛盾，充分调动学生学习的积极性和主动性，提升学生的课堂学习参与度。

教学评价能力。高校传统文化课程教师在进行传统文化教学评价之前，应确立合理科学的评价机制，设立准确的评价目标，充分收集、整理不同种类的数据，找准传统文化教学中的评价依据；在传统文化课程教学中要及时审视自身的教学行为，反思在传统文化教学过程中的优势与不足，进而不断改进自身的教学。

第六节　构建"四要素"协同育人体系

一、提升教育者的价值引导力

（一）教育者的价值引导使命

第一，文化育人强调思想文化引领和教化。它着眼于大学生个体意义的生成，强调思想文化的引领和教化。所谓引领就是指引和导领，强调正面的要求和指导，强调主体对客体起主要的引导作用。

第二，教育者肩负价值引导的使命。作为引领和教化大学生成长的责任主体，教育者在文化育人过程中以立德树人、促进学生全面发展为己任，引导学生追求人生理想与价值，使其思想品德向社会要求的方向发展。他们在文化育人过程中占据着价值主导的地位，肩负着价值引导的使命，所谓价值引导者，就是通过设计、组织和实施文化育人活动，引导和帮助学生进行价值选择，实现生活意义。

第三，教育者的价值引导职能及其体现。教育活动是一种"以培养人为特征而构成的价值认识、价值选择、价值实现的特殊活动"。从这个意义上说，价值与主体的情感、意志、选择密切相关。引导人追求价值、创造价值是教育的主旋律。教育者的价值引导职能主要包括引导价值认知、价值选择和价值实现，激发人对价值追求的能动性，促进人的价值世界的丰富和发展。

第四，教育者进行价值引导的基本要求。教育者作为学生发展道路上的重要"他人"，其使命在于唤醒生命，激扬生命，引导学生不断迈向更高的生命层次。教育者的价值引导不仅影响学生在校期间的发展，也将对学生的整个人生产生深远的影响。总之，良好的教育是引领学生自己"去观察""去感悟""去判别""去表达"。教育者不仅传承文化，更为丰富学生情感、磨砺学生意志、完善学生道德引路。他们凭借对学生的尊重与关爱感召学生的心灵，引领学生的成长。这对教育者自身的素质提出了内在的要求。

（二）教育者的价值引导力提升策略

教育者自身综合素质的高低决定其价值引导力的大小。教育者的综合素质越高，其价值引导力就越强。反之，教育者的综合素质越低，其价值引导力就越弱。要提升教育者的价值引导力，必须从提高教育者的综合素质抓起。教育者综合素质的提升，一方面来自学校多渠道的促进，一方面来自教育者自身的努力。

第一，在学校层面要多渠道促进教育者素质的提升。习近平在全国高校思想政治工作会议上提出，要从选拔、培训、实践、激励入手，整体推进高校思想政治工作队伍建设，保证这支队伍后继有人、源源不断。这是党对高校思想政治工作队伍建设的总体要求，也是党对提升高校教育工作者综合素质的基本策略。

第二，从教育者自身层面，要加强自我教育和自我完善。教育者要充分发挥自身的主体作用，通过各种方法不断提高自身的发展水平，提升价值引导力，其中最重要的是要抓好自身的理论学习和经常性的自我反思。

具体来说，教育者要经常反思如下几个方面的问题：一是要经常反思自己的职责及自身存在的价值是什么，自己的教育行为是否具有合法性与合理性；二是要经常反思开展某项教育活动的意义是什么，是否以促进学生发展为本；三是要经常反思自己的教育观念是否符合时代发展要求，是否有利于学生发展，尽求避免因思想观念带来的教育偏差；四是要经常反思自身的教育实践，反思自己在价值引导过程中是否引导到位、是否存在疏漏、效果如何、还有哪些需要调整和改进等。教育者只有经常进行自我反思，才能时刻对自身的教育职责与存在意义、对自身开展教育活动的合理性、对自身的教育价值观念及教育实践成效有一个清晰的认识和把握，对存在的不足及时地进行调整、完善。这不仅能有效提升教育者的理性思考和价值判断能力，也是提升教育者价值引导力的必经路径。

二、促进大学生自主发展

大学生是文化育人的教育对象，即受教育者。文化育人活动的成效最终要在大学生的素质发展中得到体现。在文化育人活动中，大学生是能动的文化主体，其主体性强弱和文化自信水平高低，能够影响他对外在给予的文化价值引导、文化价值客体接受、吸收和转化的程度。大学生的文化主体性越强，文化自信水平越高，在文化育人活动中，对外在文化价值客体吸收转化得就越好。因此，要提高文化育人实效，必须促进大学生的自主发展，主要从大学生文化主体性和文化自信的培养入手。

（一）大学生文化主体性培养

人是文化的主体，具有文化主体性。文化主体性就是人作为文化主体的规定性，体现在文化主体与自然、社会及其自身发生的主客体关系之中。文化主体在与他人和社会关系中表现为自主性，在对象性文化活动中表现为能动性，在与自我关系中表现出超越性。大学生的文化主体性是文化育人的重要基础，文化内化与外化是文化育人过程中必不可少的实践环节。它作为大学生文化主体性的集中体现，主要表现为大学生在"文化价值客体主体化"过程中所表现出来的文化价值内化与行为外化的自主性、能动性和超越性。离开大学生的自主性、能动性和超越性，"文化价值客体主体化"就没有可实现的基础和动力。因此，大学生的文化主体性是决定文化育人能否取得实效的一个重要因素。

从这个意义上说，在大学生文化主体性教育中，无论是教育者还是受教育者，他们都是教育的主体，都需要得到充分的重视与尊重。无论是教育者的价值引领还是受教育者的自我构建，都要付诸实践，在实践中完成，因此，在文化育人中，实施主体性教育，加强大学生文化主体建设，要从确立主体地位、提升主体认知和增强自我教育能力三个方面入手。

第一，强化"以人为本"，确立大学生的主体地位。

首先，要树立"以人为本"的教育理念。大学生的全面自由发展是教育的根本宗旨，也是大学生自身主体性（本质力量）的体现。离开大学生自身的主体性，其全面自由发展就失去了可实现的基础。从这个意义上说，以学生为本是大学生主体性发展对教育所提出的内在要求。要确立大学生的主体地位，首先要树立以学生发展为本的教育理念。学校的一切工作都要以培养人、发展人为根本出发点，一切工作都要着眼于满足学生的发展需求、维护学生的根本利益、促进学生的全面发展，一切工作都要坚持尊重学生、关心学生、理解学生、帮助学生，真正做到教育工作"一切为了学生，为了学生的一切"。教育者要充分认识到，大学生自身的主体性是其成长成才的内在因素，起决定性作用。教育者只是大学生成长成才的外部因素，起辅助性作用。以学生为本是保障大学生主体性地位、发挥大学生主体性作用、育人活动取得实效的重要基础。在教育教学活动中，要放下"师道尊严""填鸭式"的教育理念，倡导学生自主学习，自主教育，"充分调动学生的积极性，赋予学生永不停息探求知识的生命力，促进学生主体性的发展和完善"。

其次，要全面落实大学生的主体性地位。学校要抓好顶层设计，以促进学生的主体性发展为本，合理安排各项教育教学和管理服务工作。一是要优化课程设置，加强跨学科、跨专业教育，注意各种课程人文精神的融入，丰富大学生第二课堂素质教育活动。二是要通过教学质量监控评价等举措，引导教师建立师生相互尊重、平等交流、双向互动的新型师生关系，让教育成为师生思维碰撞、相互启发的过程，为学生主体精神的激发和主体作用的发挥创造有利条件。三是要优化教育培养方式，克服传统的教育者"一言堂""满堂灌"现象，鼓励教育者做导演，把学生推上"表演"的舞台，引导学生在自主参与中正确塑造自己。四是要引导学生参与学校管理。要鼓励学生多参与为学校发展建言献策、网上评教、后勤服务质量监督等活动，增强学生的主人翁责任感，发挥其主体性作用。要注意在各项工作中融入学校对大学生的人文关怀，增强大学生的主体性感知。五是要通过各种媒介手段，加强舆论宣传，大力弘扬"以人为本""以学生为中心"的教育理念，为学生充分发展自主性、能动性和创新性创造良好的校园文化氛围。

第二，强化"价值引导"，提升大学生的主体认知。文化教化是文化育人的基本途径。简而言之，就是教育者通过各种文化手段向大学生输送社会主义先进文化价值观，并被大学生理解接受，内化为己有，乃至外化为行动的过程。这一过程，对教育者而言就是进行价值引导的过程。它是提升大学生主体认知的基本前提。价值引导应该"建立在对学生成长的潜能和对他们充满期待的内心世界的关注、激励与赏识上"。教育者通过外在价值与意义的输送，激发大学生的主体性认知需求，开启大学生对自己人生意义与成长追求的思考。在大学生文化主体性建设中，教育者要着重从以下几个方面进行价值引导：一是引导大学生对自己的人生理想和目标进行思考，在更高远的精神追求层面提升主体觉知，树立共产主义的崇高理想和全心全意为人民服务的价值追求，树立社会主义、集体主义和爱国主义相统一的人生价值观，树立明确而具体的职业发展目标，进而拓展大学生的主体性发展空间。二是引导大学生对大学生活意义和努力方向的思考，让他们认识到无论一名大学生有多么高远的理想和人生价值追求，大学都注定是为未来人生筑梦、为未来人生奠基的一个至关重要的阶段，认识到在大学中"内强素质，外塑形象"的重要性，认识到学会思考和进行价值选择和判断的重要性，认识到做好大学生活规划的重要性，进而激励大学生拼搏、进取，坚持正确的发展方向。三是引导大学生正确认识成长成才规律，让大学生认识到他们成长成才既有一般规律可循，也有个体的差异性和特殊性存在；认识到遵循学校培养计划和教育教学安排非常重要，而结合个人实际，个性化地发展自己也很重要。四是引导大学生正确认识实践对他们成长成才的重要性，让大学生懂得"实践出真知"

的道理，认识到社会发展对他们创新精神和创造能力的迫切需要，进而树立求真务实的实践精神，并在扎根实践中成长成才。

第三，强化"自我构建"，增强大学生的自我教育能力。大学生"自我构建"是相对于教育者"价值引导"而言的，主要是指大学生通过自我教育的途径来提升自我、塑造新我的过程。自我教育也称为自我修养，是大学生主体能动性的集中体现。它主要包括自主学习、独立生活和自我构建三层内涵。其中，自我构建是大学生主体性发展的最高境界，促进大学生自主学习和独立生活，最终都是为了自我构建。

（二）大学生文化自信培养

文化自信是一个民族文化传承创新的精神基石，也是与他国文化碰撞交锋时的价值底气，是维护文化安全、彰显文化特性的一道重要思想屏障，习近平总书记高度重视文化自信。对当代大学生而言，坚定文化自信，就是要增强中华优秀传统文化认同，树立社会主义核心价值观。这也是全球化时代发展赋予高校文化育人的一项重要使命。对于高校而言，要增强大学生的优秀传统文化认同，树立社会主义核心价值观，必须着眼于中华优秀传统文化的创造性转化和创新性发展，充分挖掘其中的优秀因子，加速优秀传统文化的现代转型，焕发中华优秀传统文化的时代生机。

三、优化文化育人环境

环境作为文化育人的基本构成要素之一，在文化育人过程中对教育客体——大学生具有重要的影响。文化育人的环境是指大学生赖以学习、生活和成长的文化环境，主要包括校园文化环境和网络文化环境。其中，网络文化既是校园文化的一个重要组成部分，又与世界紧密相连，具有开放性、自由性、复杂性、多元性、多变性、隐蔽性等特点。在新媒体时代，网络文化环境对大学生的影响不容忽视。要充分发挥文化环境对大学生的积极影响作用，提高文化育人实效，一个重要举措就是优化育人的文化环境。而优化文化育人环境重在加强校园文化和网络文化建设，尤其要从建立健全文化建设机制入手。

第七节 "云"上文化育人探索

一、新媒体背景下高校网络文化育人功能的内涵

新媒体由于交互、即时、分众、延展、融合等自身的特性，实现了高校网络文化多快好省的高效传播，如今高校网络文化育人功能主要体现在新媒体的背景下，教师（尤其是高校辅导员）要注重引导学生涵育高尚的道德品质、培养崇高的道德情操，树立正确的人生观，价值观和世界观，适应社会发展，做新时代有担当，有责任的好青年。

高校网络文化"润物细无声"地影响着学生。大学校园里，几乎人人有手机，人人会上网，所以网络的高速发展，使得高校网络文化的育人功能更加凸显。在新媒体背景下，高校网络文化的功能主要有以下几点：

（一）传授知识

在新媒体背景下，高校教师通过微信、金课坊、职教云等各种平台进行多种形式授课。在这样的环境中，学生感觉到自己和老师之间是平等的，可以畅所欲言，极大地调动了学生的积极性。教师也可以更好地了解学生的需求，拉近与学生之间的距离。2020年年初，大家应该都不会忘记，一场疫情席卷全国。为了打赢这场防控疫情阻击战，全国人民都居家隔离。教育部下达通知，为了不影响各类学生的学习进程，学生们都要求上网课。于是，"直播"成为2020年初第二个让人印象深刻的词。教师们通过腾讯课堂、斗鱼直播等各种平台进行直播上课，学生们可以和教师实时互动，教师可以随时检测学生的学习情况。再加上网络资源丰富多彩，既能吸引学生眼球，又能提高他们学习的主动性。因此，在新媒体背景下，网络文化不仅传授知识，还可以培养学生独立积极的人格，塑造学生健康的三观，充分体现出高校网络文化育人的真实意义。

（二）鼓励创新

新媒体信息技术多元化的发展，再加上网络事物不断推陈出新、层出不穷，学生在网络上就会接触到各种各样的知识，拓宽他们的视野。他们对外界事物的看

法不再局限，他们会突破原先的封闭式的思维，对新事物的好奇会直接刺激他们的想象力、创造力。他们会去主动思考，会去和别人讨论，他们会享受和别人意见碰撞激起火花的感觉。就这样，他们会不断锤炼个人的独立思考能力、辩证能力、创新创造能力。但是毋庸置疑，网络世界纷繁复杂，网络信息良莠不齐，所以在此过程中，教师（尤其是高校辅导员）要起到引导激励的作用，以防学生不仔细甄别信息，被人利用，造成不良后果。学生独立思考，自主选择，创新创造，这些都能促进他们自身道德品质的提升。所以，新媒体背景下，充分体现高校网络文化鼓励创新的育人功能。

（三）正向引导

新媒体背景下，高校网络文化的育人功能，体现在熏陶学生学习以及生活，让学生在这个网络文化的熏陶过程中逐渐形成正确的世界观、人生观和价值观，引导他们的正确行为方式。有人这样表述"以社会主义核心价值观引领高校网络文化建设，对于牢牢掌握网络文化育人主动权、网上舆论引导话语权、网络管理主导权，教育和引导大学生树立正确的人生观和价值观具有重要的现实意义"。高校网络文化价值观会"润物无声"地引导学生的价值取向，学生会通过网络去认识社会，认识现实，同时也要通过自我觉醒，自我改进去适应社会。在这个过程中，高校网络文化要发挥重要的正向引导作用。所以，新媒体背景下，充分体现高校网络文化正向引导的育人功能。

二、新媒体背景下高校网络文化育人功能的应对之策

（一）创新内容，构建积极向上的网络文化育人氛围

现在的大学生有思想，有主见，基于这样的受众群体，加上新媒体依托互联网的优势，高校网络文化育人内容要更加丰富多彩，各式各样，要针对学生个性化的需求定制，吸引学生眼球，适应社会发展，与时俱进。高校也要充分利用新媒体的传播性等特点，重视关注当前阶段社会上的各种热点问题、突发事件等，并对其解构分析，启发学生思考和讨论。高校教育工作者要关注学生思想动态，掌握学生正确的舆论导向，及时纠正现阶段学生思想认知偏差，第一时间占据网络思政教育的制高点。总之，要不断丰富高校网络文化育人内容，借助新媒体优势，吸引学生注意力，正向引导学生，构建积极向上的高校网络文化育人氛围。

（二）创新工作方法，守好高校网络文化育人主阵地

高校教育者要适应新媒体的发展对高校网络文化育人所带来的变化。高校教育者要创新工作方法，让高校网络文化育人工作有进一步的发展。针对00后学生们，在前期利用大数据调研的基础上，在能够契合学生的兴趣爱好的前提下，选择他们容易接受的沟通方式，教育方式，这样的育人效果往往出人意料。高校教育者要充分利用好微信、微博、贴吧、公众号、抖音等各种新媒体软件，为学生搭建完善的网络交流互动平台，潜移默化地育人，让学生不经意间触动心灵，熏陶思想，充实精神生活，进而升华自己的道德境界。高校也必须加强管理，建好官网（包括校内网页）、公众号等，为学生呈现生动的网络文化宣传教育。总之，高校要加强官网、公众号等平台建设，高校教育者要在新媒体的冲击下创新育人方法，共同守好网络文化育人主阵地。

（三）加强网络环境建设，提高高校教育者的新媒体素养

硬件和软件设施建设是高校网络建设的两部分。高校要舍得在网络硬件上面投资，为高校网络文化育人的进一步发展提供基础保障，学校也要注意对网络资源进行安全建设，提升校园网络的安全系数，以防被不法分子钻空子，这样有利于高校网络文化育人健康发展。随着新媒体的快速进步，高校也应该与时俱进，办成现代化、科技化的学校。比如，可以建设现代化的电子图书馆、创办大学生科技中心等，这些都可以为高校的网络发展提供良好的环境。当然，在不断完善高校网络硬件设施的同时，也要提高教育者的新媒体意识，提升他们的新媒体素养，利用好社会化的软件和社交平台，掌握新媒体的应用方法和手段。总之，高校要加强网络环境建设，开发网络资源；高校教育者要积极利用新媒体开展高校文化育人工作，提升新媒体素养。

人人皆上网，人人会上网，处处可上网，时时关注网。因此，在新媒体背景下，高校要顺势而为，因时而进，利用新媒体的优势，重视校园网络文化的建设，从而利用这一文化，发挥好高校育人作用，开创出新的思想教育模式。

参考文献

[1] 常江红 . 新时代下高校教学方法改革因素分析及创新实践 [J]. 知识窗 (教师版)， 2023(3):3.

[2] 李淼磊，徐赞 . 就业育人理念下高校就业指导课程教学的现状分析与改革路径 [J]. 科教文汇， 2023(6):4.

[3] 李雪姿 . 课程思政视域下地方高校通识课教学改革探究——以大学生职业生涯规划与就业指导课程为例 [J]. 新课程研究， 2023(9):3.

[4] 徐锦明 . 课程思政改革在高校化学实验教学中的实践 [J]. 中文科技期刊数据库 (全文版) 教育科学， 2023(4):3.

[5] 张俊英，王涵涵，郑富强 . 基于能力培养的高校体育课堂教学手段与方法改革研究 [J]. 体育科技， 2023， 44(1):3.

[6] 施万喜，曹宏，祁伟亮 . 地方涉农高校"农业推广学"课程教学改革与成果转化的实践 [J]. 黑龙江教育：高教研究与评估， 2023(1):36-38.

[7] 刘洪秀，包亚榕 . 应用型本科高校经济管理类专业产教融合教学改革思考 [J]. 中国管理信息化， 2023， 26(4):3.

[8] 徐义友 . 基于全面质量管理的高校实验教学管理模式改革研究 [J]. 中国科技经济新闻数据库 教育， 2023(3):4.

[9] 曹书昭 . 新工科背景下地方高校"计算机基础"课程教学改革 [J]. 计算机应用文摘， 2023， 39(4):8-10.

[10] 顾贤能 . 通识教育理念下高校公共艺术教育的教学改革与实践 [J]. 艺术家， 2023(3):3.

[11] 王赟 . 基于就业导向的高校设计专业课程教学改革实践 [J]. 绿色包装， 2023(2):4.

[12] 邓春旭 . 大数据环境下高校《计算机信息技术》课程教学改革分析 [J]. 中文科技期刊数据库 (文摘版) 教育， 2023(4):3.

[13] 陈欣欣，秦佳庚 . 高校思政课混合式教学模式改革探析 [J]. 赤峰学院学报：汉文哲学社会科学版，2023，44(2):91-94.

[14] 刘书平 . 新时代高校思政课教学评价改革分析措施 [J]. 中文科技期刊数据库 (全文版) 教育科学，2023(3):4.

[15] 刘功良，姜伟，马令勇，等 . 基于 OBE 理念的应用型高校高层建筑结构课程教学改革 [J]. 创新创业理论研究与实践，2023(4):4.

[16] 唐跃龙，华玉春 . 地方高校基于 OBE 理念的高等数学混合式教学改革 [J]. 中文科技期刊数据库 (全文版) 教育科学，2023(4):4.

[17] 麻时明 . "互联网 +"背景下的高校网络与信息安全课程教学改革 [J]. 中国科技经济新闻数据库 教育，2023(5):4.

[18] 陶小兵，莫兰艳 . 新时代背景下高校工商管理教学改革 [J]. 教育教学论坛，2023(5):4.

[19] 石聪 . 高校教育教学管理改革与发展探讨——评《现代教育理念下的高校教育教学管理研究》[J]. 中国教育学刊，2023(2):1.

[20] 原国森，苏光，李静 . 高校新生专业导论课程教学改革的实践与探索 [J]. 模具工业，2023，49(1):75-76.

[21] 卫建国，汤秋丽 . 新时代高校教师教学评价改革与创新论析 [J]. 黑龙江高教研究，2023，41(2):33-37.

[22] 赵路华，李想 . 新工科建设环境下的高校教学改革 [J]. 教育科学探索，2023，41(2):8.

[23] 高秀娟 . 探讨创新型人才培养与高校教学改革 [J]. 中文科技期刊数据库 (全文版) 教育科学，2023(4):3.

[24] 王宏涛 . 浅谈基于创新创业教育的高校教学改革实践研究 [J]. 中文科技期刊数据库 (全文版) 教育科学，2023(4):4.

[25] 陈明，程媛媛，史广宇，等 . 理工融合理念下地方高校教学改革与探索——以环境科学专业为例 [J]. 教育教学论坛，2023(4):98-102.